中國學術思想 研究輯刊

五 編

林慶彰 主編

第 2 冊

《易傳》之變易思想研究

林文欽 著

花木蘭文化出版社

國家圖書館出版品預行編目資料

《易傳》之變易思想研究／林文欽 著 ─ 初版 ─ 台北縣永和市：
花木蘭文化出版社，2009〔民 98〕
目 4+214 面：19×26 公分
（中國學術思想研究輯刊 五編；第 2 冊）
ISBN：978-986-254-031-2（精裝）
1. 易經　2. 研究考訂
121.17　　　　　　　　　　　　　　　　　　98014760

ISBN - 978-986-2540-31-2

9 789862 540312

中國學術思想研究輯刊
五　編　第　二　冊　　　　　ISBN：978-986-254-031-2

《易傳》之變易思想研究

作　　者　林文欽
主　　編　林慶彰
總 編 輯　杜潔祥
出　　版　花木蘭文化出版社
發 行 所　花木蘭文化出版社
發 行 人　高小娟
聯絡地址　台北縣永和市中正路五九五號七樓之三
　　　　　電話：02-2923-1455／傳眞：02-2923-1452
網　　址　http://www.huamulan.tw 信箱 sut81518@ms59.hinet.net
印　　刷　普羅文化出版廣告事業
封面設計　劉開工作室
初　　版　2009 年 9 月
定　　價　五編 20 冊（精裝）新台幣 33,000 元

《易傳》之變易思想研究

林文欽　著

作者簡介

作者：林文欽
現職：國立高雄師範大學國文系教授兼系主任
學歷：國立高雄師範大學文學博士
　　　國立高雄師範大學文學碩士
　　　國立高雄師範大學文學士
　　　省立台中師範專科學校畢業
　　　省立台東師範學校畢業
經歷：小學教師、主任
　　　高雄師大助教、講師、副教授、教授
　　　高雄師大秘書室秘書、就業輔導組主任
　　　高雄市中正文化中心「古典詩詞班」講座教師
　　　高雄市政府公教人力發展中心「易經講座」教師
　　　高雄文化院附設「汶羅書院」「易經講座」教授
　　　南台道教學院「易經研究」教授
　　　高雄市政府九十年度「市府團隊策勵營」「易學與管理」講座教授
　　　高雄市政府復審委員會委員
　　　教育部九年一貫國語文領與輔導教授兼南區召集人
　　　台灣周易養生協會第一屆理事長
專長：易經、老子、道教易學、古典詩、現代詩
著作：周易變易思想研究
　　　周易時義研究
　　　現代詩鑑賞教學研究

提　　要

　　本文撰寫由林師耀曾指導完成。研究之重點有三：一為《易傳》在《周易》中之地位；一為《易傳》變易思想之形成與發展；一為《易傳》變易思想之特色與價值。茲將本文內容分述如下：

　　第一章，「緒論」。簡述研究之動機；次論《易傳》成書年代與內容及《易傳》於《周易》中之地位。

　　第二章，「變易形成論」。敘述變易思想形成之背景，乃由歷史、自然、及卦理本身因素激盪融匯而成。

　　第三章，「變易方法論」。本章分述變易之方法，有「卦之變化」、「易數之變」、又「易象之變」。蓋卦因數衍，數緣象起，象由心生，故明象數之變，然後易理得。

　　第四章，「變易發展論」。本章敘述重在《易傳》於形上義理上之「動」、「變」基本概念之內容與意義。

　　第五章，「變易流行論」。本章敘述變易思想之特性。

　　第六章，「變易思想論」。分述變易思想於倫理、政治、教育、歷史、文學中之意義與價值。

　　第七章，「結論」。撮要說明變易思想乃天人合一之思想，《易傳》之博大精深，乃歷往聖先哲之推衍，匯為智慧之結晶，集為學術之根源，為隨時更新之不朽巨著。

目次

第一章 緒 論

第一節 前 言

《易》為中國最古老之經籍，始以卜筮傳，逮十翼諸辭，先後間作，探賾索隱，鈎深致遠，凡宇宙自然之理，人物事變之情，曼衍恢弘，涵苞無外，遂使皇古卜筮之書，轉為幽思經緯之作，於象數之中，窮義理之致。故《漢書‧藝文志》曰：

> 六藝之文，《樂》以和神，仁之表也；《詩》以正言，義之用也；《禮》
> 以明體，明者著見，故無訓也；《書》以廣聽，知之術也；《春秋》
> 以斷事，信之符也；五者蓋五常之道，相須而備，而《易》為之原。

《易》所以為羣經之原，蓋《詩》、《書》、《禮》、《樂》、《春秋》，各重於明五常之一事，《易》才是五常全體之所始，即天道人道之總和。章學誠於《文史通義‧易教上》曰：

> 六經皆史也。古人不著書，古人未嘗離事而言理。六經，皆先王之
> 政典也。

史以藏往，《易》以知來。史者所以記羣治之事為，而《易》者所以籀羣始演化之大例者也。《尚書》記言，《春秋》記事，分隸左右史，而《周禮》掌建邦之大興，殆為後世典考之權輿，謂之史可也。太史陳詩以觀民風，明王政之變，孟子曰：「《詩》亡然後《春秋》作。」（〈離婁篇下〉）雖不名史，而麗於史焉，可也。獨是《易》之為書也，明天之道，察民之故，「聖人有以見天下之賾，而擬諸其形容，象其物宜，是故謂之象，聖人有以見天下之動，而觀其會通，以行其典禮，繫辭焉以斷其吉凶，是故謂之爻。言天下之至賾而不可惡也；言

天下之至動而不可亂也。」（〈繫辭上傳〉）要以設卦觀象，開物成務，而冒天下之道。通天下之志焉。帝王之言行，不屑記也，事爲之制度，不備載也，焉能以史概之乎？古聖知其然曰：「神以知來，知以藏往。」（〈繫辭上傳〉）「數往者順，知來者逆，是故《易》逆數也。」（〈說卦傳〉）「夫《易》，彰往而察來。」（〈繫辭下傳〉）史之記在藏往，知之事也；《易》之用以知來，神之事也。循其迹之謂順，推其未然之謂逆；此《易》非史之辨也。《詩》、《書》、《禮》、《樂》、《春秋》五學，皆先王之政典。亦章學誠所言之事也，皆所以言入孝出弟，愛眾親仁，立身行己，遇人接物，至於齊家治國平天下，開物成務，禮國經野。大之禮樂之本，小之名物度數之微。而《易》一學，則言其理，以觀其消息盈虛變化流行之迹，言理事在其中，《詩》、《書》、《禮》、《樂》、《春秋》言其事，《易》言其理，此乃《易》「開物成務，冒天下之道。」之所以爲「極深而研幾」也。是故《易》於諸經，最爲義理之書，故孔子曰：

> 假我數年，五十以學《易》，可以無大過矣。（《論語·述而篇》）

孔子讀《易》而韋編三絕，蓋《易》之道博大精深，經緯萬端，善因應時會濟世利生，啓導群倫，敦勵修齊，歷大劫世變而不隳，恆爲百代之箴規，羣經之基樑，乃絜靜精微之學，是故學《易》可以求無過矣。

然《易》之博大，其大在於蘊幾顯變，其博在於通神明之德，類萬物之情，故〈繫辭上傳〉曰：

> 夫《易》廣矣大矣！以言乎遠則不禦，以言乎邇則靜而正，以言乎
> 天地之間則備矣。

《易》道周流天地之間，事物無不具備。以之言宇宙，則〈繫辭上傳〉曰：

> 《易》與天地準，故能彌綸天地之道。

以之言人事，則〈繫辭上傳〉引孔子曰：

> 夫《易》聖人所以崇德廣業也。

《易》準乎天地之道，聖人體《易》，承天道之高明以增其智，智增則德崇，復順人間秩序而達於禮。禮達則業廣。故〈繫辭上傳〉曰：

> 範圍天地之化而不過，曲成萬物而不遺，通乎晝夜之道而知，故神
> 无方而《易》无體。

孔穎達《周易正義》曰：

> 无體者，一是自然而變，而不知變之所由，是无形體也。二則隨變
> 而往，无定在一起，亦是无體也。

既知具无方无體，然則《易》其神矣乎！〈繫辭上傳〉曰：

> 民咸用之謂之神。

其所以爲神者，理也。得天地之至理，以明人生之大道，是故《易》之爲書，立象以盡意，設卦以盡情僞，繫辭以盡言，變通以盡利，鼓舞以盡神，則作《易》之意，庶幾可見矣。推《易》之作，在於「順性命之理」，故能「和順於道德而理於義，窮理盡性以至於命。」（〈說卦傳〉）其示人性命與天道之理，乾元資始，坤元資生，聖人用之，使萬民各正性命，保合大和，而至萬國咸寧。君子以之進德修業，存仁守義，不變不患，知幾知微，興時偕行，窮則獨善其身，達則兼善天下。是故《易》之理，一言以蔽之，曰：「變易」而已矣，宇宙萬事萬物，時時革新，恒常變化，故孔子於川上歎曰：

> 逝者如斯夫，不舍晝夜。（《論語・子罕篇》）

程子注曰：

> 此道體也。天運而不已，日往則月來，寒往則暑來，水流而不息，
> 物生而不窮，皆與道爲體，運乎晝夜，未嘗已也。（《四書集注》）

朱子亦曰：

> 天地之化，往者過，來者續，無一息之停，乃道體之本然也。（《四
> 書集注》）

〈乾卦・象傳〉曰：

> 天行健，君子以自強不息。

《中庸》曰：

> 故至誠無息。（〈二十六章〉）

此皆由天道之變化，悟得人生之哲理。〈繫辭下傳〉曰：

> 《易》之爲書也不可遠，爲道也屢遷，變動不居，周流六虛，上下
> 无常，剛柔相易，不可爲典要，唯變所適。

孔穎達《周易正義》序曰：

> 夫《易》者，變化之總名，改換之殊稱。

宇宙森羅萬象，變化莫測，人生機緣際運，難以料達，是故《易》由仰觀天文，俯察地理，中通萬物之情，立三才之道，究天人之際，而通古今之變。由於《易》道廣大悉備，其含融絜靜精微，是故研幾探賾，余以爲治《易》之道，當執變易之道爲本，能執變易之道，方足以窮通萬物之理，「彰往而察來，而微顯闡幽。」（〈繫辭下傳〉）此可以爲研究《易傳》變易思想之因緣也。

第二節 《易傳》於《周易》中之地位

《周易》本經簡稱《易經》，曰經者，別于傳而言也。《周易》有經有傳，經凡六十四卦，每卦六爻，卦有爻名與卦辭，爻有爻題與爻辭，是西周初年作品。〔註1〕《易》原為筮書，要在用卦爻辭指告人事之吉凶。傳則指解釋經文之傳而言，即通常所稱之「十翼」，乃《易經》最古之注解。凡七種十篇。

（一）〈彖傳〉：隨經分上下二篇，共六十四條，釋六十四卦之卦名及卦辭。〈彖傳〉乃論斷六十四卦卦名卦辭之義，故名為彖。

（二）〈象傳〉：隨經分為上下二篇，共四百五十條，其釋六十四卦卦名卦義者六十四條，未釋卦辭。其釋三百八十四爻爻辭者三百八十四條。其釋卦名卦義，爻辭也，皆以卦象與爻象為據，故題其篇曰象。

（三）〈文言傳〉：為乾坤兩卦之解說。文言者，謂用字以記其言也，以記其解乾坤兩卦之言也。

（四）〈繫辭傳〉：為《易經》之通論，因篇幅較長，分為上下二篇，以論《易經》之義蘊與功用為主，亦述及《周易》筮法，八卦起源等，並選擇《易經》爻辭十九條。其名為繫辭者，謂作者繫其論述于《易經》之下也。

（五）〈說卦傳〉：主要記述乾、坤、震、巽、坎、離、艮、兌八純卦所象之事物，故名說卦。說卦者，說八卦之象也，非說十六四卦也。

（六）〈序卦傳〉：乃解說《易經》六十四卦之順序，故名為序卦。

（七）〈雜卦傳〉：解說六十四卦之卦義，不依《易經》六十四卦之順序，錯雜而述之，故名雜卦。〔註2〕

十翼與經，本分列而不相雜錯。《漢書·藝文志》曰：「《易經》十二篇，施、孟、梁丘三家。」顏師古注曰：「上下經及十翼，故十二篇。」知三家經傳分列，惟費氏本與三家異。《漢書·儒林傳》謂費直《易》無章句。徒以〈彖〉、〈象〉、〈繫辭〉解說上下經。據此可知，費氏本似已將〈彖〉、〈象〉、〈繫辭傳〉與經文混合。然費氏本已亡佚，莫能詳其說。而《三國志·高貴鄉公紀》，《易》博士淳于俊曰：「鄭玄合〈彖〉〈象〉於經者，欲使學者尋省易也。」王弼又以〈文言〉分附乾坤二卦之後，即今通行本之篇次。

《周易》果有經而無傳，其於中國思想史之地位，將異於今。《周易》地

〔註1〕參見高亨著《周易古經通說》第一篇〈周易瑣語〉，頁7。
〔註2〕參見高亨著《周易大傳新注》第一篇〈周易大傳概述〉。

位之崇，肇因於《易傳》。馮友蘭曰：

> 《易傳》之作者，非止一人，然皆本此觀點以觀《易》，本前人之說，
> 附以己見，務與《易》之卦爻及卦辭爻辭以最大涵義，以使《易》
> 成爲一有系統之哲學書也。〔註3〕

　　《周易》本爲筮書，而《易傳》與占無涉，雖是注解筮書，然已脫出筮
書之範疇，而進入哲學之領域。它以卦爻辭爲引子，旁通發揮，引申枝蔓，
闡述自足之哲理。故《周易》於東漢時，已視爲群經之源，凌駕群經之上也。
然具豐富哲理之《易傳》，其作者及成書年代，卻闕疑難決。

　　《易傳》之內容，無論其思想或體例，均有異同，非一時一人之作品。
〈彖〉、〈象〉二傳，文辭質簡，於十翼中爲較古之作品。迄今仍多認爲孔子
所作，但亦有疑之者，崔述《洙泗考信錄》據〈艮卦·象傳〉曰：「君子以思
不出其位。」此語亦見之於《論語》，爲曾子之言，而以爲〈象傳〉之作，必
在曾子之後。〔註4〕錢玄同讀漢石經《周易》殘字而論及今文《易》的篇數問
題一文，曾下結論云：「西漢初年，田何傳《易》時，只有上下經和〈彖〉、〈象〉、
〈繫辭〉、〈文言〉諸傳。」李鏡池則以爲〈彖〉、〈象〉二傳之著作年代當在秦
漢間，其著作者當是齊魯間之儒家者流。〔註5〕屈萬里《古籍導讀》則直曰：
「〈彖〉、〈象〉二傳，皆非孔子所作，其著成時代，疑當在戰國之世也。」

　　〈文言〉、〈繫辭〉二傳，皆有「子曰」云云，歐陽修《易童子問》即疑
其非孔子所作。鄭樵《易經奧論》亦謂：「今之〈繫辭〉，乃孔門七十二弟子
傳《易》於夫子之言。」且兩傳充滿陰陽學說，乃戰國以來齊學之風氣。又
孟子始言「仁義」，而兩傳亦屢言之，因而梁啓超於〈古書眞僞及其年代〉一
文中，即指兩傳之著成，當在陰陽家及孟子之後，顧頡剛就「觀象制器」一
章，認爲襲自《淮南子·泛論篇》，然胡適駁之。〔註6〕依李鏡池言，〈繫辭〉、
〈文言傳〉，乃彙集前人解經之殘篇斷簡，並加以新著之材料，年代當在史遷
之後，昭宣之間。〔註7〕蔣伯潛則謂爲孔門弟子所記，〔註8〕屈萬里則謂《史

〔註3〕語見馮友蘭著《中國哲學史》第十五章，頁459。
〔註4〕見《論語·憲問篇》，子曰：「不在其位，不謀其政。」曾子曰：「君子思不出
　　　　其位。」
〔註5〕參見李鏡池著《周易探源》中〈易傳探源〉一文。
〔註6〕參見《古史辨》第三冊，顧頡剛〈論易繫辭傳中觀象制器的故事〉，及胡適〈論
　　　　觀象制器的學說書〉二文。
〔註7〕同註5。
〔註8〕見蔣伯潛著《十三經概論》第二章〈周易解題下〉，頁43。

記・太史公自序》曾引〈繫辭傳〉「天下同歸而殊途」一語；《春秋繁露・基義篇》曾引〈文言傳〉「履霜堅冰，蓋言遜也。」二語。司馬遷受《易》於其父談，談受《易》於楊何，楊何乃田何再傳弟子，是知《史記》所指各篇乃田何所傳，則〈繫辭〉、〈文言傳〉，亦皆先秦之作品也。〔註9〕

〈說卦〉、〈序卦〉、〈雜卦〉三傳，據李鏡池言，為較晚出之作品，當在昭宣之後。〔註10〕皮錫瑞以為三傳即《隋志》所謂河內女子所得之「〈說卦〉三篇」。蓋程迥《古易考》已疑〈序卦〉、〈雜卦〉非聖人之言，戴震亦以其與〈泰誓〉俱後出，不類孔子之言，〔註11〕蔣伯潛亦斷言為後人偽託。〔註12〕屈萬里於《漢石經周易殘字集証》中，則謂河內女子所獻為〈雜卦〉，蓋不見西漢及前人所徵引，乃漢人所偽，託諸河內女子，以售其欺耳。屈萬里又於《古籍導讀》謂〈說卦傳〉言「帝出乎震」云云，已受五德終始說之影響，自當在鄒衍之時或其後。簡宗梧先生據《淮南子・繆稱篇》曾引〈序卦傳〉「剝之不可遂盡也，故受之以復。」二語，是〈序卦〉已傳布於西漢初年。〔註13〕據《史記》，〈說卦〉、〈序卦〉二傳亦皆田何所傳，殆皆戰國晚年時人所作。而李漢三〈周易說卦傳著成的時代〉一文，即以為秦二世之時，赤帝子斬白帝子，尚出諸神嫗之口，讖其杳然無據，則〈說卦傳〉「帝出乎震」一語，深嫌帝出自東方，當非始皇在世時，所可公然產生之言論。然亦有謂或〈序卦〉本在〈說卦〉內，後為補足《漢志》十二篇之數，故由〈說卦〉分出。清戴震《周易補注》目錄後語云：「〈說卦〉分之為〈序卦〉、〈雜卦〉。」

至〈雜卦〉之名，《漢書》不載，東漢諸書亦未稱引。

上述諸說，難定真偽，大而言之，《易傳》約產生於戰國末年至西漢中葉間。其之所以產生於此，必肇因於歷史因素，《漢書・儒林傳》：

> 及秦禁學，《易》為卜筮之書，獨不禁，故傳授者不絕也。漢興，田何以齊田徙杜陵，號杜田生，授東武王同子中，洛陽周王孫，丁寬、齊服生，皆著《易傳》數篇。

王同、周王孫、丁寬、齊服生等人所著之易傳，是否為今所傳之《易傳》，無法確知，然「秦禁學，《易》為卜筮之書，獨不禁」，可為《易傳》產生此期

〔註9〕參見屈萬里先生著《古籍導讀》下篇〈十翼著成之時代〉。
〔註10〕同註5。
〔註11〕見皮錫瑞著《經學通論》，頁13。
〔註12〕同註8。
〔註13〕參見《易經論文集》（黎明）簡宗梧先生著〈論周易十翼〉一文。

之歷史因緣。然而《易傳》於《周易》中有何地位？

一、人文躍動

　　我民族歷史之承傳，自伏羲以降至孔子，歷經三變，即由天道思想化為神道思想，再由神道思想進為人道思想。遠古畜牧時代，吾人之思想以天道為主，風雨雷霆之災，日月星辰之象，天地之玄遠廣厚，山川之神祕深藏，為該時代之思想內容，逮至殷周之際，此時人之意識以天神、地祇、人鬼為重心，明鬼神，信機祥，營巫祝籠罩於時，而《易》學復興於此，八卦為天人間之通道，識著龜為神物，以前民用。《周易》用以為占筮，更據卦象爻辭以斷吉凶。《禮記‧表記》曰：

> 殷人尊神，率民以事神，先鬼而後禮，……周人尊禮尚施，事鬼敬
> 神而遠之。

殷紂之亡，亡在慢於鬼神，激起篤信天地鬼神之臣民丕變。神道思想自周初漸告衰退。周鑑於紂之國在於慢鬼神，因而探漸近迂迴之方，以化民心。此種思想於《尚書‧洪範》可見其端倪，〈洪範〉九疇「明用稽疑」曰：

> 汝則有大疑，謀及乃心，謀及卿士，謀及庶人，謀及卜筮。

決疑之要件有五：卜筮占其二，前三項為理智之抉擇，顯見神道權力之衰退，人智之前興。又曰：

> 汝則從，龜從，筮從，卿士從，庶民從，是之謂大同；身其康彊，
> 子孫其逢吉。
>
> 汝則從，龜從，筮從，卿士逆，庶民逆，吉。
>
> 卿士從，龜從，筮從，汝則逆，庶民逆，吉。
>
> 庶民從，龜從，筮從，汝則逆，卿士逆，吉。
>
> 汝則從，龜從，筮從，卿士逆，庶民逆，作內吉，作外凶。
>
> 龜筮共違于人，用靜吉，用作凶。

此件史料，足証神道消長變化之迹。明西周仍以神道為思想主流。

> 毛公鼎：「啟天疾畏。」
>
> 大孟鼎：「畏天畏威。」
>
> 師訇鼎：「天降畏降喪。」

成鼎：「用天降亦喪于四或。」

《詩·大雅·大明》：「天生烝民，有物有則，民之秉彝，好是懿德。」

《書·召誥》：「天既遐終大邦殷之命，茲殷多先哲王在天，越厥後王後民，茲服厥命厥終。智藏瘝在。夫知保抱攜持厥婦子以哀籲天，祖厥已出執。嗚呼！天亦哀於四方民，其眷命用懋，王其疾敬德。」

《詩·大雅·文王》：「無念爾祖，聿脩厥德，永言配命，自求多福。殷之未喪師，克配上帝。宜鑒于殷，駿命不易。」

《書·湯誓》：「有夏多罪，天命殛之。……致天之罰。」

《詩·商頌》：「天命玄鳥，降而生商。」

《易傳》之為書，推天道以明人事也。古之人觀於大自然之奧祕，而莫得其解；懾於大自然之力量，而莫之能禦；以為必有神焉鬼焉，操縱於其間，於是敬畏崇拜之，以祈福而避禍。聖哲之士，知其然也，因勢利導，乃設巫卜之官，以誘民志，曰：「自天祐之，吉无不利。」即所謂「神道設教」也。

神道思想雖為周初之思想主流，此乃文化形成必經之階段，人類文化必由宗教神道始，復由宗教神道觀以誘發人之自覺，由人之自覺觀而開展人文精神之建立。〈繫辭下傳〉曰：

《易》之興也，其於中古乎？作《易》者，其有憂患乎？

《易》之興也，其當殷之末世，周之盛德邪？當文王與紂之事耶？

周代殷而有天下，並無天命在吾之趾高氣揚之象，復反顯現出強烈之「憂患意識」。憂患意識有別於原始神道宗教思想之恐怖絕望，任憑天神之擺佈，喪失理智之導引，脫離意志之行為，而陷於幽暗盲瞽之中。然「憂患意識」乃正由自覺人事之成敗繫於自覺之行為，由此自覺而開展道德意識，凝成悲天憫人之觀念。

在一切以神志為依歸之下，人以世間一切之吉凶禍福均記之於神，人依神而有信心，如此憂患意識無從由起。當人體認自覺之行為足以影響行事之吉凶時，方有「憂患意識」。在此體認之下，人類思想漸由對神之信仰移之為自覺之行為，此變化之觀念，反映於「誠敬」上。〈乾卦·文言傳〉曰：

閑邪存其誠，善世而不伐，德博而化。

由存誠而善世，乃儒家修己治人之思想，進而德博而化，乃顯現參天地贊化育之理想，與《大學》之言「明明德」、「親民」、「止於至善」，《中庸》之言

「盡性」、「盡人之性」、「盡物之性」、「贊天地之化育」，其理同。又曰：

> 君子學以聚之，問以辨之，寬以居之，仁以行之。

「之」乃「誠」之意。《中庸》：「誠之者，擇善而固執之者也。博學之，審問之，慎思之，明辨之，篤行之。」旨意皆同。〈乾卦・文言傳〉曰：

> 夫大人者，與天地合其德，與日月合其明，與四時合其序，與鬼神合其吉凶。先天而天弗違；後天而奉天時。

《論衡・感應篇》曰：

> 此言聖人與天地鬼神同德行也。

即「大人」德化蒼生之行事，先於天之贊育萬物而呈現，則天之贊育萬物，視乎大人之德化蒼生，亦不相違。若乎「大人」之德化蒼生之行事，後乎天之贊育萬物而呈現，則大人德化蒼生之行事，亦遵奉天道之贊育萬物而不相異。此乃「不勉而中，不思而得，從容中道」，「誠者」之事也。〈坤卦・文言傳〉曰：

> 君子敬以直內，義以方外，敬義立而德不孤。

言君子存心以敬而內直，行事以義而外方，則人皆信其所行而不疑。敬德義道既立，則內自通徹，外自貞定，而事自然而成，而「德不孤」矣。又曰：

> 君子黃中通理，正位居體，美在其中，而暢於四支，發於事業，美之至也。

坤五黃中，為坤上直內之極致，坤五正位，是坤二方外之極致。美德內蘊，自能成己成物而暢於四支，以見其光輝，故《孟子・盡心上》曰：「君子所性，仁義禮智根於心，其生色也，睟然見於面，盎於背，施於四體，四體不言而喻。」義亦近同。

　　李光地曰：「要之乾之兩爻，誠之意多；實心以體物，這是乾之德。坤之兩爻，敬之意多；虛心以順理，這是坤之德。」〔註14〕周人建立誠敬之意識觀念，以來照察一己之行事，此觀念於《尚書・康誥》中「明德慎罰」、「敬義」，〈召誥〉中之「曷其奈何弗敬」、「王其敬其德」，均可見此一貫精神之形成，此正為人文精神最早之呈現。徐復觀先生曰：

> 周人雖然還保留殷人許多雜亂的自然神，而加以祭祀，……並且因為由憂患意識而來的「敬」的觀念之光，投射給人格神的天命以合理的活動範圍，使其對於人僅居於監察的地位。〔註15〕

〔註14〕語見《周易折中》卷十六，〈坤卦・文言傳〉李光地案語。
〔註15〕語見徐復觀先生著《中國人性論史先秦篇》第二章。

而周人正以此人文躍動，擺脫幽暗神祕之神道思想，從事於制度之革新，制禮作樂，封建宗法體制之完成，在於鼎力發皇人智，予以神道思想本質之轉化。

二、以理言事

《周易》原為卜筮之書，用以觀六十四卦卦爻之辭，則所言者，初不過卜之行路，履霜，入林，涉川，從禽，乘馬，求婚媾，從王事，遇寇，帥師之凡常生活中事。其言進退往來，吉凶悔吝，亦不過示人於此類事中，進退往來之行之吉凶悔吝耳，初無奧義深旨，蓋由人之恆于其當進當退，當往當來，先有疑惑之心，遂以《易》為占卜，自定行止。

《易》本為筮用，是為百姓日用而作，非為一二上智所密傳微妙之學；是為明是非，決懸疑而作，非為讖緯機祥。欲使人人能預知未來，趨吉避凶，故《易》應一切于人事，一一可推之以理，紀曉嵐曾曰：

> 《易》之大旨，在即陰陽往來剛柔進退，明治亂之隱伏，君子小人之消長，以示人事之宜，非但占驗機祥，漸失其本，即推奇偶者，言天而不言人，闡義理者，言心而不言事，聖人皆為無用之空言乎？……夫六十四卦，大象皆有君子字，而三百八十四爻亦皆以吉凶悔吝為言，聖人之情見乎詞矣！其餘皆《易》之一端，《易》之別傳，非《易》之本旨也。〔註16〕

《周易》最原始之目的厥在卜筮，故於六十四卦三百八十四爻中，均標明凶吉悔吝之準繩，以決疑惑而明吉凶，而示人以肇致吉凶悔吝咎之因，使人明趨吉避凶之道者，始奠於十翼，〈繫辭上傳〉曰：

> 聖人設卦觀象，繫辭焉而明吉凶。

這是《易》起於卜筮之說明。且「易」字一說起於蜴，蜴即守宮，一日十二時之中，其色隨環境而變易，〔註17〕變易之故，乃在求生，故曰：「生生之謂易。」鄭康成謂：「《易》一名而含三義，簡易一也；變易二也，不易三也。」此乃適應環境求生之態度。毛奇齡《仲民易》曰：

> 經以易名，厥有五易，一曰變易，謂陽變陰，陰變陽也；一曰交易，謂陰交乎陽，陽交乎陰也；一曰反易，謂相其順逆，審其相背，而反見之，一曰對易，謂比其陰陽，絜其剛柔，而對觀之；一曰移易，

〔註16〕見梁章鉅《退庵隨筆》卷十四，頁2。
〔註17〕參見《說文解字詁林》，九下，易部。

謂審其分聚，計其往來，而推移上下之。

毛氏雖加交易，反易，對易，移易等四種意義，然皆在言適應求生之方耳。

《易傳》在以理言事之思想，於《中庸》中可窺見：

至誠之道，可以前知，國家將興，必有禎祥；國家將亡，必有妖孽，見乎蓍龜，動乎四體，善必先知之，不善必先知之，故至誠如神。

這就是〈繫辭上傳〉曰：

動則觀其變而玩其占。

探賾索隱，鈎深致遠，以定天下之吉凶，成天下之亹亹者，莫大乎蓍龜。

然此乃言「占事知將來」，占本就事論事而已。又曰：

吉凶，失得之象也。悔吝者，憂虞之象也。

夫《易》，聖人所以崇德而廣業也。

此乃就易理以參合人事，《論語》中釋得失有言：

夫子，溫、良、恭、儉、讓以得之。（〈學而篇〉）

富與貴是人之所欲也，不以其道得之，不處也。貧與賤是人之所惡也，不以其道得之，不去也。（〈里仁篇〉）

寬則得眾。（〈陽貨篇〉）

先事後得，非崇德與。（〈顏淵篇〉）

知及之，仁不能守之，雖得之，必失之，知及之，仁能守之，不莊以蒞之，則民不敬；知及之，仁能守之，莊以蒞之，動之不以禮，未善也。（〈衛靈公篇〉）

可見所謂得失，一依於道。得者，善也，依於道者也；失者，惡也，違乎道者也。由《論語》中之釋義更可顯現出《易傳》言理於事，在於進德修業。故〈繫辭下傳〉曰：

其辭危，危者使平。易者使傾，其道甚大，百物不廢，懼以終始。

康有為指《易》之理曰：

唯吉者群倫否塞，鴻蒙未鑿，賢知弗能以為治，乃假卜筮之事以制民行，所謂先王以神道設教，故《易》初為卜筮之書。迨孔子〈繫辭傳〉、〈彖〉、〈象〉以還，乃純更為探理之作，以生生不已為體，以陰陽變化為用，窮理盡性，明宇宙人物之大源。孔門弟子述說而為〈繫辭傳〉、

〈文言〉諸論，尤能闡發微言，揚榷大義，而《易》遂爲震旦古籍中
首譚哲理者也。《易》者變易，謂宇宙全體普通衍進之程敍，無終始，
無本末，乾乾不息，而宇宙生命乃隨之而無窮。〔註18〕

《易傳》經南海一番解釋，更晶瑩透澈顯示其以理言事之智慧結晶。

《易傳》以理言事之思想，構成中華學術之總淵源，故《漢書・藝文志》
曰：「《易》道深矣，人更三聖，世歷三古。」蓋《周易》經由畫八卦與重爲
六十四卦之卦爻符號系統，已進化至筮術易之階段，即《易・繫辭上傳》曰：

聖人立象以盡意，設卦以盡情僞。

然時代之思潮由神道臻化至人道，《易》學亦由筮術而演爲哲理。因之於
卦爻辭之外，更作十翼，踵事增華，將八卦思想闡發愈精深廣涵。統八卦於
太極，示個體生命存在於陰陽消長盈虛之變中，以明宇宙萬物消長變化之大
法，及生生不易之理。〈繫辭上傳〉曰：

剛柔相摩，八卦相盪，鼓之以雷霆，潤之以風雨，日月運行，一寒
一暑，乾道成男，坤道成女。

〈繫辭下傳〉又論天地化生之道曰：

天地絪縕，萬物化醇，男女構精，萬物化生。

萬物皆由陰陽二者凝合而生，此即天地恒常不變之理，故〈繫辭上傳〉曰：

一陰一陽之謂道。繼之者善也，成之者性也。

《易》之以理言事，其本根在以明一陰一陽之道，其消長變化，以成萬物，
至賾而不可亂，皆本於太極，爲彌綸天地之大法。

《易》理與天地準，故能彌綸天地之道。萬物皆可配之以陰陽，〈繫辭上傳〉
曰：

陰陽之義配日月。

〈繫辭下傳〉曰：

乾，陽物也。坤，陰物也。陰陽合德而剛柔有體。

凡天地男女夫婦晝夜四時，無非陰陽之流行。一切萬物，無不順陰陽之法則，
《易傳》之倫理思想，咸以陰陽爲根本原理者也。

夫《易》之爲道，大則以究天地萬物之變化，小則以立人生行動之繩則。
故〈序卦傳〉曰：

有天地然後有萬物，有萬物然後有男女，有男女然後有夫婦，有夫

〔註18〕文見《哲學與文化》第三卷第十期李霜青〈研究易經的幾個先決問題〉。

婦然後有父子，有父子然後有君臣，有君臣然後有上下，有上下然
後禮義有所錯。

《易》因天地自然之道，以明人事之道，故以天地關係之大體，而移之為男
女、夫婦、父子、君臣、上下禮義之道，誠本以理言事，用之以陰陽對待之
理也。陰陽正位，各盡其道。自然君臣有義，父子有親，夫婦有別，兄弟有
序，推之無非由天地自然之理以定之，〈繫辭下傳〉曰：

《易》之為書也，廣大悉備，有天道焉，有人道焉，有地道焉。

知《易》之理一貫天地人之道，而致推天道以明人事。〈坤卦・文言傳〉曰：

積善之家必有餘慶，積不善之家，必有餘殃。

《易》卦爻辭之用，在於斷事決疑指明占卦人吉凶悔吝之所趨，「爻者，效天
下之動者也。」然《易傳》推演吉凶悔吝一貫之理，而以理明示人當趨吉避
凶之因，其精思入微，理事融通，故〈繫辭下傳〉曰：

善不積不足以成名，惡不積不足以滅身，小人以小善為无益而弗為

也，以小惡為无傷而弗去也。故惡積而不可掩，罪大而不可解。

此種善惡報應之理，天人感應之常，儒者多信之，孟子引仲尼之言曰：「始作
俑者，其無後乎。」（〈梁惠王上〉）作俑者不仁，故其報至於無後，以明天理
之不可誣也。不惟儒家然，道家亦有天理昭彰之論，《老子》曰：

天之道不爭而善勝，不言而善應，不召而自來。繟然而善謀，天網

恢恢，疏而不失。（〈七十三章〉）

《易傳》報應之理，肇由陰陽寒暑無往不復之常理推之，蓋因宇宙之大
法，以立倫理之定義，並非徒設空言，以勸人進善去惡也，其事理彰然。知
卦爻辭指向在於事，吉凶悔吝因事而生，故卦爻辭中言「往」「勿攸往」「利
涉大川」「不利涉大川」「用」「勿用」，均指行事宜不宜而言。行事善而合宜，
悔吝不生於心；行事不善而非宜，則內咎神明。《易傳》思想特色，其重要指
歸，不在於事，而在於人格道德之榮顯。此一人道思想之超越，可於〈乾卦〉
爻辭及〈文言傳〉之闡釋，而深明瞭解。

初九：「潛龍，勿用。」勿用，不宜有所作為，而〈文言傳〉則引申至「遯
世无悶，不見是而无悶。」上而言。

九二：「見龍在田，利見大人。」利見大人是言事，謂宜有所施為，然〈文
言傳〉則引申至：「庸言之信，庸行之謹；閑邪存其誠，善世而不伐，德博而
化。」亦即《中庸》二十章所曰：「從容中道」之意。德既中道，則言以信，

行以謹，是於外無失，其邪無以侵，其善不自誇，是於內無虧，夫外無失，內無虧，既見之在田，故存誠而博化也。

九三、九四、九五、上九等爻之爻言，均就修身處事之道德人格言，並明揭「大人之德」，以闡明易理，故知《易傳》以理言事者明矣。

《易傳》雖曰傳經，然作者之目的在於借《易》以闡發儒家之儒理思想，為《易》義之積充，而非注釋，此義理之積充，與《易》原本占筮記實之用，有天淵之別。而其價值在建立起宇宙構成之原理，此原理在言事物於矛盾對立中求發展變化。

三、思想融化

《周易》列為儒家之經典，《易》之八卦相傳為伏羲所畫。六十四卦或云為伏羲所自重，或云為文王所自重。卦爻之辭，或云文王所作，或云卦辭文王作，爻辭周公作。〈彖傳〉、〈象傳〉、〈繫辭傳〉、〈文言傳〉、〈序卦傳〉、〈雜卦傳〉即所謂十翼者，相傳皆孔子作。然此等傳說皆言之有理，俱乏確據。宋歐陽修《易童子問》，首發質疑，爾後聚訟紛紛。崔述《洙泗考信錄》、顧頡剛《古史辨》均詳加論辯。而張心澂《偽書通考》一書中蒐錄，敘辨甚詳。前論，《易傳》約產生於戰國末年，至兩漢中葉間之作品。

蓋春秋為奴隸制度漸趨瓦解，而撲向封建制度社會之時代，〔註 19〕人之價值賦以新之體認，神權旁落，《周易》卜筮之外衣被更除，純化為儒理之書。孔子至荀子儒家有說，引用《周易》，均發揮其修養精神，《周易》漸為儒家所主。故徐復觀先生於〈陰陽五行及其有關文獻的研究〉中，曾曰：

> 總結的說，《易傳》系統，在儒家中恐係獨成一派的。

蓋《易傳》中最具哲學價值之〈彖傳〉與〈繫辭傳〉，此二傳之宇宙論，納入儒家哲學系統，其思維內涵與《論語》，《孟子》、《荀子》相較，大異其趣，缺乏直接之因緣。顯然其思想之來源，別有一途。

前哲釋《易》，均視其具陰陽性質之書。

《莊子・天下篇》曰：

> 《易》以道陰陽。

《史記・太史公自序》曰：

〔註19〕參見李鏡池著《周易探源》中〈易傳思想的歷史發展〉一文。

　　《易》者，天地陰陽四時五行長於變。

揚雄《法言・寡見篇》曰：

　　　說天莫辨乎《易》。

莊子所言「《易》以道陰陽」，實則《易》以道陰陽者，在於《易傳》中，經內則無。如：

　　　內陽而外陰。（〈泰卦・象傳〉）

　　　內陰而外陽。（〈否卦・象傳〉）

《易傳》以三連之乾卦，與六斷之坤卦，稱爲陰陽。又：

　　　潛龍勿用，陽在下也。（〈乾卦・初九象傳〉）

　　　履霜堅冰，陰始凝也。（〈坤卦・初六象傳〉）

視一連之陽爻，及兩斷之陰爻，稱爲陰陽。又：

　　　陰雖有美，含之以從王事，弗敢成也。地道也，妻道也，臣道也。（〈坤卦・文言傳〉）

依義以推之，陽爲天道，夫道，君道也，其義已異於前。又：

　　　陽卦多陰，陰卦多陽，其故何也？陽卦奇，陰卦耦，其德行何也？陽一君而二民，君子之道也；陰二君而一民，小人之道也。（〈繫辭下傳〉）

　　　內陽而外陰，內君子而外小人。（〈泰卦・象傳〉）

　　　內陰而外陽，內小人而外君子。（〈否卦・象傳〉）

此乃用陰陽來代表天地君臣夫妻，及君子與小人，天道人道，均可由此陰陽相對相反之符號來象徵，其涵義劇變焉，〈繫辭上傳〉曰：

　　　一陰一陽之謂道。

道爲宇宙之本體，宇宙之現象，乃陰陽之變化，故曰：「陰陽不測之謂神。」（〈繫辭上傳〉）

　　《易傳》中陰陽家思想尤多，除前所引〈說卦傳〉中除稀微言及儒家思想外，通篇所論皆五行配方位，如：

　　　震，東方也。齊乎巽，巽，東南也；齊也者，言萬物之潔齊也。離也者，明也，萬物皆相見，南方之卦也；聖人南面而聽天下，鄉明而治，蓋取諸此也。坤也者，地也，萬物皆致養焉，故曰致役乎坤。兌，正秋也，萬物之所說也，故曰說言乎兌。戰乎乾，乾，西北之

卦也，言陰陽相薄也。坎者，水也，正北方之卦也，勞卦也，萬物之所歸也，故曰勞乎坎。艮，東北之卦也，萬物之所成終而所成始也，故曰成言乎艮。

屈萬里先生於《先秦漢魏易例述評》中曰：

於帝出乎震之言，知其已習終始五德之說。

馮友蘭於《中國哲學史》中亦曰：

《易傳》採老學道之觀念，又採陰陽之說，以之配乾坤，使之爲道或太極所生之二宇宙的原理。

陰陽思想之與《易》融合，李鏡池以爲戰國時陰陽五行說起，或有人以陰陽剛柔說解《周易》，戰國時有〈陰陽說〉一篇，當是最早之《易傳》，也是後起《易傳》之根源。〔註20〕

儒學精神之於《周易》。孔子曰：

加我數年，五十以學《易》，可以無大過矣。（〈述而篇〉）

孔子之所以知天命，乃由研幾《易》學之故也。

何晏注曰：

《易》窮理盡性以至於命，年五十而知天命，以知命之年，讀至命之書，故可以無大過。

蓋孔子之所以由五十而知天命，六十而耳順，七十而從心所欲不踰矩，此皆研幾於《易經》尙消息盈虛之理；以致於耳順而不踰矩，是孔子亦深於《易》矣。

太史公〈論六家要旨〉，其於儒家則曰：

列君臣父子之禮，序夫婦長幼之別，雖百家弗能易也。

儒家思想重倫常禮法，及啓迪人心道德規範，諸如尊卑有分，男女有別，長幼有序諸禮法，皆爲其重要內容。而此禮法，與《周易》之〈序卦傳〉義同。

〈序卦傳〉曰：

有天地然後有萬物，有萬物然後有男女，有男女然後有夫婦，有夫婦然後有父子，有父子然後有君臣，有君臣然後有上下，有上下然後禮義有所錯。

儒家之倫理規範，無論格致、誠正、修齊，乃至治平之道，於《易傳》中屢見其義，如：

君子以自強不息。（〈乾卦・象傳〉）

〔註20〕同註19。

　　君子以厚德載物。(〈坤卦·象傳〉)

　　君子以懲忿窒欲。(〈損卦·象傳〉)

　　君子以見善則遷，有過則改。(〈益卦·象傳〉)

凡此皆是儒家修身齊家之道。又如：

　　君子以容民畜眾。(〈師卦·象傳〉)

　　先王以建萬國，親諸侯。(〈比卦·象傳〉)

　　君子以教思無窮，容保民無疆。(〈臨卦·象傳〉)

　　先王以省方觀民設教。(〈觀卦·象傳〉)

凡此皆為儒家治國平天下之準則。又如：

　　君子以類族辨物。(〈同人卦·象傳〉)

　　君子以遏惡揚善順天休命。(〈大有卦·象傳〉)

　　先王以茂對時，育萬物。(〈无妄卦·象傳〉)

　　君子以多識前言往行。(〈大畜卦·象傳〉)

凡此皆儒家格物致知之內容。又如：

　　君子以恐懼修省。(〈震卦·象傳〉)

　　君子以思不出其位。(〈艮卦·象傳〉)

凡此皆儒家誠意正心之標準。

　　又，《易傳》：「君子以慎言語，節飲食。」(〈頤卦·象傳〉)與《論語》：「君子食無求飽，居無求安，敏於事而慎於言。」(〈學而篇〉)同義。

　　又，《易傳》：「素履之往，獨行願也。」(〈履卦·初九象傳〉)與《論語》：「飯疏食，飲水，曲肱而枕之，樂在其中矣。」(〈述而篇〉)義同。

　　又，《易傳》：「困，剛揜也，險以說，困而不失其所亨。」(〈困卦·象傳〉)與《論語》：「貧與賤，是人之所惡也，不以其道得之，不去也。」(〈里仁篇〉)及「一簞食，一瓢飲，在陋巷，人不堪其憂，回也不改其樂。」(〈雍也篇〉)二者義同。

　　李鏡池於其〈易傳思想的歷史發展〉一文中，以為〈彖傳〉與〈象傳〉乃儒生將剛柔之說與天道人道觀結合以解《易》，〈大象〉重於發揮儒家之政治倫理思想，〈小象〉較多維護封建統治而作，出現濃厚之儒家思想。

　　吾國數千年之學術思想，以儒家為中心，皆本於《易傳》之理論，其格

致、誠正、修齊、治平之道融會貫通，成一理想體系，乃倫理之常則。故知《易傳》與先秦儒學有相互損益者，其思想之密契入微，蓋有得而言者。

然《易傳》中與道家思想之關係者何？此乃重要之命題，有主道家出於《易傳》，亦有主《易傳》受道家思想影響而成，何是何非？眾云紛紛。就作品產生之時代而言，《道德經》在前，而《易傳》晚出。〔註21〕雖則《道德經》未必出於傳說中與孔子同時之老聃所作，但至少為先秦之作品。據崔述《洙泗考信錄》、汪中《老子考異》、梁啓超〈評胡適之中國哲學史大綱〉所論，謂《老子》一書成於戰國時代。故《易傳》受老學之影響甚巨，即《易傳》與道家思想有其共通處。

「《易》有太極，是生兩儀，兩儀生四象，四象生八卦。八卦定吉凶，吉凶生大業，是故法象莫大乎天地，變通莫大乎四時。」（〈繫辭上傳〉）「有天地，然後萬物生焉，盈天地之間者唯萬物。」（〈序卦傳〉）與《老子》「道生一，一生二，二生三，三生萬物，萬物負陰而抱陽，沖氣以為和。」（〈四十二章〉）此與《易傳》義合。即所謂——即混沌之素，二即天地，三即陰陽和三氣。老子論宇宙形成之過程，初為道，道生混沌元素，混沌元素生天地，天地生陰陽和三氣，陰陽和三氣坐萬物，而三氣變化成四時。太極即天地未化之混沌元素，兩儀即天地，四象於自然界即春夏秋冬四時，於《易》卦上則為少陽、老陽、少陰、老陰四象，而二者可合而為一，少陽為春，老陽為夏，少陰為秋，老陰為冬。故「法象莫大乎天地，變通莫大乎四時」，知《易傳》論宇宙之形成，與老子略同，可以肯定二者之間有相互之關係存在。

又，「謙亨，天道下濟而光明，地道卑而上行，天道虧盈而益謙，地道變盈而流謙，鬼神害盈而福謙，人道惡盈而好謙，謙尊而光，卑而不可踰，君子之終也。」（〈謙卦・象傳〉）與《老子》：「天之道，其猶張弓乎？高者抑之，下者舉之，有餘者損之，不足者張之。」（〈七十七章〉）及「江海所以能為百谷王者，以其善下也。」（〈六十六章〉）其意義相若。

又，「坤至柔而動也剛，主靜而德方，後得主而有常，含萬物而化光。」（〈坤卦・文言傳〉）亦與老子「天下之至柔，馳騁天下之至堅。」（〈四十三章〉）及「道常無為而無不為，侯王者能守之，萬物將自化，化而欲作，吾將鎮之以無名之樸。無名之樸，夫亦將無欲。不欲以靜，天下將自定。」（〈三十七章〉）其意義亦同。

〔註21〕參見戴君仁先生著《談易・七・易傳與道家》。

又，「大哉乾元，萬物資始。」（〈乾卦‧文言傳〉）及「至哉坤元，萬物資生。」（〈坤卦‧文言傳〉）與《老子》「無，名天地之始；有，名萬物之母。」（〈第一章〉）除「有」「無」與「乾」「坤」相異之外，意義全似。

顯然《易傳》思想呈示思想之新趨向，此一趨向，乃先受陰陽家之感染，而起融合，復屬入道家之思想。由融合而統整，完成前所未有之天人哲學大體系。而此體系之完成在於乾坤天地之道與時序觀融合後，及衍發動態之發展後。

〈豫卦‧象傳〉曰：

> 天地以順動，故日月不過而四時不忒。

〈恆卦‧象傳〉曰：

> 天地之道，恆久不已也，利有攸往，終則有始也。日月得天而能久照，四時變化而能久成，聖人久于其道而天下化成，觀其所恆，而天地萬物之情可見矣。

又，〈損卦‧象傳〉曰：

> 損益盈虛，盈時偕行。

《易傳》之所以建立完整之形上宇宙論，它非祇是轉化「陰陽消息」之觀念，它除了承藉之外，更引進「時」之意義於卦爻系統中，產生「時化」之新概念，此概念與原有之剛柔、動靜、盈虛、陰陽及卦爻複雜變化結合，使《易傳》之宇宙論展現出嶄新之內涵與境界。此一思想模式經《易傳》之闡發，並與孟子心性工夫合流，開出天人合德之思想，滙成中國二千餘年來宇宙論之根源，亦形成中國最主要之世界觀。

原始之神道思想，於儒家心性之學開展後，加以人文化，道德化，逮至與道家及陰陽家思想滙流後，復再度趨於宗教化，此即《易傳》之造作，亦即中國人文思想挫折之轉化關鍵。

〈乾卦‧文言傳〉曰：

> 夫大人者與天地合其德，與日月合其明，與四時合其序，與鬼神合其吉凶，先天而天弗違，後天而奉天時，天且弗違，而況於人乎？況於鬼神乎？

〈繫辭上傳〉曰：

> 《易》有聖人之道四焉，以言者尚其辭，以動者尚其變，以制器者尚其象，以卜筮者尚其占。是以君子將有為也，將有行也。問焉而以言，其受命也如響，无有遠近幽深，遂知來物。

又曰：

> 是故天生神物，聖人則之；天地變化，聖人效之；天垂象，見吉凶，
> 聖人象之；河出圖，洛出書，聖人則之。

天在孟子心性工夫之修爲中，乃道德之終極境界。於荀子宇宙論中，乃一自然現象，與人事無涉。然《易傳》之思想，復有些許先秦儒家人文思想之反動，肇始儒學於漢代變質之一端緒。

此一使儒家形上人文思想轉化爲極富宗教氣息之天人合德思想，顯然受戰國時代陰陽五行學派之侵化而成，以開出天人相感之宇宙觀。蓋《易傳》體大用博，含融光大，諸子諸學無不濡化以成，故胡自逢先生於〈易道與先秦諸子論道之貫通〉一文曰：

> 諸子所言道，無論爲體段，爲功化，舉未出《周易》言道所示義蘊
> 之外。故由《易》道以窺諸子所言之道，不過爲道之一隅。而《周
> 易》則於道之全體大用，無所不明矣。

四、道以變易

中國哲學有一根本之趨向，即承認「變」爲宇宙之一根本存在。變易爲本根，一切事務莫不在變易之中，而宇宙爲一變易不息之大流，此種概念，於孔子已聞其端倪，《論語・子罕篇》曰：

> 子在川上曰：「逝者如斯夫，不舍晝夜。」

萬物皆逝然不已，宇宙如川之大流。《老子》亦曰：

> 有物混成，先天地生。寂兮寥兮，獨立不改，周行而不殆，可以爲
> 天下母。吾不知其名，強字之曰道，強爲之名曰大。大曰逝，逝曰
> 遠，遠曰反。

大即道，是所以逝之理，由大而逝，由逝而遠，宇宙乃逝逝不已之無窮歷程，惠施更認爲宇宙一切均在流轉之中，《莊子・天下篇》引惠施曰：

> 日方中方睨，物方生方死。

中則且睨，生則且死，一切皆變遷無息。莊子亦極重變化，莊子常言「萬物之化」（〈人間世〉），「物之化」（〈德充符〉），「萬物而未始有極也」（〈大宗師〉），其亦認爲宇宙萬事萬物一切均於流轉變動之中，變化乃普遍而無息之作。〈秋水篇〉曰：

> 初之生也，若豫若馳，無動而不變，無時而不移。

〈天道篇〉曰：

> 萬物化作，萌區有狀，盛衰之殺，變化之流也。

萬物非固定不變，一切均在轉化變移之中，無一刻靜止，宇宙乃一變化之大流。

論宇宙變化最周密者，莫若《易傳》，《易傳》以為一切事物均存在於變化遷流中，宇宙之存在乃是一變化之大歷程，〈繫辭上傳〉曰：

> 在天成象，在地成形，變化見矣。

變化此一事實，有象有形可見，則變化可見。《易傳》更認為宇宙之能不窮而久，在於變化，〈繫辭下傳〉曰：

> 《易》窮則變，變則通，通則久。

變然後不窮而通，通乃久而不息。《易傳》又以為變化乃創造，變化即創新。〈繫辭上傳〉曰：

> 富有之謂大業，日新之謂盛德，生生之謂《易》。

生生猶言進進。宇宙乃是生生不已之大流，此即所謂易。「生生之謂《易》」，易即「變易」，亦釋為「變化」，自「動」而「變」，即為「生」。故「剛柔相推而生變化」〈繫辭上傳〉曰：

> 夫乾，其靜也專，其動也直，是以大生焉；夫坤，其靜也翕，其動也闢，是以廣生焉。

〈繫辭下傳〉曰：

> 天地絪縕，萬物化醇；男女構精，萬物化生。

又曰：

> 日月相推，而明生焉。寒往則暑來，暑往則寒來，寒暑相推而歲生焉。往者屈也，來者信也，屈信相感到利生焉。

又曰：

> 愛惡相攻，而吉凶生；遠近相取而悔吝生，情偽相感，而利害生。

又曰：

> 吉凶悔吝者，生乎動者也。

又，〈坤卦‧文言傳〉曰：

> 天地變化，草木蕃。

〈繫辭上傳〉曰：

> 《易》有太極，是生兩儀，兩儀生四象，四象生八卦，八卦定吉凶，

吉凶生大業。

以上所引，均在言明宇宙萬物之生生不止，在於「動」與「變」，然《易》何以即「變易」。

　　許慎《說文解字》曰：

　　　　易，蜥易，蝘蜓，守宮也；象形。祕書說：「日月爲易」，象陰陽也，

　　　　一曰從勿，凡易之屬皆以易。

按《說文》之解說，分之爲三。一爲象形之解說，二爲會意之解說，三爲會意兼形聲之解說。

　　象形之解說，以爲「易」，上「日」字象首，下「勿」字象四足，蜥蜴，蝘蜓與守宮，即俗稱「四腳蛇」之屬。陸佃《埤雅》曰：

　　　　蜴善變，《周易》之名，蓋取乎此。

李時珍《本草綱目》曰：

　　　　蜴即守宮之類，俗名十二時蟲，《嶺南異物志》言其首隨十二時變色，

　　　　蓋物之善變者莫若是，故《易》之爲書有取焉。

易象形蜴，蜴善變，易取其變之意。

　　會意之解說，「日月爲易，象陰陽也。」（〈繫辭上傳〉）曰：「陰陽之義配日月。」象日月，即象陰陽。〈說卦傳〉曰：「觀變於陰陽而立卦。」觀變即觀陰陽之變，象陰陽亦即象陰陽之變。陰陽，《說文解字》曰：

　　　　陰，闇也；水之南山之北也。從𨸏侌聲。

　　　　陽，高明也。從𨸏昜聲。

陰稱山北，然陽不稱山南，何故？段玉裁注：

　　　　不言山南曰易者，陰之解可錯見也。山南曰陽故從𨸏。

《爾雅·釋山》：

　　　　山西曰夕陽，山東曰朝陽。

又，《春秋穀梁氏·僖公二十八年傳》曰：

　　　　山南爲陽。

范寧注曰：

　　　　日之所照曰陽。

反轉而言，日之所不照曰陰。「日月爲易，象陰陽也。」即易之形，象山南日照之面，又形象山北日之所不照一面，言日與月亦錯見爾。《說文解字詁林》易字下引戴果恆釋易曰：

> 古人既以日月二字而成易字，又以日月二字而成明字，而會意各有
> 指歸，明字則左日右月，易字則上日下月，上日下月，自寓陰陽交
> 易之義。左日右月，僅表重明之象。

接會意之解說，易字上日下月，即〈繫辭下傳〉：「日往則月來，月往則日來。」
一往一來，即變動之意。

會意兼形聲之解說，在於「一日从勿」，清苗夔《說文聲訂》以爲當補「勿
亦聲」，稱「亦聲」，即會意兼形聲之意。如此，則當曰：「从日从勿，勿亦聲。」
从勿，乃从旗勿之勿，《說文解字》曰：

> 勿，州里所建旗象，其柄有三游。

何以稱游，乃從風而靡，游移無定之意。《詩・小雅・何人斯》曰：

> 我心易也。

《韓詩外傳》易作移，易字古與施通。施，《說文解字》曰：

> 旗旖施也。

旗旖，即轉移變易之貌。勿與施皆爲旗，勿有游物之形，與易爲變之義相合。
施有轉移變易之貌，易與施通，亦和易爲變之義相合。

然易之本義當從何說，紛紜聚訟，就三說而言均爲變之意，實相輔相成也。

易即是變，《史記・太史公自序》曰：

> 《易》著天地四時陰陽之行，故長於變。

太史公之言，謂《易》此書乃顯示天地、四時、陰陽變易之書。《易傳》曰：

> 天地變化，聖人效之。（〈繫辭上傳〉）

> 變通配四時。（〈繫辭上傳〉）

> 觀變於陰陽而立卦。（〈説卦傳〉）

天地爲變，四時爲變，陰陽爲變，《易》爲變，故《易》是變之哲學，變是《易》
之根本原理，〈繫辭下傳〉言變爲《易》之根本原理：

> 《易》之爲書也不可遠，爲道也屢遷，變動不居，周流六虛，上下
> 无常，剛柔相易，不可爲典要，唯變所適。

屢遷爲變，不居亦變，周流是變，無常爲變，相易亦變，不可爲典要爲變。

然《易傳》變易之義，可由二處徵驗，一爲萬物之化生而言「天地絪縕，
萬物化醇。」果如天地不交，乾坤不相往復，則無以變動，萬物不生，即所謂
「孤陰不生，獨陽不長」之謂也。二爲萬物之存在而言，証之以今日科學知識，
眼不藉光波之動，則山立於前面而不能見；耳不藉音波之動，雷鳴於側而不能

聞。故無《易》道之變動，雖存在亦如不存在，彼此不交，亦如無彼或此。

宇宙所含森羅萬象，且瞬息錯縱變化，然於繁複變化之現象中，其間有何法則可尋乎？〈繫辭上傳〉曰：

> 言天下之至賾而不可惡也，言天下之至動而不可亂也。

此言觀物之態度，在於縝密之思維，冷靜之態度，因而前人歸納出《易》之三原則「簡易」、「變易」、「不易」。

孔穎達《周易正義》論《易》之三名曰：

> 謂之為《易》，取變化之義，既義攝變化，而獨以《易》為名者。《易緯・乾鑿度》曰：「《易》一名而含三義，所謂易也，變易也，不易也。」又曰：「易者其德光，光明四通，簡易立節，天以爛明，日月星辰，布設張列，通精無門，藏神無穴，不煩不擾，澹泊不失，此其易也，變易者，其氣也。天地不變，不能通氣，五行迭終，四時更廢，君臣取象，變節相移能消者息，必專者敗，此變易也。不易者，其位也。天在上，地在下，君南面，臣北面，父坐子伏，此其不易也。」

於《正義》中亦引鄭玄之說，鄭說與《易緯乾鑿度》稍異。《正義》曰：

> 鄭玄依此作《易贊》及《易論》云：「《易》一名而含三義，簡易一也，變易二也，不易三也。」

鄭玄三義之說，源自〈繫辭傳〉，〈繫辭傳〉首章即為《易》道三易之揚發。而《易緯》三義之說亦本〈繫辭傳〉首章。

> 天尊地卑，乾坤定矣，卑高以陳，貴賤位矣，動靜有常，剛柔斷矣。方以類聚，物以群分，吉凶生矣。在天成象，在地成形，變化見矣。是以剛柔相摩，八卦相盪。鼓之以雷霆，潤之以風雨，日月運行，一寒一暑。乾道成男，坤道成女。乾知大始，坤作成物。乾以易知，坤以簡能。賢人之德，可大則與人之業。易簡而天下之理得矣，天下之理得，而成位乎其中矣。

鄭玄蓋亦通《易緯》也，見《易緯》之言「三義」，乃本於〈繫辭傳〉。因而以〈繫辭傳〉之「易簡」代「易」，於是自鄭玄後，易簡、變易、不易之三義遂成定論。

然三義以「變易」為本源，統攝「易簡」，「不易」而為之極。何以証之？〈繫辭上傳〉曰：

> 子曰：夫《易》，何為者也？

夫《易》，開物成務，冒天下之道，如斯而已者也。是故聖人以通天
下之志，以定天下之業，以斷天下之疑。

〈繫辭傳〉述孔子對《易》之禮讚。《易》道誠涵蓋宇宙事物「開物成務」之
生化歷程，聖人之所以能「通天下之志」，「定天下之業」、「斷天下之疑」者，
乃知《易》之根本原理在於「變易」。〈繫辭上傳〉復加以闡釋：

夫《易》，廣矣！大矣！以言乎遠，則不禦；以言乎邇，則靜而正，
以言乎天地之間，則備矣！

《易》與天地準，天地之範圍無限，容量無窮，故《易》道亦「廣矣！大矣！」
其推論天地之間之生生造化之理想，亦周詳而具備。故變易之原理具有普遍
性及必然性，乃指變易之中有不易之理，即所謂「常」。〈繫辭上傳〉曰：

動靜有常，剛柔斷矣。

一切事物雖變動不居，然變中有常。變之所以有常者，乃變不可亂也，故〈繫
辭上傳〉曰：

言天下之至動而不可亂也。

天下事物，變動至極而不可亂，亦即三義之「不易」之理也。〈繫辭下傳〉曰：

天下之動，貞夫一者也。

天下之動雖繁，而正于一。就變動而言，天下是至賾之謂，就變動之有常而
不亂言，天下又是至簡之謂。宇宙變易之道，原則簡明曉暢易為人知。〈繫辭
上傳〉曰：

聖人有以見天下之賾，而擬諸其形容。

又曰：

易簡而天下之理得矣。

可知，天下事物存在乃「至賾」且「至動」者，如此變化之歷程，以貞夫一
之易簡法則，建立起不易之則，不易之自身亦是一變者也，《易》之根本原理
即「變易」，而《易》有太極。極，《說文解字》：「極，棟也。」亦根本之原
理也。然太極與變易之間，究有何因果？太極生兩儀，兩儀即陰與陽，《易》
理陰陽之道，故〈繫辭上傳〉曰：

一闔一闢謂之變。

何謂變？門之一闔一闢，陰暗陽明隨闔闢而現，此門之闔闢謂之變，亦即太
極之謂，故變易為《易》之根本原理也。

第二章　變易形成論

　　《易》所以爲六經之原，百家之宗，在於體現德慧，《易》之德慧，恒常地以靈動而獨特之流泉轉出，因時以啓導和滋潤人類，生化與日新而不爲過，故〈繫辭上傳〉曰：

　　《易》與天地準，故能彌綸天地之道，仰以觀於天文，俯以察於地理，是故知幽明之故。原始反終，故知死生之說。精氣爲物，游魂爲變，是故知鬼神之情狀。與天地相似，故不違；知周乎萬物，而道濟天下，故不過；旁行而不流，樂天知命，故不憂；安土敦乎仁，故能愛；範圍天地之化而不過，曲成萬物而不遺。

故知宇宙變易之現象，乃新新不停，生生相續之創化過程，宇宙萬化流轉，恒變不已。然吾人所存寄之宇宙，時時在變，刻刻求新，莫之能禦。然吾欲究此天人之變，所憑藉之媒介者何？《易》象而已矣。透象以見體，故〈繫辭下傳〉曰：「《易》也者，象也；象也者，像也。」象即是宇宙變易生化歷程之具體象徵。〈繫辭上傳〉曰：

　　聖人有以見天下之動，而觀其會通，以行其典禮。繫辭焉以斷其吉凶，是故謂之爻。言天下之至賾而不可惡也。言天下之至動而不可亂也，擬之而後言，議之而後動，擬議以成其變化。

又曰：

　　聖人立象以盡其意，設卦以盡情僞，繫辭焉以盡其言，變而通之以盡利，鼓之舞之以盡神。

此彌綸天地之道，範圍天地之化，會通和擬議以成其變化，盡意復盡言，變

通盡利與鼓舞盡神，皆是人文生命化成之文化理想，故〈賁卦‧彖傳〉曰：「文明以上，人文也。觀乎天文，以察時變，觀乎人文，以化成天下。」

《易》乃極梁研幾之理，深所以道天下之志，幾所以成天下之務，其目的乃崇德廣業，知周萬物而歸於道濟天下之大用。《易》啓天下之動，成天下之務，冒天下之道，故《易》爲創化之原理，變易生化之理乃從「仁」生化之大德中透顯。因「安土敦乎仁故能愛」，復「顯諸仁，藏諸用，鼓萬物而不與聖人同憂，盛德大業至矣哉，富有之謂大業，日新之謂聖德。」（〈繫辭上傳〉）仁與用密契互成，盛德大業交互發用，透象以言體，以有盡之象，表無窮之《易》道，故「生生之謂《易》」。日新即生生，以生生變易之象，體不易之體「仁」，而此生生正詮「仁」體之無窮妙用。

蓋《易》以生化之體，德化爲生仁之體。本此一特質，以觀宇宙創化。蓋「孤陰不生，獨陽不長。」物物無孤生孤長。萬物因有感以生，生以成在於動，物由感而動，乃至性至情之動，此即誠於中而形於外者也。人有所感以正，而有人文生命，而人文生命乃人性之眞誠感也。天下之事，非情不動，故物物交通而生事象，恒依生生不息之理以創化。宇宙萬物透過創化之歷程，以呈現無終始無生滅之宇宙觀，每一生機恒藏於顯發之大用中。〈太史公自敍〉曰：

> 《易》著天地，陰陽四時五行，故長於變。（《史記》）

孔穎達《周易正義‧序》曰：

> 《易》者，變化之總名，改換之殊稱，自天地開闢，陰陽運行，寒暑迭來，日月更生，孚萌眾類，亭毒群品，新新不停，生生相續，莫非資變化之力，換代之功，謂之爲易，即變化之易。

胡適之曰：「《易》，便是變易的易。」〔註1〕宇宙人生恒在生化之狀態，《易》道之用時刻在變，刻刻創新，故《易》之道也屢遷，周流於天地之間，上下无常位，剛柔相推相易不可爲典要，惟趣時爲尚。

六十四卦，三百八十四爻，卦未始有定象，爻未始有定位，於是於生化歷程中，卦與卦，爻與爻相互摩盪，故卦與爻之時位均無定滯，恒以生化之變以濟眾，爻象徵宇宙人生之現象，爻既恒常變動，則宇宙現象亦恒常變易，故宇宙人生生生變易不已。然此一創化之變，究緣何而生？〔註2〕

〔註 1〕 語見胡適先生著《中國古代哲學史》，頁 74。
〔註 2〕 參見梯利（Frank Thilly）著，陳正謨譯《西洋哲學史》（A History of Philosophy），

第一節　歷史因素

孔德（Auguete Comte）以爲人類知識之進展，分爲三階段，即是（1）宗教階段，（2）形而上學階段，（3）實證階段。班固：「《易》道深矣，人更三聖，世歷三古。」（《漢書・藝文志》）亦以爲《易》學之進展，歷經三階段，高懷民先生亦曰：「《易》學的面貌凡經三變，它最初是以純卦象符號出現，後來一變爲筮術占斷，再後來又變爲文字義理。」〔註3〕亦如劉百閔先生所言：

> 伏羲畫出陰——和陽——兩畫。朱子看來，簡直和杯珓一樣，一仆一仰，仆轉的就是陽，仰轉的就是陰，陽爲吉，陰爲凶，這是易底宗教的階段。後來文王作卦辭，周公作爻辭，朱子看來，亦和火珠林一類卜筮之書，祇似靈棊課模樣，還是易底宗教的階段。後來孔子作十翼，或且說，後來的人作出〈彖傳〉、〈象傳〉、〈繫辭傳〉、〈説卦傳〉、〈序卦傳〉、〈文言傳〉、〈雜卦傳〉來，便不復是卜筮之書，而是從宗教的進到形而上學和實証的階段。〔註4〕

中國歷史之進化，歷經三階段，由天道觀而神道意識至人文思想，遠古人民處風雨雷霆之災，見日月星辰之象，天地玄遠廣遼，山川神祕深藏，故以天道思想爲主，故《易》之初象以天、澤、火、雷、風、水、山、地爲主。逮殷周之際，人之意識活動，以天神、地祉、人鬼爲患，聽命於神鬼之思想籠罩於當時社會。《易》再興於此，乃以著策占斷吉凶悔吝爲主。至春秋以降，人智大興，文化意識呈現理智思考，漸而人文思想取代神鬼之地位。於是此期先哲排筮術占斷，申十翼之義，以義闡述《易》道，《易》學於此順勢承時而三易其貌。

《易》所以因時乘變，乃《易》之道「範圍天地之化而不過，曲成萬物而不遺。」（〈繫辭上傳〉）「有天道焉，有地道焉，有人道焉。」（〈繫辭下傳〉）它涵攝宇宙萬事萬物之理，歷史文化更迭演進，《易》之內容亦隨時潮之新新而與時俱進。

人類思潮隨歷史之遞變，因而生衍不同之行事，從而建立異同之社會型態。殷商爲神道意識鼎盛之朝代，天神地祇人鬼之地位崇尊無上，人唯卜所示是從。至周初人文思想漸興，故於《尚書・泰誓篇》武王曰：「惟天地萬物父母，惟人萬物之靈。」人爲萬物之靈，正示周之思潮異於前，《禮記・表記》記孔子之言：

第九篇第一章第五節〈知識之演進〉。商務本。

〔註3〕參見高懷民先生著《先秦易學史》，第二章〈先秦易學的特色及其分期〉。

〔註4〕語見劉百閔先生著《易事理學序論》，頁6。

> 夏道尊命，事鬼敬神而遠之，近人而忠焉，先祿而後威，先賞而後
> 罰，親而不尊，其民之敝，惷而愚，喬而野，朴而不文。殷人尊神，
> 率民以事神，先鬼而後禮，先罰而後賞，尊而不親，其民之敝，蕩
> 而不靜，勝而無恥。周人尊禮尚施，事鬼敬神而遠之，近人而忠焉，
> 其賞罰用爵列，親而不尊，其民之敝，利而巧，文而不慚，賊而蔽。

夏人與周人同為「事鬼敬神而遠之」，二者所不同者，夏人「尊命」而周人「尊禮尚施」，夏商二代，一為神道之興，一為神道之衰。而殷商則為神道鼎盛之期，故殷則為「尊神，率民以事神。」

殷商時代，有卜無筮，筮興於周初。《史記‧龜策列傳》中曰：「自三代之興，各據禎祥，塗山之兆從而夏啟世，飛燕之卜順故殷興，百穀之筮吉故周王。」由《史記》之言，可知筮興於周，然則筮何以興於周乎？

八卦原本素樸之哲學符號，自相傳遠古伏羲氏畫成，以迄周初，其間無甚開展新知領域。至是文王欲代殷而有天命，乃思一占斷之神道思想以代卜法，以神道設教行翦商之計，故有「羑里之演《易》」。此一《易》學之變易觀，乃激於「天命更新」之因素而成。《史記‧殷本紀》：

> 以西伯昌、九侯、鄂侯為三公。九侯有好女，入之紂。九侯女不熹
> 淫，紂怒殺之，而醢九侯。鄂侯爭之彊，辯之疾，並脯鄂侯。西伯
> 昌聞之，竊嘆，崇侯虎知之，以告紂，紂囚西伯羑里。西伯之臣閎
> 夭之徒，求美女、奇物、善馬以獻紂，紂乃釋西伯。

又，〈周本紀〉曰：

> 崇侯虎譖西伯於殷紂曰：「西伯積善累德，諸侯皆嚮之，將不利於帝。」
> 帝紂乃囚西伯於羑里。閎夭之徒患之，乃求有莘氏美女，驪戎之文
> 馬，有熊九駟，他奇怪物因紂嬖臣費仲而獻之紂。紂大悅曰：「此一
> 物足以釋西伯，況其多乎。」乃赦西伯。

周初以德治國，孔子讚美文王曰：「三分天下有其二以服事殷，周之德可謂至德之已矣。」（〈泰伯篇〉）然明尊殷為正朔，陰時行翦商之策，故文王獲釋，知殷之天下已不可為乃興討諸侯，伐犬戎、伐密、伐黎、伐邘、伐崇。而有天下三分其二。而翦商之始，實演《易》為一關鍵，〈周本紀〉又曰：

> 其囚羑里，蓋益《易》之八卦為六十四卦。

又，〈日者列傳〉曰：

> 周文王演三百八十四爻而天下治。

《易》之興關係於殷亡而周興，《漢書・藝文志》曰：

> 至於殷周之際，紂在上位，逆天暴物，文王以諸侯，順命而行道，
> 天人之占可得而效，於是重《易》六爻，作上下篇。

於遠古，王者踐位蒞天下，乃受命於天，異姓受命，天命革新，此即所謂革舊鼎新，〈繫辭下傳〉曰：

> 《易》之興也，其於中古乎，作《易》者其有憂患乎。

作《易》者深思遠謀爲周定制天人交通之法，以爲天命改易之根據，故「憂患」實含有周天命代殷之變易觀。

第二節　自然因素

宇宙間任何現象，於發展過程中，均有異同之段落層次。譬如：一枝花，由萌芽而含苞，由含苞而開放，由開放而茂盛，由茂盛而萎縮，由萎縮而凋謝，由凋謝而再涵養生機，《易經》即基於此宇宙自然現象之生化，而將一卦畫成六爻，所謂卦即象徵現象，而爻即現象發展之動態，〈繫辭上傳〉曰：

> 象者，言乎象者也。爻者，言乎變者也。

天地形象時刻以變以動，《易》之爻亦一爻一變，其意在明天地物事之變，故變動爲宇宙間之自然現象。〈繫辭上傳〉曰：

> 在天成象，在地成形，變化見矣。

天象日月雲雨，地形山川草木，萬象萬物均於宇宙流轉中不息之變化。

《易》有「吉」、「凶」、「悔」、「吝」之占辭，它呈示循環排列之現象，由吉而悔、由悔而凶、由凶而吝、由吝而吉。此現象可由四時之更迭而得一顯明之註腳，一夜東風起，萬山春色歸，一元復始，春臨大地，物蠢而生，草木萌動，燕語鶯啼，蟄者起而潛者躍，萬物顯露生機而欣欣向榮，此爲「吉」。至凱風扇物，赫日流輝，萬木皆滋，百草悉茂，根荄漸不足以養華滋；蟲魚鳥獸，因飛舞過度而有倦容，萬物生機皆由發洩過度，元英受損，此即爲「悔」，悔有損傷而生懊悔之意。及至秋風烈烈，白露爲霜時，草木紛紛搖落；蟲魚鳥獸，紛呈疲頓蛻變，正是淒涼乍變商聲，肅殺已臨兌位，萬物日趨剝削，此乃「凶」象。逮霜樹盡摧枯葉，玉壺漸結輕冰，陰霧封樹，草木經凋後，萬物自身之生命力集蘊於根荄上，蟲魚鳥獸各自歸藏，不復浪擲生命力，此之謂「吝」，「吝」即受困於外而難以施展，復內自羞吝之意，由上可知，「四

時迭起，萬物循生，一盛一衰，文武倫經。」（《莊子・天運篇》）吉於吝之後而生悔，凶於悔之後而轉吝，此即「消息往來」之理，山有高低，水有漲落，一起一伏，相與循環，變易無窮。

宇宙之自然現象，無論有形與無形之萬事萬物，時時刻刻恒常變化遷移，生生不息，由簡而繁，由粗而精，由微而顯，由小而大，消息往來，循環不已。人處天地之間，於時空中，亦受自然消息之影響，而有盛衰榮枯，成敗得失之現象。故〈坤卦・文言傳〉曰：

> 積善之家必有餘慶，積不善之家必有餘殃。

《老子》曰：

> 致虛極，守靜篤，萬物並作，吾以觀復。夫物芸芸，各復歸其根。歸根曰靜，靜曰復命。復命曰常，知常曰明。（〈十六章〉）

《孟子》曰：

> 予豈好辯哉！予不得已矣。天下之生久矣！一治一亂。（〈滕文公篇下〉）

又曰：

> 五百年必有王者生，其間必有名世者。（〈公孫丑篇下〉）

又曰：

> 由堯舜至於湯五百有餘歲，若禹皋陶則見而知之，若湯則聞而知之。由湯至於文王五百有餘歲，若伊尹萊朱則見而知之，若文王則聞而知之。由文王至於孔子五百有餘歲，若太公望散宜生則見而知之，若孔子則聞而知之。（〈盡心篇下〉）

《莊子》曰：

> 始卒若環，莫得其倫。（〈寓言篇〉）

蔡元定曰：

> 天道之常，先陽而後陰，先始而後終，先生而後死。今《易》所言，而曰陰陽，曰終始，曰死生者，皆降一級而取其變也。蓋自常者而言之，但見其先後兩事而窮焉。自變者而言之，則窮而後通，未嘗已也。生生之道，萬古不息者，實于兩言之間盡之矣，豈特如世之所謂文從字順而已。〔註5〕

然此生化不居不息之現象，在於陰陽正負之開闔作用下開展，以孳蕃衍生息，

〔註5〕語見《宋元學案》，卷六十二，〈西山蔡氏學案〉。

故〈繫辭下傳〉曰：

> 天地絪縕，萬物化醇，男女構精，萬物化生。

林景伊先生嘗釋之曰：

> 若夫《易》道之原，則實由于陰陽相二之理。「天地絪縕，萬物化醇，
> 男女構精，萬物化生。」故近取諸身，遠取諸物，推而及于天地萬
> 類之變化。〔註6〕

宇宙之變化，神奇莫測；萬物之生命，更爲機變神妙，夫唯聖人始能神知此變化，故〈繫辭上傳〉曰：

> 夫《易》，聖人之所以極深而研機也。唯深也，故能通天下之志；唯
> 幾也，故能成天下之務；唯神也，故不疾而速，不行而至。

遠古之聖哲「仰則觀象於天，俯則觀法於地，觀鳥獸之文與地之宜，遠取諸物，近取諸身，於是始畫八卦，以通神明之德，以類萬物之情。」（〈繫辭下傳〉）見日昇月降，春去秋來，動物生老病死，植物榮盛枯腐，水蒸成雲復作雨，滄海桑田轉去來之現象，習薰既久，遂悟變易之道，故《易》之起源，非坐而空想，馳漫天之思而來，乃俯察仰觀，時日既久，有會於心，於是畫卦，增益八卦，即所謂「窮則變，變則通」，聖哲更有感於天理人事變易之道，於是十翼作，益以卦意，欲使人洞明宇宙事理變動不居之現象，教人撥亂反正，乃至於窮理盡性以至於命。而所謂「以通神明之德，以類萬物之情也。」孔穎達《周易正義》曰：

> 以通神明之德者，言萬物云爲皆是神明之德。若不作八卦，此神明
> 之德閉塞幽隱，既作八卦，則而象之，是通達神明之法也。以類萬
> 物之情者，若不作《易》，物情難知，今作八卦以類象，萬物之情皆
> 可見也。

「是故《易》者，象也。象者也，像也。彖者，材也。爻也者，效天下之動者也。」（〈繫辭下傳〉）卦爻象徵天地變化之道，人事之變化，因著天地變化而引起感應，故「通神明之德」。八卦之所以「類萬物之情」，因其象徵天地之變化，天地之變化含括萬物之變化，故八卦亦括萬物變化之道。

八卦重爲六十四卦，其作用在說明以人類爲中心之宇宙自然演變，更進而闡述人事與天道相應之觀測。故〈繫辭上傳〉曰：

〔註6〕語見林景伊先生著《中國學術思想大綱》，第一章〈六藝〉，第二節〈易〉，頁
　　　8。

> 《易》與天地準，故能彌綸天地之道。仰以觀於天文，俯以察於地理，是故知幽明之故。原始反終，故知死生之說。精氣爲物，游魂爲變，是故知鬼神之情狀。與天地相似，故不違。知周乎萬物，而道濟天下，故不過。旁行而不流，樂天知命，故不憂。安土敦乎仁，故能愛。範圍天地之化而不過，曲成萬物而不遺，通乎晝夜之道而知。

又曰：

> 夫《易》開物成務，冒天下之道，如斯而已者也。是故聖人以通天下之志，以定天下之業，以斷天下之疑。

然所謂「天下之道」無外乎陰陽質力之相摩相盪所生之秩序與作用，其示現者，一爲天行，如：四時節候，寒暑往來，及宇宙萬物一切新陳代謝之蛻變。「天行健，君子以自強不息者」是也。一爲天德，是節候所以導引新陳代謝之作用，亦即是天行之能量。由此陰陽質力摩盪所構成之宇宙現象，呈現出一定之節奏與秩序。劉百閔先生曰：

> 《易》言事，物，事也；務，事也，而物言開，務言成。冒，覆也。
>
> 《易》開物，故聖人以之定天下之志；《易》成務，聖人以之定天下之業；冒天下之道，聖人以之斷天下之疑。〔註7〕

《易》所以能「開物成務，冒天下之道」，在於循宇宙之節奏與秩序而行，而此時奏秩序乃物之事也，故王靜芝先生以爲八卦之作，乃在於「象物通事」。所謂「象物通事」，物爲宇宙萬物，事爲天人之間之變化萬象，簡言之，畫卦之意，在於傳示傳記宇宙萬象，大自然運轉之秩序與節奏，事物循此秩序節奏變化窮通之實態。〔註8〕《易傳》中表現此窮通變易周流之道有：

> 无往不復，天地際也。(〈泰卦・九三象傳〉)
>
> 反復其道，七日來復。(〈復卦・象傳〉)
>
> 四時變化而能久成。(〈恒卦・象傳〉)
>
> 天地革而四時成，湯武革命順乎天而應乎人，革之時大矣哉。(〈革卦・象傳〉)
>
> 舟楫之利以濟不通。(〈繫辭下傳〉)
>
> 日往則月來，月往則日來，日月相推而明生焉。寒往則暑來，暑往

〔註7〕語見劉百閔先生著《周易事理通義》下冊〈繫辭上傳〉。
〔註8〕參見王靜芝先生著《經學通論》上冊，第二篇第一章〈易的來源〉。

則寒來，寒暑相推而歲成焉。往者，屈也；來者，信也，屈信相感
而利生焉。尺蠖之屈，以求信也；龍蛇之蟄，以存身也；精義入神，
以致用也，利用安身，以崇德也。(〈繫辭下傳〉)

泰者，通也。物不可終通，故受之以否。(〈序卦傳〉)

剝者，剝也。物不可終盡！剝窮上反下，故受之以復。(〈序卦傳〉)

以上諸言在明宇宙萬象，無非一往一來，一屈一伸之窮通周流變易之道，所
謂「以通神明之德，以類萬物之情」，「象物通事」，無非兆自然變化之情狀，
故知變易思想之起源，有本於自然生化之因素也。

第三節　卦理因素

往聖先哲之作《易》，仰觀俯察，明原始要終，於是展現宇宙之律則，亦
貞定生命之價值。蓋凡宇宙事物，皆呈對待，而非絕對之現象。程明道曰：

天下萬物之理，無獨必有對，皆自然而然，非有安排。(〈明道學案〉)

惟其對待，方能相互消長，相互盈虛以成變化，有變化，方能演進，故易為
變易。

《易》乃以陽爻「—」、陰爻「--」為基礎，當陰陽爻之始作，則「混沌」
為之初開，宇宙靈光因而迸發。故萬物之終始，人性之條達，文明之演進，
而此序列之現象，其總動力，總原理，不外乎陰陽二力，故曰：「一陰一陽之
謂道。」《周易折中》李光地曰：

一陰一陽，兼對立與迭運二義。對立者，天地日月之數是也。迭運
者，寒暑往來之類是也。(卷十三)

據此，循宇宙進化之軌跡，可以參贊天地之化育，遵人生之吉凶悔吝，可以
建設人理之秩序。《易》與天地準，《易》道廣大悉備，含藏萬里；然《易》
變無方，莫知所極，而理潛無形，所以有貴於窮理盡性，而示開物成務之道
也。然推其源，則不外乎卦與爻而已。六十四卦為其體，三百八十四爻為其
用，故雖研幾而深也，然總不出乎卦爻之外。

卦爻之組織，原為占卜之用，本無義理之意義可言，然六十四卦予以序
列而後，即含藏宇宙秩序之觀念。因「爻者，言乎變化者也」(〈繫辭上傳〉)，
故變化本乎爻。變者，自變也；化者，被變也。八卦相重，爻在其中，六爻
為重卦之物也。六十四重卦，以〈乾〉、〈坤〉二卦為首。蔡元定曰：

天下之萬聲，出於一闔一闢；天下之萬理，出於一動一靜；天下之
萬數，出於一奇一耦；天下之萬象，出於一方一圓，盡起於乾坤二
畫。〔註9〕

「乾坤，其《易》之門邪」（〈繫辭下傳〉），「是故闔戶謂之坤，闢戶謂之乾」
（〈繫辭上傳〉）《易》便是一陰一陽，亦即是一闔一闢。宇宙萬物生化之道，
不過是宇宙本有之形質，於陰陽正、負之闔闢作用下，自然配合而生化。「八
卦成列，象在其中矣；因而重之，爻在其中矣；剛柔相推，變在其中矣！」（〈繫
辭下傳〉）自然而各適其性，以孳生蕃息。

且「乾坤，其《易》之蘊邪！」（〈繫辭上傳〉）乾剛物，坤柔物。爻分剛
柔，剛爻爲乾體，柔爻爲坤體，六十四卦，剛爻百九十二，皆自乾體出也；
柔爻百九十二，皆自坤體生也。合凡三百八十四爻，皆乾坤之往來進退以成
其變化，故爻以言變，不可爲典要，唯變所適，唯變有卦之變，爻之變。乾
坤往來卦變也，六爻進退爻變也。然變化本乎爻者，乾坤往來，亦必以爻爲
用也，故曰：「爻者，言乎變者也。」

乾坤乃就卦象而言，於形而上則曰陰陽，於宇宙現象上則曰動靜，於人
生運用上則曰剛柔，因而吾人能制剛柔之作用，即能處動靜之常，以求陰陽
之和。正如〈復卦・象傳〉曰：

復亨，剛反。動而以順行，是以出入无疾，朋來无咎。反復其道，

七日來復，天行也。利有攸往，剛長也，復其見天地之心乎。

吾人由剛柔相推之理，以知天地陰陽消息。剛柔二用，正如闢闔一樣。然因
剛柔相易，上下无常，故《易》道也屢遷，變動不居，不可爲典要，以變爲
通。然《易》理變易之律則爲？

一、明 卦

一曰明卦：觀夫六十四卦，各卦皆有其意，如〈乾〉之剛健，〈坤〉之柔
順，〈屯〉爲創業之始，〈蒙〉爲蒙昧無知等，皆各有其名義，故欲明卦當先
明乎卦義。

六十四卦，皆八卦兩兩相重而成，其在下之三畫卦謂之下卦，亦謂之內
卦，在上者謂之上卦，或稱外卦。內卦爲貞爲來，外卦爲悔爲往，如：

〔註9〕語見《朱子語類》，卷六十五，〈易一〉。

　　比之自內，不自失也。（〈比卦・六二象傳〉）

　　內陽而外陰，內健而外順，內君子而外小人。君子道長，小人道消
　　也。（〈泰卦・象傳〉）

　　內陰而外陽，內柔而外剛，內小人而外君子，小人道長，君子道消
　　也。（〈否卦・象傳〉）

　　敦臨之吉，志在內也。（〈臨卦・上六象傳〉）

　　无妄，剛自外來，而爲主於內。（〈无妄卦・象傳〉）

　　內文明而外柔順。（〈明夷卦・象傳〉）

　　內難而能正其志。（〈明夷卦・象傳〉）

　　女正位乎內，男正乎外，男女正，天地之大義也。（〈家人卦・象傳〉）

　　往蹇來反，內喜之也。（〈蹇卦・九三象傳〉）

　　柔在內而剛得中。（〈中孚卦・象傳〉）

以上〈泰〉、〈否〉、〈臨〉、〈明夷〉諸卦，內外指上下卦而言，餘者，此指下
卦九二爻，〈无妄〉外指上卦之上九，內指下卦之初九。〈家人〉內指下卦之
六二，外指上卦之九五，〈蹇〉內指下卦九二而言。唯有〈中孚〉爲變例，其
內指六三、六四爲一卦之內而言，王弼《周易畧例》云：

　　內外者，出處之象也。初上者，始終之象也。

邢璹注：

　　內卦是處，外卦是出，初爲始，上爲終。

　　內外卦之出處交流，乃往來進退也，如：

　　　　〈泰〉，小往而大來，吉亨。則是天地交而萬物通也，上下交而其志
　　　　同也。內陽而外陰，內健而外順，內君子而外小人，君子道長，小
　　　　人道消也。（〈泰卦・象傳〉）

〈泰卦〉下爲乾，乾爲天，爲純陽；上爲坤，坤爲地，爲純陰，自不易之立場
言之，天尊地卑也，自變易之立場言之，乾在下，示陽氣下降，即天德之下貫；
坤在上，表陰氣上升，即地德之上應，夫兩氣交感，而萬物無不化生矣。

　　「小往大來」，毛奇齡《仲氏易》曰：「往來以爻言。」依《易》例，小
謂陰也，大謂陽也，下卦稱內，上卦稱外。爻之自內往外爲往，則「往」者，
指爻之在外也，爻之自外來內爲來，則「來」者，指爻之在內也，是故「小

往」者，即謂三陰爻（坤）往外也；「大來」者，即謂三陽爻（乾）來內也。此「小往大來」之象也，由於天地感應，故「吉亨」，本卦下卦爲乾；乾爲陽，其德健，上卦爲坤，坤爲陰，其德順。故曰：「內陽而外陰，內健而外順。」觀乎民風，當泰之時，君子居朝內，小人在朝外，君子之道盛長而大行，小人之道衰消而隱匿，故曰：「內君子而外小人，君子道長，小人道消也。」斯見民德之歸厚，世風之醇良。再如，〈否卦・彖傳〉曰：

> 〈否〉之匪人，不利君子貞，大往小來，則是天地不交而萬物不通也，上下不交而天下无邦也。內陰而外陽，內柔而外剛，內小而外君子，小人道長，君子道消也。

〈否卦〉之設象，蓋〈乾卦〉三陽爻往外，〈坤卦〉三陰爻來內，故曰：「大往小來」。夫乾陽在上，坤陰在下，乃天尊地卑不易之定位。然《易》者既言不易，亦言變易，自變易者而觀之，則當以陽氣下降，天德下貫；陰氣上升，地德上應，所謂「天地交而萬物通」始爲通泰，今〈否卦〉，乾猶在上，坤猶在下，陰陽之氣阻塞不通，化育之機閉塞，即是天地不交，萬物不通。

移之人事，上自上，下自下，上下不交，上情無法下達，下情無法上達，則國危矣。〈否〉之內卦爲坤，外卦爲乾。坤爲陰，乾爲陽，〈否〉之卦象爲陰氣入宇內，陽氣退出宇外，故曰：「內陰而外陽」。再次，坤爲柔，乾爲剛，〈否〉之卦象又是內柔懦而外剛健，外強中乾，故曰：「內柔而外剛」。又次，坤爲陰，象無才德之小人；乾爲陽，象有才德之君子，〈否卦〉之象小人在朝內，而君子在朝外，小人之道盛長而大行，君子之道消退而隱匿。故曰：「內小人而外君子，小人道長，君子道消也。」斯見民德之澆薄，世風之日下。

〈彖傳〉中言剛柔往來者，凡二十餘卦，先儒謂之卦變。然諸家之說不同，程子謂六十四卦，皆自乾坤而變。朱子謂六十四卦互相往來，以兩卦陰陽二爻換位而言，其說本李之才六十四卦生圖。元劉宗齋是程子說，然六十四卦之序，自〈乾〉自〈未濟〉，皆二卦反對相並以敍。故〈彖傳〉言卦變，皆兩卦反對中，自相往來耳。〈彖傳〉每取此義，如：「〈隨〉自〈蠱〉來」，「〈蠱〉自〈隨〉來」，「〈泰〉自〈否〉來」，「〈否〉自〈泰〉來」，剛柔二爻，或自內往外，或自外來內，〈彖傳〉每由此取義。故〈繫辭下傳〉曰：

> 上下无常，剛柔相易，不可爲典要，唯變所適。

即言「上下无常，剛柔相易」爲《易》之上下、內外、往來之間之變易，故《易》即是變。

六十四卦皆自下而上，故下卦為主、上卦為輔。既知六十四卦上下卦位之排列，然後可以就上下卦所示之卦象、卦德、卦體而析之，則知卦辭之所指矣。卦象者，如乾為天、為君、為父之類也。卦德者，即乾為健、坤為順、震為動、巽為入、坎為險、離為明、艮為止、兌為悅者也，卦象卦德詳見〈說卦傳〉。卦體者，即六十四卦上下六爻陰陽排比之形態也，明乎此，則知宇宙之生化，人生之條達現象也。

二、明　位

二曰明位：六十四卦皆有六爻，而六爻之排列，初三五為陽位，二四上為陰位。每卦陰陽排列之失位者，當變通以趣時，故〈既濟卦・象傳〉曰：

> 剛柔正而位當也。

〈雜卦傳〉曰：

> 〈既濟〉定也。

漢儒虞翻主「〈既濟〉定位」，凡《易》卦皆宜變成〈既濟〉，方為得也。凡陰居陽位，皆謂之失位，或曰不正。不正則危，須變通以趨正。故爻有變動之例，是象徵宇宙人事，亦須時時在變，日新又新，故《易》為道也屢遷。

〈繫辭上傳〉曰：

> 天尊地卑，乾坤定矣。卑高以陳，貴賤位矣。動靜有常，剛柔斷矣，
> 方以類聚，物以群分，吉凶生矣。

此章文字言《易》位含義有三。一曰：「天尊地卑」，此乃宇宙之位。二曰：「貴賤位矣」，此乃人際之位。三曰：「剛柔斷矣」、「吉凶生矣」，此乃卦象之爻位。欲明《易》理之位，當先明爻位。

三、明　爻

三曰明爻：《周易正義》：「卦者掛也，懸掛物象以示於人，掛一以類萬，故謂之卦。」又釋爻：「爻者，交也，言剛柔之相交也。」「爻者，效天下之動者也。」卦是一以類萬，爻是效天下之動。一卦有六爻，積爻以成卦，卦由爻而成體，其初爻與二爻為地之道，三爻與四爻為人之道，五爻與上爻為天之道，故〈說卦傳〉曰：

> 昔者聖人之作《易》也，將以順性命之理，是以立天之道曰陰與陽，
> 立地之道曰柔與剛，立人之道曰仁與義，兼三才而兩之，故《易》

六畫而成卦。

欲明爻位之律則者何？

（一）終始之位

　　凡卦內下而上，六爻之序，始於初，成於二，極於三，革於四，盛於五，終於上。《易緯乾鑿度》曰：

> 天地之氣，必有終始，六位之設，皆由上下，故《易》始於乙，分爲二，通於三，革於四，盛於五，終於上。（卷上）

又曰：

> 凡此六者，陰陽所以進退，君臣所以升降，萬人所以爲象則也。故陰陽有盛衰，人道有德失，聖人因其象，隨其變，爲之設卦，方盛則託吉，將衰則寄凶。（卷上）

如〈恒卦・初六象傳〉曰：

> 浚恒之凶，始求深也。

行遠自邇，登高自卑，凡事由漸而來，庶能持久。操之過切，速進得銳，退亦得速，始而求深，凶險之象也。

　　蓋初爲六爻初始之位，故曰始。二在內卦之中，由初始至二。其氣已成，故凡二位泰半吉，三則在內卦之極，不中之位，故多凶，如〈遯卦〉九三雖當位而乃有疾屬，〈恒卦〉九三「不恒其德」。四居下卦變革爲上卦之時，居變革之地，故〈乾卦〉九四曰：「或躍」，〈明夷卦〉六四曰「入于左腹」，〈晉卦〉九四曰「晉如鼫鼠」，五爲最盛之位，故多吉。上則最終之位，〈家人卦〉上九曰「終吉」，〈否卦〉上九曰「否終則傾」，〈比卦〉之上六，居比之終，無所比，故曰：「比之無首」。如是，知六爻終始之位，則知製成爻辭大概之意象。故〈繫辭下傳〉曰：

> 《易》之爲書也，原始要終以爲質也。六爻相雜，唯其時物也，其初難知，其上易知，本末也，初辭擬之，卒成之終。

（二）三才與陰陽之位

　　凡六十四卦，卦有六爻，其初與二爻爲地之道，三與四爻爲人之道，五與上爻爲天之道。故〈繫辭下傳〉曰：

> 《易》之爲書也，廣大悉備。有天道焉，有人道焉，有地道焉。兼三才而兩之，故六。六者非它也，三才之道也。

〈說卦傳〉曰：

> 昔者聖人之作《易》也，將以順性命之理，是以立天之道曰陰與陽；
> 立地之道曰柔與剛；立人之道曰仁與義。兼三才而兩之，故《易》
> 六畫而成卦，分陰分陽，迭用柔剛，故《易》六位而成章。

蓋柔與仁亦陰之類也，剛與義亦陽之類也。奇數爲陽，偶數爲陰，故《易》之爻位，初、三、五爲陽位，數之奇也；二、四、上爲陰位，數之偶也，九爲陽、六爲陰，爻之奇偶也。陽爻居陽位，陰爻居陰位，爲正，爲當位，或曰得位，六二、九三是也。陽爻居陽位，陰爻居陽位，爲不正，或曰失位、失正，九二、六三是也。內卦以二爲中，外卦以五爲中，故六二、九五中而正，九二、六五中而不正。

（三）承乘應比

凡卦有承乘應比，內卦與外卦，以位相應。故初與四，二與五，三與上，一陰一陽則相應，九二、六五是也。共陰共陽則不應，九二、九五是也。在上曰乘，在下曰承，相並曰比。王弼《周易畧例》曰：

> 承乘者，逆順之象也。
>
> 辨逆順者，存乎承乘。（〈明卦適變通爻篇〉）

邢璹注：

> 陰承陽則順，陽承陰則逆，故〈小過〉六五乘剛，逆也，六二承陽，順也。

如〈節‧六四象〉曰：

> 安節之亨，承上道也。

即以六四之陰柔承九五之陽剛爲順之故，餘如：

> 揚於王庭，柔乘五剛也。（〈夬卦‧象傳〉）
>
> 无攸利，柔乘剛也。（〈歸妹卦‧彖傳〉）
>
> 六二之難，乘剛也。（〈屯卦‧六二象傳〉）
>
> 貞疾，乘剛也。（〈豫卦‧六五象傳〉）
>
> 噬膚滅鼻，乘剛也。（〈噬嗑卦‧六二象傳〉）
>
> 困于疾藜，乘剛也。（〈困卦‧六三象傳〉）
>
> 震來厲，乘剛也。（〈震卦‧六二象傳〉）

〈夬〉則指上六乘五陽爻而言，而〈歸妹〉則指六五乘九四，六三乘九二。〈屯〉、〈豫〉、〈噬嗑〉、〈困〉、〈震〉諸卦，說明以六二、六三、六五之陰柔乘初九、九二、九四之陽剛，爲逆之故。反之，剛乘柔，亦即柔承剛，曰：「柔遇剛」，又曰：「剛柔接」，或曰：「剛柔際」，亦曰：「剛柔節」，如：

> 姤，遇也；柔遇剛也。（〈姤卦・彖傳〉）

> 无初有終，遇剛也。（〈睽卦・六三象傳〉）

> 子克家，剛柔際也。（〈蒙卦・九二象傳〉）

> 樽酒簋貳，剛柔際也。（〈坎卦・六四象傳〉）

> 剛柔之際，義无咎也。（〈解卦・初六象傳〉）

> 玉鉉在上，剛柔節也。（〈鼎卦・上九象傳〉）

自剛而言，爲剛乘柔；自柔言，是柔承剛，柔承剛爲順。

「應」於《易》理中，其影響甚巨。初與四、二與五、三與上，陰陽互異即生作用。王弼《周易署例》曰：

> 夫應者，同志之象也。（〈明卦適變通爻篇〉）

邢璹注：

> 得應，則志同相和。

王弼又曰：

> 是故雖遠而可以動者，得其應也。（〈明卦適變通爻篇〉）

邢璹注：

> 上下雖遠而動者，有其應也。〈革〉六二去五雖遠，陰陽相應，往者无咎也。

王弼又曰：

> 故觀變動者，存乎應。（〈明卦適應通爻篇〉）

邢璹注：

> 爻有變動在乎應，有應而動，動則不失，若〈謙〉之九三，勞謙，君子有終吉之例。

陰陽之相應，〈象傳〉言之更詳，尤重二五之應，如：

> 不寧方來，上下應也。（〈比卦・彖傳〉）

> 柔得位得中而應乎乾，曰同人。（〈同人卦・彖傳〉）

> 動而健，剛中而應，大亨以正，天之命也。（〈无妄・卦彖傳〉）

剛當位而應，與時行也。（〈遯卦‧彖傳〉）

順以說，剛中而應，故聚也。（〈萃卦‧彖傳〉）

以上諸說，在言九五與六五之應，再如：

剛中而應，行險而順。（〈師卦‧彖傳〉）

柔得尊位，大中而上下應之，曰大有。（〈大有卦‧彖傳〉）

說而順，剛中而應，大亨以正，天之道也。（〈臨卦‧彖傳〉）

柔進而上行，得中而應乎剛，是以小事吉。（〈睽卦‧彖傳〉）

柔進而上行，得中而應乎剛，是以元亨。（〈鼎卦‧彖傳〉）

巽而順，剛中而應，是以大亨。（〈升卦‧彖傳〉）

以上諸說，在言六五與九二之應。再如：

柔得位而上下應之。（〈小畜卦‧彖傳〉）

剛應而志行，順以動，豫。（〈豫卦‧彖傳〉）

此乃言初九與六四，或初六與九四之相應。然亦有例外：

雖不當位，剛柔應也。（〈未濟卦‧彖傳〉）

則乃言〈未濟卦〉六爻雖不當位，然皆相應也。

應亦有稱「與」者：

柔上而剛下，二氣感應以相與。（〈咸卦‧彖傳〉）

雖不當位，有與也。（〈困卦‧九四象傳〉）

反之，不應則稱「敵」：

上下敵應，不相與也。（〈艮卦‧彖傳〉）

伏戎於莽，敵剛也。（〈同人卦‧九二象傳〉）

有稱「无與」，或稱「未有與」，亦有稱「不相與」者：

井谷射鮒，无與也。（〈井卦‧九二象傳〉）

剝牀以辨，未有與也。（〈剝卦‧六二象傳〉）

上下敵應，不相與也。（〈艮卦‧彖傳〉）

凡爻有應則多助，爲有孚，爲志應，爲得。無應則少助，爲不孚，爲志不相得，爲喪。有應則有輔，無應則無與，無與則孤立無援矣。

承、乘、應、比除說明爻與爻間之關係，亦爲人與人間相互變易之因素，可謂極錯綜微妙之至。故王弼《周易畧例》曰：

> 凡陰陽者，相求之物也，近而不相得者，志各有所存也，故凡陰陽
> 二爻率相比而无應，則近而不相得；有應，則雖遠而相得。(〈明卦
> 適變通爻篇〉)

邢璹注：

> 〈比〉之六三，處二四之間，四自外比，二爲五貞；所以比者，皆
> 非己親，是有所存者也。
>
> 〈隨〉之六三係丈夫，九四隨有獲，是无應而相得之例也。
>
> 〈既濟〉六二有應於五，與初三相近，情不相得之例。

王說邢注在明比與應之關係狀態，比之效力無應之大，然無應比亦可取，故
〈隨〉之六三无應，亦相得。

（四）吉凶之位

六爻之中，二多譽、三多凶、四多懼、五多功。〈繫辭下傳〉曰：

> 二與四同功而異位，其善不同。二多譽，四多懼，近也。柔之爲道，
> 不利遠者，其要无咎，其用柔中也。三與五同功而異位，三多凶，
> 五多功，貴賤之等也。其柔危，其剛勝邪。

二與四爻同屬陰位體柔之功。「異位」者，二居內卦，四在外卦，故其體柔之
善有所不同，二居下卦之中，故「多譽」。四近九五之君，故「多懼」。二與
四皆屬柔位，須待於陽，故其道「不利遠」。二多譽，其大要无咎者，用其體
柔居中之故也，至於「三與五同功」，三與五爻同屬陽位體剛之功。「異位」
者，三居內卦，五在外卦。三居內卦之上位，過中則「多凶」，五居上卦之中
故「多功」。

〈蒙卦〉之九二「包蒙，吉」，〈睽卦〉之九三「遇主於巷」，〈需卦〉之九
二「終吉」，〈益卦〉六二「或益之十朋之龜」者，是二多譽之故也。〈萃卦〉之
六三「无攸利」，〈困卦〉之六三「困於石，凶」，〈井卦〉之九三「井渫不食」，
〈蒙卦〉之六三「不有躬」者，是三多凶之故也。〈履卦〉之九四「履虎尾愬愬」，
〈噬嗑卦〉之九四「利艱貞」，〈剝卦〉之六四「剝牀以膚，凶」，〈頤卦〉之六
四「虎視眈眈」，〈離卦〉之九四「焚如、死如、棄如者，是四多懼之故也。〈遯
卦〉之九五「嘉遯貞吉」，〈晉卦〉之六五「往，吉无不利」，〈益卦〉之九五「勿
問，元吉」，〈萃卦〉之九五「萃有位」者，是五多功之故也。

由上可知，爻論吉凶，頗重視居「中」之觀念。爻辭通例，二五兩爻泰

半皆吉，即於凶卦之中，二五爻之象亦較佳，如〈坎卦〉九三「坎有險，求小得」，九五「坎不盈，祇既平，无咎」，故知爻以中爲吉。然而爻論吉凶，除居中之觀念外，因《易》之爲書，爲道屢遷，因變動不居，故上下无常，唯變所適，而尙有「物極必反」之觀念。即卦象吉者，上爻泰半反而不吉；卦象凶者，上爻時而反吉。如：

〈乾卦〉上九：「亢龍有悔。」

〈坤卦〉上六：「龍戰於野，其血玄黃。」

〈比卦〉上六：「比之无首，凶。」

〈小畜卦〉上九：「既雨既處，尚德載，婦貞厲，月幾望，君子征凶。」

〈泰卦〉上六：「城復於隍，勿用師，自邑告命，貞吝。」

〈復卦〉上六：「迷復凶。有災眚。用行師，終有大敗，以其國君凶；至於十年不克征。」

〈大過卦〉上六：「過涉滅頂，凶，无咎。」

〈恒卦〉上六：「振恒，凶。」

〈大壯卦〉上六：「羝羊觸藩，不能退，不能遂，无攸利，艱則吉。」

〈益卦〉上九：「莫益之，或擊之。立心勿恒，凶。」

〈升卦〉上六：「冥升，利於不息之貞。」

〈豐卦〉上六：「豐其屋，蔀其家。闚其戶，闃其无人。三歲不覿，凶。」

〈旅卦〉上九：「鳥焚其巢，旅人先笑後號咷。喪牛於易，凶。」

〈巽卦〉上九：「巽在牀下。喪其資斧，貞凶。」

〈節卦〉上六：「苦節，貞凶，悔亡。」

〈中孚卦〉上九：「翰音登于天，貞凶。」

〈小過卦〉上六：「弗遇過之，飛鳥離之，凶。是謂災眚。」

〈既濟卦〉上六：「濡其首，厲。」

以上諸爻辭，皆吉卦，而上爻不吉之例。其意蓋以吉之終必轉爲不吉，以示「物極必反」之觀念，《老子》云：「反者道之動」（〈四十章〉），老子以爲宇宙萬象無不依循規律而變化，此規律便是「反」。而這「反」之發展是存在於

對待之狀況。《老子》又曰：

> 有無相生，難易相成，長短相形，高下相傾，音聲相和，前後相隨。
> （〈第二章〉）

《老子》復進一步言：

> 禍兮！福之所倚；福兮！禍之所伏。（〈五十六章〉）

老子以爲事物發展至極限，即改變原有之狀況，而成就其反面，亦即「物極必反」之觀念。故又曰：

> 將欲歙之，必固之張；將欲弱之，必固強之；將欲廢之，必固興之；
> 將欲取之，必固與之，是謂微明。（〈三十六章〉）

此段話，即對於「物極必反」觀念之說明，與《易》理不謀而合。而所謂「正復爲奇，善復爲妖」，以「反者道之動」，一言盡之矣。

《莊子》：「方生方死，方死方生，方可方不可，方不可方可。」（〈齊物論〉）之說，尤暢乎其言之。否極泰來，升極必困，貫盡招剝，進極致傷，遯極反壯，動竟歸止，其明極反之道至矣！盡矣。又如：

> 〈需卦〉上六：「入于穴，有不速之客三人來，敬之，終吉。」
>
> 〈師卦〉上六：「大君有命，開國承家，小人勿用。」
>
> 〈否卦〉上九：「傾否，先否後喜。」
>
> 〈剝卦〉上九：「碩果不食，君子得輿，小人剝廬。」
>
> 〈遯卦〉上九：「肥遯，无不利。」
>
> 〈睽卦〉上九：「睽孤，見豕負塗，載鬼一車。先張之弧，後說之弧，
> 匪寇婚媾，往遇雨，則吉。」
>
> 〈蹇卦〉上六：「往蹇，來碩，吉。利見大人。」
>
> 〈損卦〉上九：「弗損益之，无咎，貞吉。利有攸往，得臣无家。」
>
> 〈困卦〉上六：「困于葛藟，于臲卼，曰動悔，有悔，征吉。」
>
> 〈井卦〉上六：「井收勿幕，有孚元吉。」

上爲凶危困塞之卦而上爻爲吉之例，其理念原則乃呈現「物極必反」之意。

《易》乃言天地人一貫之道理，卦象亦係兼三才而兩之。《易》所言者，乃天地之德，即變化之用。天之德爲健，健即運行而不息。地之德曰順，順乃順承而成形質，合健與順而爲生，故曰：「天地之大德曰生」，宇宙間萬物

生生不息，由簡而繁，由粗而精，由微而顯，由小而大，皆係向上進化，故每卦之爻，皆自下而上，而「生生之謂《易》」，故《易》之意義，乃言生命之進化。凡宇宙間之生物，愈演變而愈進化。人類社會亦愈演變而愈文明，故《易》六十四卦以「既濟」終，「既濟」乃陰陽最調和之現象，亦即變化至最完善之階段。「既濟」卦後復有「未濟」卦，以示進化之無止境，宇宙之生滅變化永不止息。明乎此，蓋作《易》者，先有爻位律則之概念，然後據卦名卦義，揆之三百八十四爻之時位，與爻之律則，而爲之作《易》。

第三章　變易方法論

第一節　卦之變化

《易》之本在於卦，《易傳》釋卦有：

> 聖人設卦觀象，繫辭焉而明吉凶。

> 聖人有以見天下之賾，而擬諸其形容，象其物宜，是故謂之象。

> 極天下之賾者存乎卦，鼓天下之動者存乎辭。

以上均見於〈繫辭上傳〉，《易傳》以「卦」為天下之賾象。然賾字何義？孔穎達《周易正義》曰：

> 賾，謂幽深難見，聖人有其神妙以能見天下深賾之至理也，而擬諸
> 其形容者，以此深賾之理，擬度諸物形容也。

又曰：

> 極天下之至賾存乎卦，言窮極天下深賾之處存乎卦。

《小爾雅・廣詁》釋賾：

> 賾，深也。

《集韻》釋賾：

> 賾，幽深難見也。

〈繫辭上傳〉曰：

> 備物致用，立成器以為天下利，莫大乎聖人。探賾索隱，鉤深致遠，
> 以定天下之吉凶，成天下之亹亹者，莫大乎蓍龜。

按：人方為賾所苦，亟須知天地幽微深遠變化之道。聖人心光徧照，法位全

—49—

彰，見天下之蹟動，於雜亂深隱中，灼然宜統宜分，於是將此深遠之道用象示現，即爲「卦」。故《周易正義》曰：

> 卦者，挂也。懸挂物象以示於人。

卦即卜筮之象，《說文解字》：「卦，筮也。」《玉篇》：「卦，兆也。」〈說卦傳〉：「觀變於陰陽而立卦。」韓康伯注：「卦，象也。」故知卦之象其義乃在於顯示宇宙變化幽微深遠之道。

卦由爻而成，卦分單卦及重卦。單卦三爻，重卦六爻。爻象徵宇宙之變化，故〈繫辭上傳〉曰：

> 六爻之動，三極之道也。

韓康伯注：

> 三極，三才也，兼三才之道，故能見吉凶成變化也。

三才乃指天、地、人三位，〈說卦傳〉說之甚詳：

> 昔者聖人之作《易》也，將以順性命之理，是以立天之道，曰陰與陽；立地之道，曰柔與剛；立人之道，曰仁與義。兼三才而兩之，故《易》六畫而成卦。分陰分陽，迭明柔剛，故《易》六位而成章。

儒家素以天、地、人象徵宇宙，因此八卦由三爻而成，再由八卦衍爲六十四卦，謂之重卦，重卦非人爲之巧合，乃自然演進之定則。《易·序卦傳》論六十四卦之序，即依正負對待之原則而排定，屈萬里先生曰：

> 《易》始八卦，八八互重爲六十四，其理至順，其事至簡，非由太極、兩儀、四象、八卦、而十六、三十二、以至六十四也，亦非由〈復〉、〈臨〉、〈觀〉、〈泰〉、〈否〉、〈大壯〉、〈遯〉等卦，變而成也，……
> 六十四卦，以反對爲序，〈彖傳〉即以反對之義說之。[註1]

此正負對待兩重卦爲一組，共爲三十二對立組。如：

乾		與		坤	屯		與		蒙
需		與		訟	師		與		比
小畜		與		履	泰		與		否
同人		與		大有	謙		與		豫

[註1] 語見屈萬里先生著《先秦漢魏易例述評》卷上，〈彖象傳例〉，頁1。

隨	䷐	與	䷑	蠱	臨 ䷒	與	䷓ 觀
噬嗑	䷔	與	䷕	賁	剝 ䷖	與	䷗ 復
无妄	䷘	與	䷙	大畜	頤 ䷚	與	䷛ 大過
坎	䷜	與	䷝	離	咸 ䷞	與	䷟ 恆
遯	䷠	與	䷡	大壯	晉 ䷢	與	䷣ 明夷
家人	䷤	與	䷥	睽	蹇 ䷦	與	䷧ 解
損	䷨	與	䷩	益	夬 ䷪	與	䷫ 姤
萃	䷬	與	䷭	升	困 ䷮	與	䷯ 井
革	䷰	與	䷱	鼎	震 ䷲	與	䷳ 艮
漸	䷴	與	䷵	歸妹	豐 ䷶	與	䷷ 旅
巽	䷸	與	䷹	兌	渙 ䷺	與	䷻ 節
中孚	䷼	與	䷽	小過	既濟 ䷾	與	䷿ 未濟

此三十二組相對之卦象，即謂之卦變。然卦變可歸納之爲二法。韓康伯曰：

> 序卦之所明，非《易》之蘊也，蓋因卦之次，托象以明義，今驗六
> 十四卦，二二相偶，非覆即變。覆者，表裡視之，遂成兩卦；〈屯〉、
> 〈蒙〉、〈需〉、〈訟〉、〈師〉、〈比〉之類是也。變者，反覆惟成一卦，
> 則變以對之；〈乾〉、〈坤〉、〈坎〉、〈離〉、〈大過〉、〈頤〉、〈中孚〉、〈小
> 過〉之類是也。〔註2〕

按，覆即反復。如屯 ䷂ 上坎下震，若顛倒反看，即是上艮下坎之蒙 ䷃，來
知德謂之綜卦，蓋取〈繫辭傳〉「錯綜其數」之綜是也，六十四卦除〈乾〉、〈坤〉、
〈坎〉、〈離〉、〈頤〉、〈大過〉、〈中孚〉、〈小過〉八卦、兩兩相錯外，餘五十
六卦悉可相綜。變則本卦陽爻變陰，陰爻變陽，成相對之卦，即〈說卦傳〉
所謂「八卦相錯」是也。八卦乾與坤，震與巽，坎與離，艮與兌，皆兩兩相

〔註2〕語見孔穎達《周易正義》，卷九。

錯，重而為六十四卦，亦皆兩兩相錯。

乾	姤	遯	否	觀	剝	晉	大有
坤	復	臨	泰	大壯	夬	需	比

兌	困	萃	咸	蹇	謙	小過	歸妹
艮	賁	大畜	損	睽	履	中孚	漸

離	旅	鼎	未濟	蒙	渙	訟	同人
坎	節	屯	既濟	革	豐	明夷	師

震	豫	解	恆	升	井	大過	隨
巽	小畜	家人	益	无妄	噬嗑	頤	蠱

一、卦變之則

《易》言變易，以究宇宙之變易。六十四卦之構成要素在於八卦，八卦之形成，乃由太極、兩儀、四象變化而來。由太極而生陰陽兩儀，由陰陽兩儀而生四象，由四象而生八卦。八卦只言宇宙組成之要素，尚未足以說明宇宙萬事萬物變化之法則及現象，故八卦相重為六十四卦，〈繫辭上傳〉曰：

　　一陰一陽之謂道。

是故《易》有太極，是生兩儀，兩儀生四象，四象生八卦。

〈繫辭下傳〉曰：

> 八卦成列，象在其中矣；因而重之，爻在其中矣；剛柔相推，變在
> 其中矣；繫辭焉而命之，動在其中矣。

> 《易》之爲書也，廣大悉備，有天道焉，有人道焉，有地道焉。兼
> 三才而兩之，故六。六者，非它也，三才之道也。

〈說卦傳〉曰：

> 雷以動之，風以散之，雨以潤之，日以暄之，艮以止之，兌以說之，
> 乾以君之，坤以藏之。

《易傳》所言，即八卦卦爻所以然之公式。《易》象之演變，乃自然之開闔，宇宙之運動，萬物之終始，人性之條達，文明演進之程序，均涵攝於六十四卦之中。

正如《易》學家於六十四卦重卦之方式，均有異同之看法。《易經》之闡釋，於漢朝有義理象數兩派，後來又生圖書一派，圖書一派雖歸之於象數派，卻別有所造。西漢孟喜創陰陽消息十二卦，以成卦氣之論，而京房更創八宮卦，立無應及游魂歸魂之說。東漢荀爽作陰陽升降之論，虞翻起互體、半象、兩象、旁通卦變之道。至於宋乃有河圖洛書與先天八卦圖之圖書派，而邵康節則因之以自造新說。

然《易》變之道，百川溯源在於卦之變，而卦變之本在於乾坤。乾坤者，諸卦之祖，乾坤即陰陽，故曰：「一陰一陽之謂道。」乾元資始，坤元資生，一闔一闢，一始一終，萬物得以滋長繁衍也。〈說卦傳〉曰：

> 天地絪縕，萬物化醇；男女構精，萬物化生。

乾初交坤成震，坤初交乾成巽，乾二交坤成坎，坤二交乾成離，乾上交坤成艮，坤上交乾成兌，故八卦皆由乾坤兩種陰陽氣化交感而成。

八卦以乾坤爲主，重卦爲六爻，六十四卦合之則爲三百八十四爻，仍爲乾坤陰陽之所變化。六十四卦，三百八十四爻，除乾☰純陽，坤☷純陰之外，其餘六十二卦，莫不是陰陽交錯，正負相對而成，其爻或先陽後陰，或先陰後陽，或陰少陽多如姤䷫，或陽少陰多如復䷗，或陰陽互半如否䷋及泰䷊，其故安在？〈說卦傳〉曰：

> 昔者聖人之作《易》也，將以順性命之理，是以立天之道，曰陰與
> 陽；立地之道，曰柔與剛；立人之道，曰仁與義，兼三才而兩之，

故《易》六畫而成卦。分陰分陽，迭用柔剛，故《易》六位而成章。

由〈說卦傳〉之言，知宇宙萬物萬事，均為對待，而非絕對。若為絕對，則一切生化現象無由而生。惟其對待方能生消長盈虛之變化，有變化才生演進。「生生之謂《易》」，故《易》為變易。

宇宙一切變化，均有其變化之造因，卦變即遵循此軌道以事推衍。自來言卦變者，立論各殊，方式不一，從黃宗羲《易學象數論》一書中所錄，然觀其圖，研其會通，明卦變之原則不外乎乾坤之變：

一、古卦變圖：凡變卦皆從乾坤來。

二、李挺之變卦反對圖：乾坤二卦為《易》之門，萬物之祖。

三、李挺之六十四卦相生圖：六十四卦皆乾坤相交變化而成。

四、虞翻卦變圖：乾坤者，諸卦之祖。

五、朱子卦變圖：分一陰一陽五陰五陽，共五種變化，其體系與虞翻卦多相似。〔註3〕

《易傳》言「分陰分陽」，又言「化而裁之謂之變」。裁亦是分之意，《易》有太極分兩儀後，天文由陰陽兩分，地文由剛柔兩分，人文由仁義兩分，〈說卦傳〉曰：

觀變於陰陽而立卦。

《易》之卦即由陰陽兩分而立，又曰：

發揮於剛柔而生爻。

卦之六爻即由剛柔兩分而生，兩分即乾坤，分乾分坤，即是《易》之兩分。故〈繫辭下傳〉曰：

乾坤，其《易》之門邪？

乾坤是《易》之門戶，知乾坤，即明《易》，〈繫辭上傳〉曰：

是故闔戶謂之坤，闢戶謂之乾。

乃以乾剛坤柔象徵闢闔，《易》為一陰一陽，亦即是一闔一闢，知闢闔即乾坤，亦明乾坤為《易》之門也，故〈繫辭上傳〉曰：

乾坤，其《易》之蘊邪。

《易》之內容，即是乾與坤，即是陰與陽及剛與柔，《易》六十四卦三百八十四爻，不外是用陰和用陽，不外是用剛和用柔，亦不外是用乾與用坤。乾坤二卦特出用九用六，即〈繫辭上傳〉曰：

〔註3〕參見黃宗羲著《易學象數論》內篇卷二，〈卦變〉。卦變圖見附錄（一）。

乾坤成列，而《易》立乎其中矣，乾坤毀，剛无以見《易》，《易》
不可見，則乾坤或幾乎息矣。

《易》六十四卦無非乾坤二類之行列，漢荀爽及虞翻之卦變，直以乾坤以外
之六十二卦，均由乾坤二卦所由生。〈繫辭下傳〉曰：

乾，陽物也；坤，陰陽也。

乾坤即是陽物與陰物，又曰：

陽卦多陰，陰卦多陽。

六十四卦不外乎陰卦與陽卦，亦即不外乎乾坤二類之卦。三百八十四爻不外
乎陽爻與陰爻。乾為純陽卦，坤為純陰卦；一以象陽，一以象陰。故〈繫辭
下傳〉曰：

陰陽合德，而剛柔有體，以體天地之撰，以通神明之德。

在於言乾坤二卦之外六十二卦，不外乎陰與陽之合德，而有剛體與柔體，多
陰之陽卦以剛為體，多陽之陰卦以柔為體，故〈繫辭下傳〉曰：

夫乾，天下之至健也，德行恒易以知險。夫坤，天下之至順也，德
行恒簡以知阻。

《易傳》以乾坤代表剛柔兩種力量，一為剛健，一為柔順。此二力即為萬物
化生衍化之生力。〈繫辭上傳〉曰：

夫乾，其靜也專，其動也直，是以大生焉。夫坤，其靜也翕，其動
也闢，是以廣生焉。

乾坤其具剛柔動靜之性，當其呈現大用時，一則以生機無窮故曰大生，一則
以凝聚成物生成無限故曰廣生。乾健以生，坤順以成，即《易》之變化通徹
於宇宙，「變通配四時」，「陰陽之義配日月」，陰陽交感消長，如日月之出入
迭代以成晝夜，故曰：「夫《易》，廣矣！大矣！」「乾坤毀，則無以見《易》」，
乾坤便是《易》，無乾坤，即無《易》。「《易》不可見，則乾坤或幾乎息矣！」
　《易》為變，「非天下之至變，其孰能與於此！」天下之至變，無時而不
變，〈繫辭下傳〉曰：

天下何思何慮！天下同歸而殊塗，一致而百慮，天下何思何慮，日
往則月來，月往則日來，日月相推則明生焉，寒往則暑來，暑往則
寒來，寒暑相推則歲成焉，往者，屈也；來者，信也；屈信相感則
而利生焉。

宇宙事象，雖千變萬化，究其本，無非是日月寒暑之一往一來，往來即為屈

信，往來屈信亦即是陰與陽。

歷來研究陰陽之屈信往來變化，先有消息律，亦即〈豐卦·彖傳〉曰：

> 日中則昃，月盈則食，天地盈虛，與時消息。

中便昃，盈便食，盈虛即消息。陰陽之變化，若非陽息坤，便是陰消乾。陽息坤即〈夬卦·彖傳〉：「剛決柔也」，陰消乾即〈剝卦·彖傳〉：「柔變剛也」。

次爲旁通說。兩儀相對，此陽爲彼陰，此陰則爲彼陽，兩兩相通。旁通說出於〈乾卦·文言〉曰：

> 六爻發揮，旁通情也。

旁通說，宋·丁易《東周易象義》稱爲「互對」，明來知德，取〈說卦傳〉「八卦相錯」而稱爲「錯」。宇宙事物之變化，不外乎日往月來，月往則日來；寒來暑往，暑往則寒來，亦即陰陽之闔闢，因其對易故生生不息。

再次爲反易說。王弼《周易略例·明卦適變通爻篇》曰：

> 故卦以反對，而爻亦皆變。

王弼稱反對，即一卦由上反下，由下倒上，另成一卦。如屯 ䷂ 由上反下，由下倒上則爲 ䷃ 蒙。毛奇齡於「推易始末」中稱爲「反易」，於〈序卦傳〉、〈雜卦傳〉中除〈乾〉、〈坤〉、〈頤〉、〈大過〉、〈坎〉、〈離〉、〈中孚〉、〈小過〉八旁通卦外，餘五十六卦均以反對相序次。

卦旁通之變，意味著一陰一陽，意味著一闔一闢之互對。卦反對之變，非一陰一陽，非一闔一闢，乃意味著一上一下，一往一來，一內一外之變，其立論在於〈繫辭下傳〉，曰：

> 《易》之爲書也，不可遠，爲道也屢遷；變動不居，周流六虛，上
> 下无常，剛柔相易，不可爲典要，唯變所適。

太極象變之始生點，乾坤示創化兩大生成原理，陰陽表示兩種相反相成之勢用，「一闔一闢曰變」。乾表純陽始生萬物之大德；坤表純陰廣生之德，乃順成乾，乾坤循陰陽二式肇化生變，此乃變易之道，不易之法則。

宇宙人生恆常處創新之狀態，道是變易之生化歷程，時時在變，刻刻在創新，故言爲道也屢遷，周流於天地之間，上下無常位，剛柔相推相易不可爲典要，惟取時爲尚，王弼《周易略例》曰：

> 卦者，時也。

> 爻者，適時之變者也。（〈明卦通變通爻篇〉）

爻變即是卦變。觀乎《易》書六十四卦，卦有六爻，其間或陰或陽，或長或

消，或承或乘，或應或敵，變動而不停滯，而《易》道則周遍流行於六爻所設定之宇宙中。陽之性剛，陰之性柔，故或稱剛柔，其上其下，亦無定常，剛柔之相互交易錯綜，彌綸宇宙生化。而「剛柔相易」為互對之變，「上下无常」為反對之變。湯恩比於其《歷史之研究》（Study of History）一書中，敍述歷史演進現象發現一社會律（Social law），他以為社會之轉變，時在兩種架構（Dimention）出現，一為垂直之轉變，一為橫截之轉變，此一社會律，正是以闡明《易》之對易（旁通）與反易（反對）。對易為橫截之轉變，是陽和陰，陰和陽之對易與轉變。反易為垂直之轉變，非陽與陰，陰與陽之橫截轉變，而是上下，內外之轉變，為架構之垂直轉變。

　　物象時時在變，事象亦時時在變化，《易傳》於物象與事象的變化中，顯示其變易之本根在於一陰一陽，在於乾坤之變化，由變化而生生不息，《易》窮則變，變則通，通則久，故曰：「生生之謂《易》」。（〈繫辭上傳〉）

二、卦變之序

　　宇宙人生乃一無窮生化之歷程，其生化萬物之原理，皆本「有無相生」，「難易相成」之程式，所謂相反相成，互為因應，於卦變而言，即有錯（正對）、綜（反對）變化之現象，孔穎達《周易正義》曰：

> 韓康伯云：「序卦之所明，非《易》之蘊也。蓋因卦之次，托象以明義。」今驗六十四卦，二二相耦，非覆即變。覆者，表裡視之，遂成兩卦；〈屯〉、〈蒙〉、〈需〉、〈訟〉、〈師〉、〈比〉之類是也。變者，反覆惟成一卦，則變以對之：〈乾〉、〈坤〉、〈坎〉、〈離〉、〈大過〉、〈頤〉、〈中孚〉、〈小過〉之類是也，且聖人本定先後，若无用孔子序卦之意，則不應非覆即變，然則康伯所云：「因卦之次，托象以明義，蓋不虛矣。」（卷九）

又，蔡清曰：

> 序卦之義，有相反者，有相因者，相反者，極而變者也。相因者，其未至於極者也，總不出此二例。〔註4〕

蔡清所謂相因者，一為相順者，一為相承者。相順即卦繼之以發展者，由微而漸，由漸而滿；相承即承上卦以發展者，下卦承上卦，此卦承彼卦，相反

〔註4〕語見《周易折中》，卷十八，〈序卦傳總論〉。

是極而變，極必有變，若極止於極，則將天地閉，萬物絕而大道歇。《易》道無窮，無閉絕歇之理，窮則變，變則通，通則久，此生生變易之理。可謂神妙矣。《易》於變易原理中，推宇宙人事變易之大節，而六十四卦之卦次以明其大節，依大節而遵循之，可鼓之舞之以盡神。

然六十四卦於上下經中，除相錯（正對）之〈乾〉、〈坤〉、〈頤〉、〈大過〉、〈坎〉、〈離〉、〈小過〉、〈中孚〉等八卦外，綜卦（反對卦）有五十六卦，此五十六卦，實即二十八卦。而錯卦上經居六，下經居二。故上經反對卦二十四卦，實則十二卦，與錯卦六卦合爲十八卦。下經綜卦三十二卦，實則十六卦，與錯卦二卦合而爲十八卦，故上下經所含之卦數相均，眞可謂妙合無間矣。

卦變之本乃由於陰陽之絪縕，剛柔之相推，其理在於兩兩相待，天地萬物之進化演展，亦均衡對待相生，先聖治《易》，旨在贊天地之化育，樹人倫之規範，窮理盡性，經緯萬端，乃本天地對待之理以成其用，所以法天道以立人道也。天地之用備，而後《易》之系統立，邏輯成，而能極天道之變，備人事之情僞，〈序卦傳〉足以概之。

卦之有序，猶竹之有節，必依其次而循其理，尊其性而全其德。若布帛之紡織，有經有緯，若房屋之建築，有棟有樑，如此組織周密完備，有體有用，秩序井然。故《周易折中》引程子上下篇義曰：

> 〈乾〉〈坤〉，天地之道，陰陽之本，故爲上篇之首，〈坎〉〈離〉，陰陽之成質，故爲上篇之終。〈咸〉〈恆〉，夫婦之道，生育之本，故爲下篇之首；〈未濟〉，坎離之合；〈既濟〉，坎離之分；合而交則生物，陰陽之成功，故爲二篇之終，二篇之卦既交，而後推其義以爲之次，序卦是也。（卷十八）

又引邵子曰：

> 〈乾〉〈坤〉，天地之本；〈坎〉〈離〉，天地之用，是以《易》始於〈乾〉〈坤〉，中於〈坎〉〈離〉，終於〈既濟〉、〈未濟〉、而〈泰〉〈否〉爲上經之中，〈咸〉〈恆〉爲下經之首，皆言乎其用也，又曰：〈乾〉、〈坤〉、〈坎〉、〈離〉爲上篇之用；〈兌〉、〈艮〉、〈震〉、〈巽〉爲下篇之用也。〈頤〉、〈中孚〉、〈大過〉、〈小過〉，爲二篇之正也。又曰：自〈乾〉〈坤〉至〈坎〉〈離〉，以天道也。自〈咸〉〈恆〉至〈既濟〉、〈未濟〉，以人事也。（卷十八）

蓋宇宙造化，必自天生地成發其端，乾元資始，坤元資生，一始一生，萬物乃見。「有天地然後萬物生焉」。故上經以〈乾〉〈坤〉爲首，而乾坤自藏於天地之間，故不曰乾坤而曰天地。陰陽二氣絪縕，萬物化醇，由天地定位至水火不相射取四正之位，以〈坎〉〈離〉爲上經之終，〈序卦〉：「有天地然後有萬物，有萬物然後有男女，有男女然後有夫婦。」天地萬有，以人爲生生之體，而人道之始，是基於夫婦之義，故下經以〈咸〉〈恆〉肇其端，因〈咸〉乃少男少女無心之感，而以山澤通氣之義喻之；〈恆〉乃長男長女同心永結，遂用雷風相薄比之。皆因齊家治國平天下之經綸，必自夫婦起，夫婦和而家道成，家齊而國可治，國治則天下平矣。下經最後復歸〈坎〉〈離〉，終於〈既濟〉〈未濟〉，蓋〈既濟〉〈未濟〉一陽一陰或一陰一陽合〈坎〉〈離〉之象，而〈乾〉〈坤〉仍位乎其中，是故下經復還上經，周而復始，循環往復，即所謂「天道好還」、「乾坤再造」矣。

李光地曰：

> 卦之所以序者，必自有故，而孔子以義次之，則其所次，亦足以見天道之盈虛消長，人事之得失存亡，國家之興衰理亂，如孔子之言皆是也。然須知若《易》卦之序，則其理亦未嘗不相貫，如著筮之法，一卦可變爲六十四卦，隨其所遇，而其貞與悔，皆可以相生，然後有以周義理而極事變，故曰：天下之能事畢也。〔註5〕

太極肇始，兩儀運行，四象絪縕，八卦形成，內外相重，摩盪錯綜。六十四卦因以生成。六十四卦序起於〈乾〉、〈坤〉、〈屯〉、〈蒙〉，兆示卦序相生之義，其序「以義次之」，故〈象傳〉首立「乾元」、「坤元」之名，揭舉「資始」、「資生」之道；〈繫辭傳〉言「生生之謂易」，言「天地之大德曰生」，均重「生生不息」之義。〈序卦傳〉握此一義，將錯綜六十四卦連綴而成，於「有天地，然後萬物生焉」始，以下連環相生。此「連環相生法」貫串六十四卦，上經除〈乾〉〈坤〉二卦外，餘二十八卦均以「故受之以」連綴而成；下經除〈咸卦〉外，餘三十三卦有三十三次「故受之以」連貫之。《易》因生生之律延展而存在，並因存在而進化：

> 有天地，然後萬物生焉，盈天地之間者惟萬物。
> 故受之以〈屯〉：屯者，盈也。屯者，物之始生也，物生必蒙。
> 故受之以〈蒙〉：蒙者，蒙也。物之稺也。物稺不可不養也。

〔註5〕語見《周易折中》，卷十八，〈序卦傳集說〉。

故受之以〈需〉：需者，飲食之道也。飲食之必有訟。

故受之以〈訟〉：訟必有眾起。

故受之以〈師〉：師者，眾也。眾必有所比。

故受之以〈比〉：比者，比也。比必有所畜。

故受之以〈小畜〉：物畜然後有禮。

故受之以〈履〉：履而泰，然後安。

故受之以〈泰〉：泰者，通也，物不可以終通。

故受之以〈否〉：物不可以終否。

故受之以〈同人〉：與人同者，物必歸焉。

故受之以〈大有〉：有大者不可以盈。

故受之以〈謙〉：有大而能謙，必豫。

故受之以〈豫〉：豫必有隨。

故受之以〈隨〉：以喜隨人者必有事。

故受之以〈蠱〉：蠱者，事也，有事而後可大。

故受之以〈臨〉：臨者，大也，物大然後可觀。

故受之以〈觀〉：可觀而後有所合。

故受之以〈噬嗑〉：嗑者，合也，物不可以茍合而已。

故受之以〈賁〉：賁者，飾也，致飾然後亨則盡矣。

故受之以〈剝〉：剝者，剝也，物不可以終盡，剝窮上反下。

故受之以〈復〉：復則不妄矣。

故受之以〈无妄〉：有无妄然後可畜。

故受之以〈大畜〉：物畜然後可養。

故受之以〈頤〉：頤者，養也，不養則不可動。

故受之以〈大過〉：物不可以終過。

故受之以〈坎〉：坎者，陷也，陷必有所麗。

故受之以〈離〉：離者，麗也。

上爲〈序卦傳〉上篇三十卦之延展與進化，下爲〈序卦傳〉下篇三十四卦之
進化，上篇由天地始，下篇亦然。然下篇自有天地以降，含有萬物、男女、
夫婦、父子、君臣、上下、禮義，卻以夫婦之道言起，乃從〈咸卦〉少男少
女之合而起，蓋陰陽相感以生，乃天下之大始。然陰陽之感，最切近相應相
和者，莫如男女，而少復甚焉：

有天地，然後有萬物；有萬物，然後有男女；有男女，然後有夫婦。
有夫婦，然後有父子；有父子，然後有君臣；有君臣，然後有上下；
有上下，然後禮義有所錯。夫婦之道，不可以不久也：
故受之以〈恆〉：恆者，久也。物不可以久居其所。
故受之以〈遯〉：遯者，退也。物不可以終遯。
故受之以〈大壯〉：物不可以終壯。
故受之以〈晉〉：晉者，進也。進必有所傷。
故受之以〈明夷〉：夷者，傷也。傷於外者，必反其家。
故受之以〈家人〉：家道窮必乖。
故受之以〈睽〉：睽者，乖也。乖必有難。
故受之以〈蹇〉：蹇者，難也。物不可以終難。
故受之以〈解〉：解者，緩也。緩必有所失。
故受之以〈損〉：損而不已必益。
故受之以〈益〉：益而不已必決。
故受之以〈夬〉：夬者，決也。決必有所遇。
故受之以〈姤〉：姤者，遇也。物相遇而後聚。
故受之以〈萃〉：萃者，聚也。聚而上者謂之升。
故受之以〈升〉：升而不已必困。
故受之以〈困〉：困乎上者必反下。
故受之以〈井〉：井道不可不革。
故受之以〈革〉：革物者莫若鼎。
故受之以〈鼎〉：主器者莫若長子。
故受之以〈震〉：震者，動也。物不可以終動，止之。
故受之以〈艮〉：艮者，止也。物不可以終止。
故受之以〈漸〉：漸者，進也。進必有所歸。
故受之以〈歸妹〉：得其所歸者必大。
故受之以〈豐〉：豐者，大也。窮大者必失其居。
故受之以〈旅〉：旅而無所容。
故受之以〈巽〉：巽者，入也。入而後說之。
故受之以〈兌〉：兌者，說也。說而後散之。
故受之以〈渙〉：渙者，離也。物不可以終離。

故受之以〈節〉：節而信之。

故受之以〈中孚〉：有其信者必行之。

故受之以〈小過〉：有過物者必濟。

故受之以〈既濟〉：物不可窮也。

故受之以〈未濟〉終焉。

《易》六十四卦之進化，即由前卦生後卦，周流往復不息。天道相生則如〈咸卦・象傳〉曰：

天地感而萬物化生。

又如，〈繫辭下傳〉曰：

日月相推而明生焉。

人事相生亦然，〈繫辭下傳〉曰：

愛惡相攻而吉凶生，遠近相取而悔吝生，情偽相感而利害生。

〈序卦傳〉以因果關係明卦變之序，上經三十卦以其因果，剛柔相推而成其系列，下經三十四卦亦然，而系列成其變化，故干寶曰：「上經始於〈乾〉〈坤〉，有生之本也。下經始於〈咸〉〈恆〉，人道之首也。」〔註6〕事物之生化，即如此生生不已，王弼《周易略例》：「卦者，時也。」歷史之延展，文化之成熟，人事之更迭，至於宇宙人生，恆在創新之狀態，時時在變，刻刻在遷，故上下篇六十四卦進化之旋律，成陰陽盛衰終始治亂之連續反應，天道地道，尊卑貴賤，消息屈伸，要皆脈絡一貫，融會貫通，故高潮低潮屢見如浪潮之起伏。

由卦之序列，見往聖先哲用《易》行《易》之綱次。而〈序卦傳〉之文，其所敘確以義理為論，如：「物稺不可不養也，故受之以需。需者，飲食之道也。」此乃相因而順說。又「泰者，通也，物不可以終通，故受之以否。」泰否乃以相反相成立說。又，從〈大有卦〉，次之以〈謙卦〉，此乃就道德實踐而言，是對自然發展律之超越，而成為道德律。又，由〈晉〉次之以〈明夷〉，此乃人事現象之可能發展演變，而序卦次列之，此直陳發展之現象，雖為自然變化之筆則，非為道德律，然直陳此一自然之發展，亦足以儆示人，惟恐進有所傷，知所惕懼。而〈未濟〉列六十四卦之終，尤見其價值。終者未終，既濟者未濟，此變動永不止息，即大用永不止息，故〈序卦傳〉之列卦之次第，乃示前後終始之大間架也。

〔註6〕周註5。

第二節　易數之變

一、大衍之數

　　古以禮樂射御書數以教，稱為「六藝」，知數之起源甚古矣。《管子‧輕重戊》篇曰：「宓戲作造六峜，以迎陰陽，作九九之數，以合天道，而天下化之。」魏劉徽《九章算術》序曰：「包犧氏始畫八卦，作九九之數，以合天人之變，黃帝引而伸之。」蓋一畫開天，奇偶以生，而數即肇端於是。《易》愈演而愈精，數亦浸而愈繁，自是以往，天地之運行，人物之遞演，皆不能外乎數矣。

　　朱子曰：

　　　　天地之間，有理有氣，理也者，形而上之道也，生物之本也；氣也
　　　　者，形而下之器也，生物之具也，是以人物之生，必稟此理，然後
　　　　有性，必稟此氣，然後有形。（〈答黃道夫書〉）

朱子以為「理」乃宇宙結構之本根，而「氣」近乎物質之能量。然而「氣」何能於「理」之規律下周流不息，則必賴「數」以成，宇宙自然之運化，由「數」來支配，故朱子又曰：

　　　　有是理，便有是氣；有是氣，便有定數。（《朱子語類》卷六十五）

「數」與「理、氣」之關係，於宇宙之運化現象上，是密合而無間也。是故類殊種別，語言文字多有不齊，惟數足以齊之，習殊俗異，宗教信仰，流則不同，惟數足以同之，數之用大哉矣。然數者何義也？許慎《說文解字》曰：

　　　　數，計也。從攴婁聲。

數本義為「計」，然中國先哲以數解自然之規與生命之現象，如董仲舒《春秋繁露‧天地陰陽篇》：

　　　　天、地、陰、陽、木、火、土、金、水、九、與人而十者。天之數
　　　　畢也。故數者至十而止，數者以十為終，皆取之此。

《大戴禮記‧易本命》：

　　　　天一、地二、人三；三三而九，九九八十一；一主日，日數十，故
　　　　人十月而生。

又：

　　　　八九七十二，偶以承奇，奇主辰，辰主月，月主馬，故馬十二月而
　　　　生。……

然以數釋宇宙萬象者，莫根源於《易》。夫《易》以數衍，數緣卦起，數定而宇宙萬物悉彌綸無餘，故《易》以九六之數，囊括萬物之象，卦立而數理從此推衍而得。

夫《易》者，乃準天地之道，以決人事之疑，而其運用則在化陰陽消長之理，爲著策變化之數，古來爲占卜有筮，筮用蓍草、用策，策用數以求卦。中國有所謂象數之學，其本義在於闡明宇宙之現象，乃由根本之象相互錯綜變化而成，此根本之象，爲宇宙構成之要素，在《易》爲八卦，然此類要素又有一定之數，其錯綜配合受一定數之限制。象數之學源出《易傳》，至兩漢言象數者眾，以偏重於五行之生成刑克，而於數之本體反昧焉不講。至宋邵康節始將其理論系統化而集其大或，然亦假《易》以演其自得之數，非以數注《易》也。象數之觀念，起於春秋，《春秋左氏‧僖公十五年傳》：

龜象也，筮數也。物生而後有象，象而後有滋，滋而後有數。

《易傳》言象數之頗詳，〈繫辭上傳〉曰：

在天成象，在天成形，變化見矣。

法象莫大乎天地，變通莫大其四時，縣象著明莫大乎日月。

聖人有以見天下之賾而擬諸形容。象其物宜，是故謂之象。

天垂象，見吉凶，聖人象之。

聖人們以立象，乃因「書不盡言，言不盡意」爲補語言文字之不足，「立象以盡其意」。

《周易》所立根本之象爲八卦，此八者乃宇宙最根本之元素，然八卦雖是以指畫萬物，尚不足以盡萬事萬物之變，於是因八卦而更重之，遂成六十四卦。又每卦六爻，共三百八十四爻，於是彌綸宇宙萬事萬物之盈虛消息之情，亦即宇宙萬事萬物之變不出六十四卦之範圍，〈繫辭上傳〉又曰：

參伍以變，錯綜其數，通其變，遂成天地之文；極其數，遂定天下

之象，非天下之至變，其孰能與於此。

蓋宇宙萬象，人間萬事，均隨時變化改易，大自天地日月之往來，寒暑晝夜陰晴之變化，小至人世富貴生死或勝敗之變化。然天地萬事萬物之變，有其數之規律存在，受一定數之支配。《易經》用「初、二、三、四、五、上」六爻位置之變化，以象徵「始於初，成於二，極於三，革於四，盛於五，終於上」之變化次序，乃至以陰陽及天地人三才之變化來蓋括宇宙人生萬象。

　　《易》象用陽爻與陰爻組成。《易》之數用奇偶之數，奇數象陽爻，偶數象陰爻，陰陽之變化爲乾坤之變化，乾坤之變化爲天地之變化，《易經》乃以數爲天地之數，奇數爲天數，偶數爲地數。〈繫辭上傳〉曰：

　　　　天一、地二、天三、地四、天五、地六、天七、地八、天九、地十。

屈萬里先生曰：

　　　　按此以天地配十數，謂陽數奇，陰數偶耳。〔註7〕

天道純陽，於數爲奇，其數以一、三、五、七、九象之，地道純陰，於數爲偶，其數以二、四、六、八、十象之。〈繫辭上傳〉曰：

　　　　天數五、地數五，五位相得而各有合。天數二十有五，地數三十，
　　　　凡天地之數，五十有五，此所以成變化，而行鬼神也。

天地所象之數各有五數，故曰「天數五，地數五」「五位相得而各有合」，天之數一、三、五、七、九，其和爲二十有五。地之數二、四、六、八、十，其和爲三十。總天地之數共五十有五，此五十有五，乃計算著策之數，而分別涵具或陽奇或陰偶以及其變化之意義，可藉以推廣而成諸卦及「變卦」之象，以應乎宇宙人生之廣象，故曰「成變化」。一切宇宙人生之現象，質言之，莫非陽變乎陰，陰化乎陽。陰化乎陽，即萬物之入於機，爲鬼之歸；陽變乎陰，即萬物之出於機，爲神之伸，是故推演此五十有五之策數而成諸卦及「變卦」則可行其鬼神之妙用。「鬼神」，朱子《易本義》曰：「謂凡奇耦生成之屈伸往來者」。

　　有天地然後有萬物，盈天地之間惟萬物，萬物之數皆天地之數也，然萬物之數，非人不明，故參天兩地而生人，人即參天兩地而倚數，是惟人心之靈於萬物，心動而數以生，物無窮故數亦無窮。

　　吾人固知一、二、三、四、五、六爲數也，而不知消息盈虛進退往來亦爲數也，物生無盡，事變無窮，惟數足以壹之，故《易》之有象，以表數也，象之有辭，以演數也。〈繫辭上傳〉曰：

　　　　大衍之數五十，其用四十有九，分而爲二以象兩，掛一以象三，揲
　　　　之以四以象四時，歸奇於扐以象閏，五歲再閏，故再扐而後卦。
　　　　乾之策，二百一十有六；坤之策，百四十有四，凡三百有六十，當
　　　　期之日。
　　　　二篇之策，萬有一千五百二十，當萬物之數也。是故四營而成《易》，

〔註7〕同註1，頁55。

十有八變而成卦，八卦而小成，引而伸之，觸類而長之，天下之能
事畢矣。

顯道神德行，是故可與酬酢，可與佑神也。子曰：「知變化之道者，
其知神之所爲乎！」

《易經》之數，乃象天地之變化，天地於數之變化，則在年月日，卜筮之蓍
數，乃象一年四季及一年之日數。

六十四卦能窮其變，要皆一陰一陽之妙用，而天化物理人事之消長、屈
伸、順逆、得失，皆有固然一定之法則，所謂卦之德，方以知也，而筮策之
事，以人迓天之用，由此起矣。故王船山謂此章曰：

皆言揲策之數，與其制數之理，蓋以人求合於天之道也。〔註8〕

又曰：

衍者，流行之謂，大衍者，盡天下之理事，皆其所流行而起用者也。
天下之物與事，莫非一陰一陽交錯而成，受乾坤六子之撰以爲形象，
而以其德與位之宜爲理事之得失。〔註9〕

孔穎達《正義》釋之曰：

合同未分，是象太一也；分而爲二，以象兩儀也；分掛其一，而配
兩儀，以象三才也；四爲數，以象四時；以法象天道，歸殘象餘，
分而成閏也。（卷七）

是故「四營而成《易》」，即「分而爲二以象兩」，「掛一以象三」，「揲之以四以
象四時」，「歸奇於扐以象閏」。「大衍之數五十」者，筮法用蓍五十莖也。衍，
寬也，衍與演同，所謂「大衍之數」者，言演天地之數所用之蓍數也，言推廣
天地之數也。以五十莖之蓍，衍而爲萬一千五百二十之策，故曰「大衍」。「象
兩者」象兩儀也。「象三」者，象三才也。「象四時」者，象一歲之春夏秋冬也。
筮凡三變得陽爻，老陽爲九，謂四揲凡九爲三十六也，少陽爲七，謂四揲凡七
爲二十八也。得陰爻，老陰爲六，謂四揲凡六爲二十四也，少陰爲八，謂四揲
凡八爲三十二也，少不變，老變，或陽用九不用七，陰用六不用八。

「象閏」者，高亨曰：

閏，閏月也，乃象閏月也。〔註10〕

〔註8〕語見王船山《周易內傳》卷五，〈繫辭上傳〉。
〔註9〕同註8。
〔註10〕語見高亨著《周易大傳今注》卷五，頁526。

又曰：

> 五歲再閏，古曆法五年之中有兩次閏月。……乃象五年之中有兩次
> 閏月也。〔註11〕

劉百閔先生曰：

> 歲有十二月，月有三十日，三百六十者，一歲之常數也。然每歲以二
> 十四氣計，則合三百六十五有奇，此多五日有奇者，爲氣盈。以十二
> 月朔計，則以三百五十四有奇，較之三百六十日，剛少五日有奇，此
> 少五日有奇者，爲朔虛，一歲實得三百五十四日，共餘十二日，三年
> 則餘三十六日矣。于是分三十日爲一月，又以六日爲後閏之積，其第
> 四第五年，又各餘十二日，以此二十四日，湊前六日，又成一閏，其
> 日月行度，尚有奇零，然約略如此，所謂三歲一閏，五歲再閏也。
>
> 「當期之日」，陽一爻之策爲三十六，乾六爻之策爲二百一十六也，
> 陰一爻之策爲二十四，坤六爻之策爲百四十有四也。合二百一十有
> 六與百四十有四爲三百六十，當一年之日數也。
>
> 「二篇之策，萬有一千五百二十，當萬物之數也」者，《易》上下篇，
> 共三百八十四爻，凡陽爻百九十二，陽一爻之策爲三十六，計六千
> 九百一十二策也。陰爻凡一百九十二，陰一爻之策爲二十四，計四
> 千六百零八策也。合六千九百一十二策，與四千六百零八策爲萬有
> 一千五百二十，當萬物之數也。〔註12〕

夫《易》開物成務，冒天下之道，如斯而已者，非他，即天一、地二、天三、
地四、天五、地六、天七、地八、天九、地十之數也，此所謂範圍天地而不過，
曲成萬物而不遺者也。凡四度營爲其推演之程序，經七演爲一變，凡三變而成
爻，歷十八變而成卦，此《易》之變也。十八變成六爻之卦，其基礎則爲八卦，
八卦交互重疊爲六十四卦，則八卦爲「小成」。且《周易》以變爲占，老陽數九，
老陰數六，老陰老陽皆變。揲蓍之數九過揲則得老陽，六過揲則得老陰，少陽
稱七，少陰稱八皆不變，爲爻之本體，爻變則卦變。再引而伸之，觸通其旁類
而增長之，則成《易》道龐大而縝密之系統，以蘊蓋宇宙人間，天下所能被窮
盡之事物，莫不爲籠罩而窮盡矣，故王船山《周易內傳》曰：

> 著策用大衍四營而變化盡，則所以修德，而制行者，因時以合道，

〔註11〕同註10。
〔註12〕語見劉百閔先生著《周易事理通義》〈繫辭上傳〉，頁833。

> 而仁不愚，智不蕩，无所據非德之執滯，則其德亦非人之所易測矣。
> 酬酢以盡人，而立德佑神以合天而體道。卦方而顯，蓍圓而神。《易》
> 之所以廣大，而切於人用也。（卷五）

是以《易》之道，以卦爻與觸類顯明其道體之廣大悉備；於人之德行，藉繫辭與斷占而示其神用之應變無方，是故可應乎萬物而感於萬物，交物以行事，可以準乎天而與參贊神功。

二、成變之數

《易》之為書也，其大則以彌綸天地，凡宇宙萬象生之理，無不依之以為據，其小則「退藏於密」，後歸於靜而貞正，易言之，以數學之理而名之，它是由無限小至無限大也。故〈繫辭上傳〉曰：

> 《易》廣矣，大矣。以言乎遠則不禦，以言乎邇則靜而正，以言乎
> 天地之間則備矣。

又曰：

> 《易》與天地準，故能彌綸天地之道。

又曰：

> 六爻之義，《易》以貢，聖人以此洗心，退藏於密。

《易》理之博大精深，涵化無窮，其變易亦有不變之原則，宋儒邵伯溫於語錄中曰：

> 天地萬物，莫不以一為本，原於一而衍之於萬，窮天下之數而復於
> 一。一者何也？天地之心也，造化之原也。（卷十）

數之始，始於一，由一而二而三以至無限，構成整理而自然之數列，《易》六十四卦，亦即是數之排列。〈繫辭上傳〉曰：

> 是故《易》有太極，是生兩儀，兩儀生四象，四象生八卦，八卦定
> 吉凶，吉凶生大業。

所謂八卦，六十四卦，乃因於陰「--」與陽「—」之作有規律之排列而成。西哲萊布尼茲據《周易折中》中六十四卦之次序排列，以「○」象陰，「｜」象陽，依二進位之數理以推，直至六十四卦之完成，與今傳伏羲先天八卦序圖不謀而合。〔註13〕

〔註13〕參見李約瑟著《中國之科學與文明》，第二冊〈中國科學之基本觀念〉，及周
　　　　世一、潘啓明著《周易參同契新探》中〈萊布尼茲和易圖〉二文。

　　《易傳》論數之用，本倚筮而生。雖然《易・繫辭傳》言八卦之畫，由太極、兩儀、四象而來，八卦中已寓含數之意義在，然數未發揮其功用，數於《易傳》中取其地位，而發揮其功用，在於筮術之創建，《易》本爲占卜之工具，筮術在於占卜吉凶悔吝，而筮之行術時有一套演著之程序，全依計算著策數目多穿而決斷吉凶禍福。由此，數逐漸爲人視爲渺冥，不可捉摸之力量，正如《莊子・天道篇》曰：

　　　　口不能言，有數存焉於其間。

《易傳》中所見之數，可分爲三類：

　　一、天地之數：即奇偶之數，以奇數配天，偶數配地。〈繫辭上傳〉曰：

　　　　天一、地二、天三、地四、天五、地六、天七、地八、天九、地十，

　　　　天數五，地數五，五位相得而各有合。天數二十有五，地數三十，

　　　　凡天地之數五十有五，此所以成變化而行鬼神也。

夫《易》者，乃準天地之道，以決人事之疑，而其運用則在化陰陽消長之理，爲著策變化之數。天道純陽，於數爲奇，於自然數中以一、三、五、七、九象之。地道純陰，於數爲偶，於自然數中以二、四、六、八、十象之。天之數與地之數之合爲五十有五，此五十有五乃計算著策之數，而分別涵具成陽奇或陰偶以及其變化之意義，可藉以推演而成諸卦及「變卦」之象，以應乎宇宙人生之一切現象，故曰「成變化」。一切宇宙人生之現象，質言之，莫非陽變乎陰，陰化乎陽，陰陽相互推演以成六十四卦，而成六十四卦之數，在於五十有五之策數變化。

　　二、大衍之數：即演著之數，當演著求卦之時，著策分合計算之數。〈繫辭上傳〉曰：

　　　　大衍之數五十，其用四十有九，分而爲二以象兩，掛一以象三，揲

　　　　之以四以象四時，歸奇於扐以象閏，五歲再閏，故再扐而後掛，乾

　　　　之策二百一十有六，坤之策百四十有四，凡三百有六十，當期之日。

　　　　二篇之策，萬有一千五百二十，當萬物之數也，是故四營而成《易》，

　　　　十有八變而成卦，八卦而小成，引而伸之，觸類而長之，天下之能

　　　　事畢矣。

　　此乃因數求筮而得卦爻，而因卦爻以明其占，遂知脩身立命之方，與吉凶禍福之故也。此因數而推知者也，其變化過程前篇已論，此不再述。

　　三、九六之數：夫天地自然之數，既有十位，而《周易》陽曰九，陰曰

六，而不日其餘者，何也？自古泊今，釋之者眾矣。孔穎達《周易正義》謂有二說：一曰：

> 乾體有三畫，坤體有六畫，陽得兼陰，故其數九，陰不得兼陽，故其數六。

一曰：

> 老陽數九，老陰數六，老陰老陽皆變，《周易》以變者爲占。（卷一）

黃慶萱先生於《周易讀本》一書中，以爲《周易》占筮之時，就蓍草四莖，四莖而數，其出現之次數計有四類：一爲九次三十六莖，爲「老陽」；二爲八次三十二莖，爲「少陰」；三爲七次二十八莖，爲「少陽」；四爲六次二十四莖，爲「老陽」，老陽老陰皆變。蓋《周易》以變爲占，撰者之數九過撰則得老陽，六過撰則得老陰。少陽稱七，少陰稱八，高懷民於《先秦易學史》中曰：

> 謂七、九、八、六四數，七爲少陽，九爲老陽，八爲少陰，六爲老陰，此四數係由演蓍中過撰或撰餘之策數而來。由此決定所求得卦象中，孰爲變爻，孰爲不變爻。（第四章）

又曰：

> 根據陰陽二性的根本理論，陽性剛健，動而進，故七與九兩陽數爲由七進九，名七爲少陽，名九爲老陽；陰性遜順，動而退，故八與六兩陰數爲由八退六，名八爲少陰，名六爲老陰。（第四章）

就天道而言，世間一切事物隨時都在演變，人事之進退順乎天道是變，逆乎天道亦是變。天道之變，有其不變之規律，以象形容，則是循著老陽、少陰、老陰、少陽之順序，週而復始，有如一年春、夏、秋、冬四季之往復循環。所謂老變，少不變，是卜筮法則之一。其實少陽變老陽，少陰變老陰，亦是陰陽變化所必終之歷程，〈坤卦‧初六象傳〉曰：

> 履霜堅冰，陰始凝也；馴致其道，至堅冰也。

均在說明「窮則變，變則通，通則久」之道，蓋少陰少陽有時而窮，故亦有變化也。其實少陽變老陽，少陰變老陰，其陰陽屬性未變，然其老少則已變，故以此陰陽變化消長歷程，以之推論事理，即天道循環中，吉凶悔吝轉移之趨勢，不待爻變，不待位移，而變之趨勢已在，此理勢之所然，亦天道之自然。

第三節　易象之變

一、釋　象

《易象》之名，初見於春秋之世，《春秋左氏・昭公二年傳》曰：

> 晉侯使韓宣子來聘，且告爲政而來見禮也。觀書於太史氏，見《易象》與《魯春秋》，曰：「周禮盡在魯矣。」

韓宣子所見之《易象》，乃載《周易》占筮之形象之書。《周易》當占筮之時，卦排列以成象，載此形象之書爲《易象》。〈繫辭下傳〉曰：

> 是故《易》者象也，象也者，像也。

又曰：

> 八卦成列，象在其中矣。

又曰：

> 八卦以象告。

《易》即是象，是故聖人設卦觀象，繫辭而明吉凶進退，君子居則觀其象而玩其辭，則《易》與象並存也。捨象則《易》不可見矣。

夫象之與《易》，猶形之有影也，譬響之應聲也。影去形則無容，聲捨響則無應，然則，《易》離象等於無《易》，故學《易》者，必通乎象，而後可以言《易》。

天地之道，往復無窮，人事千變萬化，萬物之類，百京兆垓，《易》雖以卦爻賅之，然僅舉其條綱，略備其大體而己，至若欲曲盡其情而無遺，囊括萬變而無閡，則捨象莫由也。然則象者何也？《說文解字》曰：

> 象，南越大獸，長鼻牙，三年一乳，象耳牙四足尾之形。

羅振玉曰：

> 今觀篆文，但見長鼻及足尾，不見耳牙之形，卜辭作𧰨、𧰼、𧰼諸形，亦但象長鼻。蓋象之尤異於他畜者，其鼻矣。〔註14〕

同時羅振玉以爲象，古代中國黃河南北亦有之，《說文解字》稱「象，南越大獸」此後世之事也。故又曰：

> 爲字從手牽象，則象爲尋常服御之物，今殷墟遺物有鏤象牙禮獸，又有象齒甚多。卜用之骨，有絕大者，殆亦象骨，又卜辭卜用獵，

〔註14〕語見張舜徽先生著《說文解字約注》卷十八引文，頁252。

有獲象之語，知古者中原象至殷世尚盛也。〔註15〕

《呂氏春秋·古樂篇》：

> 商人服象，爲虐于東夷，周公乃以師逐之，至于江南。

此乃殷代有象之確證。同時象由本義假借爲像，亦有其意義在。《韓非子·解老篇》曰：

> 人希見生象也，而得死象之骨，按其圖以想其生也。故諸人之所以意想者，皆謂之象也。

據此，知象至周末，已絕跡於中原久矣，爲按圖以想其生也，朱子《周易本義》曰：

> 象者，物之似也。

故此由象而演爲像也，而象者乃擬諸形容，像之物宜，以盡無窮之意者也。因「書不盡言，言不盡意。」故聖人立象以盡意，蓋象可通變也，故立象以盡意，而意斯無遺蘊矣，〈繫辭上傳〉曰：

> 成象之謂乾，效法之謂坤。

〈繫辭下傳〉曰：

> 古者包犧氏之王天下也，仰則觀象於天，俯則觀法於地。

〈繫辭上傳〉曰：

> 在天成象，在地成形。

由上知所謂法，實即「形」之異稱。〈繫辭上傳〉又曰：

> 見乃謂之象，形乃謂之器。

知可見無定形者謂之象，有定形者謂之法。又曰：

> 法象莫大乎天地。

因而天地萬物，統而言之皆謂之法象。宋張載亦曰：

> 盈天地之間，法象而已。(《正蒙·太和》)

此事物現象乃自然之象，而人所擬之象徵亦曰象。〈繫辭上傳〉曰：

> 聖人有以見天下之賾而擬諸其形容，象其物宜，是故謂之象。

《易》之法象者，乃自然之道，《易》根本之原理，陰陽八卦，即象徵天地雷風水火山澤等自然之象。故〈繫辭上傳〉曰：

> 法象莫大乎天地，變通莫大乎四時，縣象著明莫大乎日月。

又曰：

〔註15〕同註14。

　　天垂象，見吉凶，聖人象之。

〈繫辭下傳〉曰：

　　古者包羲氏之王天下也，仰則觀象於天，俯則觀法於地，觀鳥獸之
　　文與地之宜，近取諸身，遠取諸物，於是始作八卦，以通神明之德，
　　以類萬物之情。

　　此乃言八卦之取象，乃觀天之象，察地之法，及鳥獸之文與地之宜，近
則取身之象，遠則取物之象。則知八卦既作，則所觀取於萬物者，莫不意化
爲八卦矣。然取所觀取之物象，有自其質性言之者，有自其形象觀之者，是
故《易》所謂象者，乃宇宙萬象也。

二、《易傳》取象之範圍

　　《易》以八卦之變化，彌綸天地，知八卦之圖象爲宇宙之象徵，六十四
卦之圖形，乃象徵宇宙之變化，八卦即宇宙變化之象。

　　《易》之卦象，在言宇宙之變化，其目的在於昭告吉凶，故〈繫辭上傳〉
曰：

　　聖人設卦觀象，繫辭焉而明吉凶，剛柔相推而生變化，是故，吉凶
　　者，失得之象也；悔吝者，憂虞之象也；變化者，進退之象也；剛
　　柔者，晝夜之象者也。

　　邵康節《皇極經世・觀物外篇》曰：

　　有意必有言，有言必有象。

又曰：

　　象生則言彰，言彰則意顯。

此以人所擬之象以示言意之工具也。宇宙萬有，絪縕化育，事事物物莫不自
無而有，由隱而顯，自微而著，八卦之作，仰觀俯察，通德類情，以象萬物，
聖人設卦觀象，以象其形，以明其變，故學《易》窮理，明吉凶進退之道，
當先明卦象。

　　《易》者，天下變易之大道也。以象而變動其間，周流不息，而爲一恆
常變易之創化宇宙。然將宇宙之全體呈現於形上之領域，立原則，成系統，
而爲人之舉措行止準則者何？此無它，象而已矣。

　　夫天地之道，往復不窮。人事之變，千變萬化，而萬物之類，百京兆垓，
《易》雖以卦爻賅之，然僅舉其條綱而已，欲曲盡其情囊括萬變，則捨象莫

由矣。

　　大抵《周易》之言象有二，即〈繫辭下傳〉曰：

　　　　於是始作八卦，以通神明之德，以類萬物之情。

「以類萬物之情」爲現象之象，「以通神明之德」爲觀象立辭之象。徐芹庭先生分析此二象有曰：

　　　　現象之象，謂《易》卦爻之辭，皆擬諸形容，象其物宜者也。〔註16〕

又曰：

　　　　至於，觀象立辭之象，即漢儒象學之大觀也。其中有得之於師承者，有深切於《易》旨者，有穿鑿附會者。〔註17〕

後世言象者，皆主之以解《易》，漢《易》爲最，其蕪雜穿鑿非《易》之本旨也。

　　夫學《易》當先明象，此至理也，然世以《易》象爲子平卜筮之小道，故象學隱而不彰，宇宙生化之義塞而不明。今滙踵前賢之說如後：〔註18〕

（一）八卦本象

　　八卦本象爲乾爲天，坤爲地，坎爲水，離爲火，震爲雷，巽爲風，艮爲山，兌爲澤。見於〈說卦傳〉第三章曰：〔註19〕

　　　　天地定位，山澤通氣，雷風相薄，水火不相射，八卦相錯。

第六章又曰：

　　　　神也者，妙萬物而爲言者也。動萬物者，莫疾乎雷。撓萬物者，莫疾乎風。燥萬物者，莫熯乎火。說萬物者，莫說乎澤。潤萬物者，莫潤乎水。終萬物，始萬物者，莫盛乎艮，故水火相逮，雷風不相悖，山澤通氣，然後能變化既成萬物也。

第十一章又曰：

　　　　乾爲天。……

　　　　坤爲地。……

　　　　震爲雷。……

〔註16〕語見徐芹庭先生著《易學蠡測》，頁21。

〔註17〕同註16。

〔註18〕本節《易》象之論述參考高仲華先生著《高明經學論叢》，〈易象探源〉一文而成。

〔註19〕〈說卦傳〉分章引用朱子《周易本義》分法。

巽爲木、爲風。……

坎爲水。……

離爲火。……

艮爲山。……

兌爲澤。……

（二）八卦引申之象

八卦引申之象計有四類：

1. 卦德之象

按八卦之德性而引申。其爲象，乾爲健，坤爲順，震爲動，巽爲入，坎爲陷，離爲麗，艮爲止，兌爲說。〈說卦傳〉第七章曰：

乾健也，坤順也，震動也，巽入也，坎陷也，離麗也，艮止也，兌說也。

潛老夫曰：

惟知物之理者，得物之情，故善因物轉物，而盡物之性，是謂各正性命。〔註20〕

按：八卦引申之象，皆可察知天道思想，逐漸降落至物界及人事界之跡。

2. 物象之象

按遠取諸物之引申取象，〈說卦傳〉第八章曰：

乾爲馬，坤爲牛，震爲龍，巽爲雞，坎爲豕，離爲雉，艮爲狗，兌爲羊。

高仲華先生曰：

總觀六十四卦爻辭，涉及動物之象者，十之九皆與〈說卦傳〉此節不合，則此節所言八卦取於禽獸之象，顯爲作〈說卦傳〉者，推衍之辭，非作卦爻辭時所取之象也。

3. 身象之象

按近取諸身取象，〈說卦傳〉第九章曰：

乾爲首，坤爲腹，震爲足，巽爲股，坎爲耳，離爲目，艮爲手，兌爲口。

高仲華先生曰：

〔註20〕語見方孔炤著《周易時論合編》第四冊，卷十三。

總觀六十四卦卦爻辭，所取人身之象，亦十之九與〈說卦傳〉此節不合。可知此亦作〈說卦傳〉者推衍之辭，非作卦爻辭所取之象也。

4. 人倫之象

引申于人倫，其爲象，乾爲父，坤爲母，震長男，巽長女，坎中男，離中女，艮少男，兌少女，〈說卦傳〉第十章曰：

乾天也，故稱乎父。坤地也，故稱乎母。震，一索而得男，故謂之長男。巽，一索而得女，故謂之長女。坎，再索而得男，故謂之中男。離，再索而得女，故謂之中女。艮，三索而得男，故謂之少男。兌，三索而得女，故謂之少女。

高仲華先生曰：

總觀六十四卦爻辭所取人倫之象，有與〈說卦傳〉合者，亦有不與〈說卦傳〉合者，可知〈說卦傳〉之作，不盡本於卦爻辭之象，後儒據〈說卦傳〉以釋卦爻辭，於其不合者，必欲彌縫其說以求其合，於是互體卦變諸說興，〈說卦傳〉對後世《易》學之影響可謂大矣。

（三）八卦方位之象

《易》學方位之象，有所謂先、後天卦方位之象，謂乾南、坤北、離東、坎西、兌東南、震東北、艮西北、巽西南爲伏羲圓圖方位，即所謂先天八卦方位也。又謂離南、坎北、震東、兌西、巽東南、坤西南、乾西北、艮東北爲文王圓圖之方位，即所謂後天方位也。

然按之經傳無乾南坤北離東坎西之文，或謂曰〈說卦傳〉第三章「天地定位，山澤通氣」，兩兩對舉，即言先天方位也，實有強辭之嫌也。《易傳》中言及方位者，只〈說卦〉第五章曰：

帝出乎震，齊乎巽，相見乎離，致役乎坤，說言乎兌，戰乎乾，勞乎坎，成言乎艮。萬物出乎震，震，東方也，齊乎巽，巽，東南也。齊也者，言萬物之潔齊也。離也者，明也，萬物皆相見，南方之卦也。聖人南面而聽天下，嚮明而治，蓋取諸此也。坤也者，地也。萬物皆致養焉，故曰：致役乎坤。兌，正秋也。萬物之所說也，故曰：說言乎兌。戰乎乾，乾，西北之卦也，言陰陽相薄也。坎者，水也，正北方之卦也，勞卦也，萬物之所歸也，故曰勞乎坎。艮，東北之卦也，萬物之所成終而所成始也，故曰：成言乎艮。

於本章中，並無所謂先後天八卦方位，其言方位，即李光地於《周易折中》曰：「此章言明文王卦位也。」按之卦辭涉及方位者，雖僅數卦，然均與〈說卦傳〉之說合，知後人演繹之先後天方位，或本之如此而加推衍也。

（四）八卦之廣象

八卦之廣象，乃廣明八卦之象。即〈說卦傳〉第十一章曰：

乾，爲天，爲圜，爲君，爲父，爲玉，爲金，爲寒，爲冰，爲大赤，爲良馬，爲老馬，爲瘠馬，爲駁馬，爲木果。

坤，爲地，爲母，爲布，爲釜，爲吝嗇，爲均，爲子母牛，爲大輿，爲文，爲眾，爲柄，其於地也爲黑。

震，爲雷，爲龍，爲玄黃，爲旉，爲大塗，爲長子，爲決躁，爲蒼筤竹，爲萑葦，其於馬也爲善鳴，爲馵足，爲作足，爲的顙，其於稼也爲反生，其究爲健，爲蕃鮮。

巽，爲木，爲風，爲長女，爲繩直，爲工，爲白，爲長，爲高，爲進退，爲不果，爲臭，其於人也，爲寡髮，爲廣顙，爲多白眼，爲近利市三倍，其究爲躁卦。

坎，爲水，爲溝瀆，爲隱伏，爲矯輮，爲弓輪。其於人也，爲加憂，爲心病，爲耳痛，爲血卦，爲赤。其於馬也，爲美脊，爲亟心，爲下首，爲薄蹄，爲曳，其於輿也，爲多眚，爲通，爲月，爲盜，其於木也，爲堅多心。

離，爲火，爲日，爲電，爲中女，爲甲胄，爲戈兵，其於人也，爲大腹；爲乾卦，爲鱉，爲蟹，爲蠃，爲蚌，爲龜，其於木也，爲科上槁。

艮，爲山，爲徑路，爲小石，爲門闕，爲果蓏，爲閽寺，爲指，爲狗，爲鼠，爲黔喙之屬。其於木也，爲堅多節。

兌，爲澤，爲少女，爲巫，爲口舌，爲毀折，爲附決。其於地也，爲剛鹵，爲妾，爲羊。

項安世曰：

此章推廣象類，使之明備，以資占者之決也。

胡炳文曰：

此章廣八卦之象，凡百十有二。

李光地曰：

> 此意雖廣八卦之象。然有前文所取，而此反者，則非廣也；意前爲
> 歷代相傳，而此則《周易》義例與。

蓋先聖臚列八卦之象，取之仰觀俯察，實見乎《易》之爲道，無時無地而不在，於是分別卦位之性情，推而至於窮妙萬物，近取諸身，遠取諸物，則身物皆《易》也。然猶恐聖人之泥於物而滯於象，更推而廣之，於一卦立無方之象，以盡其變也。此所以廣象之立也。然高仲華先生曰：

> 〈說卦傳〉更就爻辭，〈象辭傳〉所言之象而推衍之，其說愈變愈奇，
> 於卦爻辭中既無可證驗，於〈象傳〉中亦無蹤跡可尋，牽強附會，
> 不可究語，遂開漢人言象之風。

往者聖人識卦觀象，或本無是物，而以象言之，或本有此物此事，而因象廣之，大則天地風雷，日月山潭，小則衣服器用，蟲鳥砂石，常則天下郡國，家人夫婦，性則狐尾鬼車，剝削詭脆，正則典禮教化，進德修業，變則登天入地，入腹獲心，皆擬諸其形容，像物之宜，以明陰陽造化之物，以足人事之吉凶悔吝，而示人以內聖外王之道也。是故用一字而面面皆通，立一義而頭頭是道，同囊籥之無窮，通載而爲津也。

夫象之用如是，是以能彌綸天地，囊括古今，是故知象以究《易》，意所未盡者，當察之於象，始能變通以盡利，鼓舞以盡神，而默契大道之妙。意斯得矣，若不知象而學《易》，則猶緣木求魚，終不可得矣。

第四章　變易發展論

　　宇宙爲一大流行，一切萬物流轉不息，明朝之太陽，決非今晚之落日，亦無永恒不變之潮汐，形形色色之一切都含有變之因子。故孔子於川上，喟然而嘆：「逝者如斯夫，不舍晝夜。」（〈子罕篇〉）孔子慨嘆宇宙不息之運轉，時間無休之流逝，歷史如永恒之巨流，無止地奔馳。天下之萬象，人事之紛紜，隨時皆在變動，不知變動之道，則無以通萬方之略，奠創業之基。故《論語》孔子曰：

　　　　齊一變，至於魯；魯一變，至於道。（〈雍也篇〉）

《中庸》曰：

　　　　明則動，動則變，變則化，唯天下至誠爲能化。

《易‧繫辭下傳》曰：

　　　　《易》窮則變，變則通，通則久，是以自天祐之，吉無不利。

由文化之累積而傳承，歷史必然會進化，而至於道上。

　　吾人之身，由生、老、病、死，時時無不在變，推而至宇宙人事，莫不皆然。《楞嚴經》曰：

　　　　佛告大王：「汝身現在，今復問汝，汝此肉身，爲同金鋼，常住不朽？爲復變壞？」「世尊！我今此身，終從變滅。」佛言：「大王，汝未曾滅，云何知滅？」「世尊！我此無常變壞之身，雖未曾滅，我觀現前，念念遷謝，新新不住，如火成灰，漸漸銷殞，殞亡不息，決知此身，當從滅盡。」（卷十‧卯）

又曰：

　　　　若輕令我細微思維，其變寧惟一紀，二紀，實爲年變，豈惟年變，

　　亦兼月化，何直月化，兼亦日遷，沉思諦觀，剎那念念之間，不得
　　停住。」（卷十‧酉）

佛氏生滅之喻，彈指古今之說，皆於眼前即景，亦變易之理。吾人近證血液
之循環，肌體之代謝，遠證風雨晦明，流星閃電之異，無不與三百八十四爻
之中，用以貞定吾人行事之典禮準則。故變雖繁，而可以簡御之，則繁而不
憂亂矣。又順六十四卦推而變化之，則舉凡天下之事，萬象之變，莫不操之
在握矣。故〈繫辭上傳〉曰：

　　擬之而後言，議之而後動，擬議以成其變化。

　　參伍以變，錯綜其數，通其變，遂成天地之文。

　　一闔一闢謂之變，往來不窮謂之道。

　　變而通之以盡利。

　　化而裁之存乎變，推而行之存乎通，神而明之存乎其人。

〈繫辭〉之言變，可謂詳盡矣。八卦之推盪，六十四卦之相生。無不於變易
一語以盡之。蓋宇宙以變易而久存，亦以變而日新，《易》不可見，則乾坤或
幾乎息矣！

　　然變易之中亦有「漸變」焉，「革變」焉，「時變」焉。

第一節　履霜堅冰 —— 漸變

　　漸變者何？明變化之至，非一朝一夕之故，其所由來者漸矣。而歲時之
推進，草木之生長，有其必定之程序，非可驟幾者，故曰「漸」。漸本水名，
借以代趣。〔註1〕許慎《說文解字》曰：「趣，進也。」〈序卦傳〉曰：「漸者，
進也。」孔穎達《周易正義》曰：「凡物有變移，徐而不遽，謂之漸也。」〈漸
卦‧象傳〉曰：「山上有木，漸。」乃遠取諸物，說遠望山色，見樹木層疊，
鬱鬱蒼蒼，由山麓直至山峰，如梯之逐級向上，不同於一步登天之形勢，全
為漸之貌象，然漸本為水進展之情狀，水之積由淺至深，水之面由近及遠，
故孟子曰：

　　流水之為物也，不盈科不行，君子之志於道也，不成章不達。（〈盡
　　心篇上〉）

〔註1〕說見朱駿聲著《說文通訓定聲》謙部第四。

君子之道在於正心、誠意、修身、齊家、治國、平天下。治國平天下爲達，
修身、齊家是成章。身不修，家不齊，何以治國平天下？故政治哲學如水之
理，必須行之以漸。

〈漸卦〉卦辭曰：

　　漸，女歸吉，利貞。

漸之意爲徐進，來知德《易經來注圖解》曰：

　　天下之事，唯女歸爲漸，納采、問名、納吉、納徵、請期、親迎，

　　六禮備而後成婚，是以漸者莫如女歸。〔註2〕

故設以爲喻，蓋女歸須循六禮以行，不可一見鍾情，即行婚禮，此漸道也。
故〈坤卦〉初六爻辭曰：

　　履霜堅冰至。

〈象傳〉曰：

　　履霜堅冰，陰始凝也，馴至其道，至堅冰也。

〈文言傳〉曰：

　　積善之家，必有餘慶，積不善之家，必有餘殃，臣弒其君，子弒其

　　父，非一朝一夕之故，其所由來者，漸矣，由辯之不早辯也。

此亦說明事物進展乃是積漸而變也，故履霜而知堅冰至。紂剖比干觀其心，
箕子知懼，乃佯狂爲奴。〔註3〕《春秋》之義則在防微杜漸。善漸積則昌，惡
漸積則亡，物種之進化，社會之進步，皆由漸變而來。故《韓非子》曰：

　　虧之若月，靡之若熱，非可以一期驟更也。

飄風不終朝，驟雨不終日，然其至必積於成。故又曰：

　　故明王之吏，宰相必起於州部，猛將必發於卒伍。（〈顯學篇〉）

由州部至相，由卒伍至將，爲何等之漸，也唯有由漸而起之將相，方無遺策。
故蘇軾論賈誼曰：

　　夫君子之所取者遠，則必有所待，所就者大，則必有所忍。若賈生

　　者，非漢文之不能用生，生之不能用漢文也。夫絳侯親握天子璽而

　　授之文帝，灌嬰連兵數十萬以決劉呂之雌雄，又皆帝之舊將，此其

　　君臣相得之分，豈特父子骨肉手足哉？賈生洛陽之少年，欲使其一

　　朝之間盡棄其舊而謀其新，亦已難矣！爲賈生者，上得其君，下得

─────────────────

〔註 2〕語見《新刻來瞿唐先生易註》卷之十一，頁345。

〔註 3〕參考《史記》卷三、〈殷本紀〉。

大臣如絳灌之屬，優游浸漬而深交之，使天子不疑，大臣不忌，然
後舉天下而唯吾之所欲爲，不過十年，可以得志，安有立談之間，
而遽爲人痛哭哉？（〈賈誼論〉）

此乃賈生不能行之以漸之誤也。

漢儒孟喜十二辟卦之說，固不足信也。然於陰陽往復，順序漸進之理，
固不悖也。如：

䷗	地雷復	一陽	䷫	天風姤	一陰
䷒	地澤臨	二陽	䷠	天山遯	二陰
䷊	地天泰	三陽	䷋	天地否	三陰
䷡	雷天大壯	四陽	䷓	風地觀	四陰
䷪	澤天夬	五陽	䷖	山地剝	五陰
䷀	乾爲天	六陽	䷁	坤爲地	六陰

陰陽斷續之際，無息間斷，亦無頓然之變化，《列子》曰：「凡一氣不頓
進，一形不頓虧，亦不覺其成，不覺其虧。」（〈天瑞篇〉）又曰：「天道密移，
疇覺之哉？」（〈天瑞篇〉）亦此意也。漸，進也。故〈繫辭下傳〉曰：

尺蠖之屈，以求信也，龍蛇之蟄，以存身也。

不有屈蟄，何來信存？是屈者伸之漸，蟄者存之始。《老子》曰：

曲則全，枉則直，窪則盈，敝則新，少則得，多則惑。（〈二十二章〉）

將欲歙之，必固張之，將欲弱之，必固強之，將欲廢之，必固興之，
將欲取之，必固興之。（〈三十六章〉）

物或損之而益，或益之而損。（〈四十二章〉）

天下之道，其猶張弓與？高者抑之，下者舉之，有餘者損之，不足
者補之。天之道，損有餘而補不足。（〈七十七章〉）

《莊子》曰：

物之生也，若馳若驟，無動而不變，無時而不移。（〈秋水篇〉）。

又曰：

春夏先，秋冬後，四時之序也。萬物化作，萌區有狀，盛衰之殺，

變化之流也。（〈天道篇〉）

《呂氏春秋》曰：

> 天生陰陽寒暑燥溼，四時之化，萬物之變，莫不爲利，莫不爲害。
> 聖人察陰陽之宜，辨萬物之利，以便生。（〈盡數篇〉）

《禮記》曰：

> 夫禮必本於太一，分而爲天地，轉而爲陰陽，變而爲四時，列爲鬼
> 神。（〈禮運篇〉）

上之謂也，君子體之以觀物，當於其幾微始萌處致思，而後始得其故焉，此漸變也。

　　漸又稱爲「化」，雲行雨施品物流形，均爲化。張載曰：

> 氣有陰陽，推行有漸爲化。〔註4〕

朱熹曰：

> 化是逐些字挨將女底，一日復一日，一月復一月，節節挨將去，便
> 成一半，這是化。〔註5〕

即因進化是漸，故生生不已。王陽明於《傳習錄》曰：

> 仁是造化生生不息之理，雖彌漫周遍，無處不是，然其流行發生，
> 亦只有個漸，所以生生不息，如冬至一陽生必有一陽生而後漸漸至
> 於六陽，若無一陽之生，豈有六陽，陰亦然，惟其漸所以便有個發
> 端處，所以生，惟其生，所以不息。（卷一）

由陽明之說，可知宇宙變化之漸漸然而來。〈繫辭上傳〉曰：

> 生生之謂《易》。

張載曰：

> 生生猶言進進也。〔註6〕

楊誠齋曰：

> 已往者故，方來者新。不曰天地之日新乎，今進乎昨，後進乎前，
> 不曰聖人之日新乎。天地也，聖人也，何以能然也，《易》而已矣，
> 《易》者何也？生生无息之理也。〔註7〕

〔註4〕語見《宋元學案》〈橫渠學案〉、〈正蒙神化〉，卷十七。
〔註5〕語見《朱子語類》，卷七十六。
〔註6〕語見《橫渠易說》，卷三。
〔註7〕語見《誠齋易傳》，卷十七。

宇宙之變化，是進，是綿延不已，而此變化為自然流動之法則。故戴震曰：

> 生者動而時出，息者靜而自正，至動而條理也。(〈原善上〉)

又曰：

> 一陰一陽其生生乎！其生生而有條理乎！是以見天地之順，故曰一
> 陰一陽之謂道，生生仁也。未有生生而不條理者。條理之秩然禮至
> 著也，秩理之截然義至著也。以是見天地之常。(《讀易繫辭論性》)

可知天地變化莫不是自然而歸於法則，歸於法則恰如其自然。故剝盡於上，
而陽已復生於下。陰陽之作用，一來一往，盈虛消息，循環往復，皆依一定
之秩序。而〈序卦傳〉之論六十四卦，起於〈乾〉、〈坤〉、〈屯〉、〈蒙〉，已明
顯兆示卦序相生漸進之義，以「必然相生，為索環作連貫」。以「故受之以」
建立起連貫義，以示生生不息之理。人類社會之進化，即基於此而先先後後
產生。如〈序卦傳〉曰：

> 有天地然後有萬物，有萬物然後有男女。……有上下然後禮有所錯。

於母系社會中，唯有夫婦，無父子之關係。於父系社會中，國家未形成，唯
有父子，而無君臣關係。故國家乃人群逐漸進化而成，禮義亦逐漸架構而成。
非一期一夕之故。

而《易傳》中言漸變者，〈乾卦・象傳〉曰：

> 天行健，君子以自強不息。

蓋天體運行，晝夜寒暑循環往復，永無間歇，為至健之象，至健為有常軌，
有定律之運功。〈坤卦・初六象傳〉曰：

> 履霜堅冰，陰始凝也。馴致其道，至堅冰也。

〈繫辭下傳〉曰：

> 善不積不足以成名，惡不積不足以滅身。小人以小善為无益而弗為
> 也，以小惡為无傷而弗去也。故惡積而不可掩，罪大而不可解。

《老子》曰：

> 合抱之木，生於毫末，九層之台，起於累土，千里之行，始於足下。
> (〈六十四章〉)

《史記・太史公自序》曰：

> 春秋之中，弒君三十六，亡國五十二，諸侯奔走不得保其社稷者，
> 不可勝數。察其所以，皆失其本色。故《易》曰：「失之毫釐，差之
> 千里。」故曰：「臣弒君，子弒父，非一旦一夕之故也，其漸久矣。」

〔註8〕

程子《易傳》曰：

> 陰始生於下，至微也，聖人於陰之始生，以其將長爲之戒。陰之始
> 凝而爲霜，履霜則當知陰漸盛，而至堅冰矣。猶小人始雖甚微，不
> 可使長，長則至於盛矣。（卷一）

又曰：

> 天下之事，未有不由積而成，家之所積者善，則福慶及於子孫。所
> 積不善，則災殃流於後世，其大至於弒逆之禍，皆因積累而至，非
> 朝夕所能成也。（卷一）

此之引喻乃在說明當爲之於未有，治之於未亂，其有治亂，皆由逐漸積累而
成。積善是善，積不善則爲惡。〈噬嗑卦·上九象傳〉曰：

> 何校滅耳，聰不明也。

其義在於處置冥頑不靈之人，唯有加刑滅耳。然其因受「履校滅趾」、「噬膚
滅鼻」而不知悔改。故王弼注曰：

> 處罰之極，惡極不可改者也。罪非所懲，故刑及其首。

懲罰之刑，在求犯人之悔改，然至上九之犯人，已歷經初九、六二之輕刑矯
治，至惡極而不可改者，故唯有滅其首，可謂其來有漸。故〈繫辭下傳〉曰：

> 子曰：「小人不恥不仁，不畏不義，不見利不勸，不威不懲，小懲而
> 大誡，此小人之福也。《易》曰：『履校滅趾、无咎。』此之謂也。」
> 善不積不足以成名，惡不積不足以滅身，小人以小善爲無益而弗爲
> 也，以小惡爲無傷而弗去也；故惡積而不可掩，罪大而不可解。《易》
> 曰：「何校滅耳，凶。」

〈咸卦〉以感爲義，《易》象近取諸身，一卦六爻，自下而上，則初爲拇，
二爲腓，三爲股，四爲心，五爲脢，上爲輔頰舌。《呂氏春秋·圜道篇》曰：

> 人之有形體四枝，其能使之也，爲其感而必知者也。感而不知，則
> 形體四枝不使矣。人臣亦然，號令不感，則不得而使矣。

〈咸〉以遠近深淺爲取象之則，咸其拇則所感者淺矣，漸次而深，至何思何
慮，寂然不動感而遂通天下之故者也。〈家人卦·象傳〉曰：

> 家人，女正位乎內，男正位乎外，男女正，天地之大義也。家人有
> 嚴君焉，父母之謂也。父父子子，兄兄弟弟，夫夫婦婦，而家道正，

〔註8〕　《周易古義》楊樹達按：「失之毫釐，差之千里。」今《易》無此文。

正家而天下定矣。

按國之本在家，家齊而后國治，治家之道在於父慈、子孝、兄友、弟恭、夫唱、婦隨，治家能使父子兄弟夫婦相親相愛，則治國必能使君臣官民，親如家人，君之愛民如子，民之尊君如父，故曰「正家而天下定矣。」《詩》云所謂「刑于寡妻，至于兄弟，以御于家邦。」（《大雅‧文王之什‧思齊》）蓋文王之治國其序則先尊而後卑，先親而後疏也，便同此義。

〈解卦‧六三象傳〉曰：

> 負且乘，亦可醜也，自我致戎，又誰咎也。

爻辭云：「負且乘，致寇至。」言其人負物而乘車，乃愚而可醜之事，自招賊寇來劫，能譴責何人哉？故〈繫辭上傳〉曰：

> 子曰：「作《易》者其知盜乎。《易》曰：『負且乘，致寇至。』負也者，小人之事也。乘也者，君子之器也。小人而乘君子之器，盜思奪之矣。上慢下暴，盜思伐之矣。慢藏誨盜，冶容誨淫。《易》曰：『負且乘，致寇至。』盜之招也。」

人之致盜，其來有漸，以其輕慢大意，「負且乘」之故也。

第二節　水火相息 —— 革變

　　宇由人生恒在創新之狀態，時時在變，刻刻在創新，周流於天地之間；飄風震凌颯然而至，驟雨熛怒似猛虎騰驤，且霆且暴。陰陽不測，造化無端，推變化之萬端，顯變化之無方，亦天地之常理。故凡物之發展，過一限度時，即進而轉化為其對立物，故曰：「窮則變」。於此轉化之際，則突如其來如，使吾人莫由測其涯涘矣。故曰：「變化不測之謂神。」當水之遇冷而結冰也，必極於冰點；遇熱而化氣也，必始於沸點。夫水於沸點之前，其分子之體積與運動，雖大小遲速異度，然其為水，為流體，則依然無改也。獨一達冰點沸點，則或凝為冰，或化為氣，與前地之為流體迥異。在此間不容髮之際，行其飛躍之發展而突現一新型態焉。故姚配中曰：

> 〈大宗伯〉疏云：「凡變者，變化相將，先變後化。」故《中庸》云：「動則變，變則化。」《易》云：「乾道變化。」亦是先變後化，變化相將之義也。〈月令〉疏說乾道變化之義云，謂先有舊形，漸漸改者，謂之變。雖有舊形，忽改者，謂之化，及本無舊形，非類而改亦謂之

化。〔註9〕

按姚說所謂化，所謂「雖有舊形，忽改者」及「本無舊形，非類而改者」，此之謂「突變」。〈坤卦·文言傳〉曰：

> 積善之家，必有餘慶，積不善之家，必有餘殃。臣弒其君，子弒其父，非一朝一夕之故，其所由來者漸矣。

臣所以弒其君，子所以弒其父，此非「一朝一夕」，在於說明漸變之歷程。而至「一朝一夕」弒父弒君之變故發生，就突如其來如，此說明「突變」之因緣。依《易》理而言，突變未嘗无有，然非變易之常道，必至時運既終，才有取於突變之激進。如，〈革卦〉水火相息。朱子曰：

> 是更革之謂，到這裏須盡番轉更變一番，所謂上下與天地同流，豈曰小補之哉，小補之者謂扶衰救弊，還些補苴，若是更革，則須激底重新鑄造一番。〔註10〕

此乃突變也。「天地革而四時成，湯武革命順乎天而應乎人，革之時大矣哉。」天地更迭，世故遷易，為宇宙最大之突變。然於突變中也推行有漸，漸為突變之醞釀，突變乃漸變之成象，所有突變無不成立於漸變之上。〈坤·文言〉所言在於明歷史之演化由積漸而變，而漸變與突變存在著互為因果關係，故熊十力曰：

> 凡物生滅滅生而不已，所以進進益盛，假若初起便住，即已守其定形，何由漸至盛大。由此應知，所謂一切物的漸變，確是基於剎那的頓變，而後形見出來的。〔註11〕

又曰：

> 若非剎那剎那頓變，也無漸變可說了。〔註12〕

故〈繫辭下傳〉曰：

> 善不積，不足以成名，惡不積，不是以滅身。

此乃就變之形式，即漸變與突變之原理做深刻之說明。因此〈繫辭上傳〉曰：

> 天地變化，聖人效之。

此言聖人體乎天地運行，以演繹生生不息之理，並助成天地間之變易。更舉

〔註 9〕語見姚配中著《周易姚氏學》，卷一。
〔註10〕同註5，卷七十三。
〔註11〕語見熊十分著《新唯識論》卷上，第四章〈轉變〉。
〔註12〕同前。

出突變之必要，因歷史之發展，終有困時，解困必動之以革，故突變又稱革變。〈序卦傳〉曰：

> 升而不已必困，故受之以困。困乎上者必反下，故受之以井。井道
> 不可不革，故受之以革。

經革變之後之歷史乃繼續延展，即〈革卦‧彖傳〉所言：

> 革而信之，文明以說。

天地之道，周流不息，生生進化，逢阻則革，阻而不革，則乾坤息矣。革之本義為「獸皮治去其毛曰革」（《說文解字》）引申為「革，更也」（《說文解字》）。〈雜卦傳〉：「革，去故也。」故革乃汰舊換新。亦謂，改命也。天無私親，惟德是輔，德衰則改命。革者，去惡去暴，咸與維新也，蓋禮儀文物制度與風俗習慣，因循日久，需時革新，方不致固蔽僵化。故王船山《周易內傳》曰：

> 獸之有皮，已成乎固然之文質，而當其既殺，而皮欲弊壞，乃治之
> 而變其故，質雖存而文異，物之不同其已然，而以改革為用者，故
> 曰革故也。（卷四）

又曰：

> 革者，非常之事，一代之必廢，而後一代以興，前王之法已敝，而
> 後更為制作，非其德之夙明者，不敢革也。（卷四）

故革變當順乎天，應乎人。順乎天者，乃順自然進行之法則，應乎人者，乃應人心之好惡。反乎天理，違乎人情，則不得謂之革。革變之道在於內文明而外和悅，凡革而不當，非明者，革而或驟，非說也。蓋革變之方，甚難何也？因人情每樂於因循，憚於更改，革弊於久安之後，人未易信，故欲革變必秉其孤明，獨立不懼不移，方始奏功。

　　然革變之時機，在於有不相得之情。〈革卦〉上卦為兌，兌為澤，澤中有水。下卦為離，離為火。澤水下決則火滅，火炎上燃則澤涸，故曰「水火相息」，且少女志在艮，中女志在坎，有不相得之情，水火以息滅為革，二女同居，其志不相得，不相得然後變生，變生於不相得，而各自出嫁為革。夫水火相息，二女自擇嫁，此勢之所然，故曰革，故革之義為變更。〈革卦‧彖傳〉曰：

> 天地革而四時成，湯武革命，順乎天而應乎人，革之時大矣哉。

革雖為激變之行為，然為天人所不可缺。以天而言，春不代冬，則不能種，夏不代春，則不能耕，秋不代夏，則不能收，冬不代秋，則不能藏，故四時

變化之完成全爲革之作用，故曰：「天地革而四時成」。就人事而言，桀紂殘暴，天怒人怨，故商湯放桀於鳴條，〔註13〕周武伐紂於牧野。〔註14〕蓋夏桀、商紂皆繼世而有天下，然而凶暴無道，逆天殘民，故《孟子·梁惠王篇》稱之爲「一夫」。就歷史而言，商湯放桀，武王伐紂，乃相機之變革，亦即「天與人歸」，故曰：「湯武革命，順乎天應乎人。」

　　常人之情，可與樂成而難與謀始。故革變之業，必須順乎天理，應乎人情，適乎世界之潮流，合乎人群之需要，鼓動風潮，造成時勢，待時機成熟，方能一舉而竟全功。故天地聖人之革，必善待其時，時不可革，天地聖人，不能先時。時所當革，天地聖人，不能後革，故曰：「革之時大矣哉。」《易傳》中稱述革變，在〈乾卦〉中：

　　　亢龍有悔，盈不可久也。(〈乾卦·上九象傳〉)

　　　亢龍有悔，何謂也？………子曰：「貴而无位，高而无民，賢人在下位而无輔，是以動而有悔也。」(〈乾卦·文言傳〉)

　　　亢龍有悔，窮之災也。(〈乾卦·文言傳〉)

　　　亢龍有悔，與時偕極。(〈乾卦·文言傳〉)

　　　亢之爲言也，知進不知退，知存不知亡，知得而不知喪。(〈乾卦·文言傳〉)

〈乾卦〉九五「飛龍在天，利見大人。」乃剛健中正，以居尊位，天祐人助而王業成。雲行雨施，天下平也。然則上九之「悔」從何而來？程子《易傳》曰：

　　　九五者，位之極。中正者，得時之極。過此則亢矣。上九至於亢極，故有悔也。有過有悔，唯聖人知進退存亡而无過，則不至於悔也。(卷一)

谷家杰曰：

　　　亢不徒以時勢言，處之者與時勢俱亢，方謂之盈。不可二字，聖人深爲處盈者致戒。〔註15〕

依文言之意，亢者，在龍則言其飛至天空極高之處，自逞其能也；在統治者則言其居于極高之位，驕傲自滿也。驕傲自滿，則認爲自己之家國事業，有進無

〔註13〕見《史記》卷二，〈夏本紀〉。
〔註14〕同註3。
〔註15〕語見《周易折中》，卷十一。

退，有存無亡，有得无喪，但知進、存、得之一面，不知退、亡、喪之一面，故處飛龍在天而有「窮之災」之悔變也。由飛龍而亢龍其變反福爲禍也。

〈坤卦・上六象傳〉曰：

> 龍戰於野，其道窮也。

程子《易傳》曰：

> 陰從陽者也。然盛極則抗而爭。六既極矣，復進不已則必戰，故云戰于野。野，謂進至於外也。既敵矣，必皆傷。故其血玄黃。（卷一）

朱子《周易本義》曰：

> 陰盛之極，至與陽爭，兩敗俱傷，其象如如。（卷一）

《易》以陰陽爲對立之二質，非必爲善惡之義也。有其陽明之面，亦必有其陰暗之面，于是引申爲善惡之義。〈坤卦〉初六陰之始生，履霜堅冰必至也。陽消陰長，至上而陰爲盛極矣，亦謂陰暗之勢力至極。《易》又示「龍戰于野」之義，謂陰陽必爭，善惡必戰，然爲時已晚，至于「其血玄黃」。究其意，陰道已窮，窮則變，故龍必戰于野也。湯伐桀，戰于鳴條之野。武王伐紂，戰于牧野，湯武革命此之謂也。〈訟卦・上九象傳〉曰：

> 以訟受服，亦不足敬也。

爻辭云：「或錫之鞶帶，終朝三褫之」，言其人以爭訟而受鞶帶之服，非有足敬之功德，所以王侯賜而復悔，一日三奪之，其榮寵不可保也。朱子《周易本義》曰：

> 鞶帶，命服之飾。褫，奪也，以剛居訟極，終訟而龍勝之，故有錫命受服之象，然以訟得之，豈敢安久，故又有終朝之褫之象。其占爲終訟无理，而或取勝，然其所得終必失之，聖人爲戒之意深矣。（卷一）

唐文治《茹經堂集四維箴》曰：

> 誠觀軍閥之橫徵，貪吏之搜括，奸商之侵蝕舞弊，莫不擁資數十萬，甚至數百萬，轉瞬煙消火滅，豈不哀哉。

凡爭訟激禍以居功，終必致禍，一日三奪，其禍也速，其鞶帶豈能安保？

〈師卦・象傳〉曰：

> 師出以律，失律凶也。

六律爲萬事之根本，〔註16〕所以望敵而知凶，聞聲而知勝負。曹劌論戰究其

〔註16〕六律，謂生、殺、賞、罰、予、奪也。《淮南子・本經訓》：「帝有體太一，王者法陰陽，霸者則四時，君者用六律。六律者，生生與殺也；賞之與罰也；

失律以勝。故王船山《周易內傳》曰：

> 師之有束伍節制，相爲應而不相得。律，猶樂之有律也。否，不然。
> 臧，善也。師一出而即當以律，乃可勝而不可敗。初六柔險而處散
> 地，反以律爲不善，而恣其野掠，其敗必矣。以律爲不織，則必失
> 律矣。（卷一）

出師以律，而興師不正，徒法也。興師以正，而出師不以律，徒善也。徒法
不可興師，徒善不可出師，必也正善合一，方能克敵致勝，而無殃民害義之
事。師出不以律，則凶也，如楚之亂次〔註 17〕、晉之爭舟〔註 18〕、齊之轍
亂〔註 19〕、吳之爭合，〔註 20〕皆失律之師也。因而變從中起，亂由內來，
剎那之間，殆至喪師辱國。

〈泰卦・上六象傳〉曰：

> 城復于隍，其命亂也。

隍爲城下無水水溝，因築城用土，便掘地爲隍，至城傾則土復歸於隍。傅隸
樸曰：

> 以喻帝王來自民間，國亡之後，便又成平民了。這是說國家的盛衰
> 興亡，就像城與隍的循環一樣。〔註21〕

蓋君王因治道積累以成泰，及泰之終，反之否，如城土傾圯，復返於隍也。
上六當泰之終，承平既久，陰盛陽微，治道廢弛，小人道長，君子道消而不
知，泰極而否，否則上下乖，民心離散，雖欲用師，孰爲之用，不待敵之來，
而自毀矣。如梁武帝末年納侯景以致亂朝，臣蕭介等屢諫不聽，及景陷臺城，
武帝安臥不動曰：「自我得之，自我失之，亦復何恨！」此正城復于隍之謂也。
〔註22〕

〈无妄卦・六三象傳〉曰：

> 行人得牛，邑人災也。

六三爻辭：「无妄之災，或繫之牛，行人不得，邑人之災。」无妄之災，是

> 予之與奪也。」
> 〔註 17〕　參見《春秋左氏・桓公十三傳》：「亂次以濟其水，遂無次。」
> 〔註 18〕　參見《春秋左氏・宣公十二年傳》：「晉中軍下軍爭舟，舟中之指皆可掬也。」
> 〔註 19〕　參見《春秋左氏・莊公十年傳》：「……吾視其轍亂，望其旗靡，故逐之。」
> 〔註 20〕　參見《春秋左氏・定公四年傳》：「……吳爭於楚，必有亂。」
> 〔註 21〕　語見傅隸樸先生著《周易理解》，頁 117。
> 〔註 22〕　參見曹爲霖著《易學史鏡》，卷二，〈泰卦上六〉。

本無致災之由，而災自至者也。六三居下卦之極，時窮勢極，故當无妄之時，則生變亂災禍，有无妄之災。妄，許慎《說文解字》：「亂也」。董仲舒於《春秋繁露·天道篇》：「施妄者，亂之始也。」故妄，亂也。无，不也。无妄，不亂也。然〈雜卦傳〉：「无妄，災也。」《說文解字》：「天火曰災」引申爲凡害之稱。无妄，天害也。无妄而有害，災也。《春秋左氏·宣十六年傳》：

> 凡火，人火曰火，天火曰災。

故災，天之火也，非人之火也。无妄之火，天火之，非人火之，故爲災。「行人得牛，邑人之災」蓋災變之突來非妄之故，故曰无妄之災。蓋城內失火，殃及池魚之謂也。故六三當无妄之時，不應有災，而有此災，非自己有以致之，乃突如其來之禍也，亦可謂之突變。

〈雜卦·九四象傳〉曰：

> 突如其來如，无所容也。

雜爲火，九四居上卦之始，重剛而不正，如火之始燃，九三復以陽剛助其勢，突如其來，氣焰如焚，然失位之剛，遽起而乘之，以剛迫之，是更張過驟，不以其所，終必取敗，如羿莽是也，結果引起自焚，不爲眾容，爲眾棄絕。蓋九四不中不正，剛氣暴躁，突如其來如之行爲，其害如此，能毋愼乎。故〈革卦·象傳〉曰：

> 革而信之，文明以說，大亨以正。革而當，其悔乃亡。天地革而四
> 時成，湯武革命，順乎天而應乎人，革之時大矣哉。

蓋革變須上順天道，下應人心，故革之至大者也，時不可革，不能先時而革，時所當革，不能後時而革。故順時而行，乃變之至大者也。

第三節 與時偕行——時變

聖人仰觀天象，俯察地理，中觀物宜，藉以通神明之德，以類萬物之情，使其行事應合天德，順時而行。故於人之生命歷程中，「時」以象徵人事之變遷。順天地之變則爲適時，逆其變而行則爲逆時，順其所同則吉，乖其所趨則凶。《中庸》有云：「君子而時中。」（二章）故時之義大矣哉。

宇宙之變化，於時空中流轉運行，《易傳》以位時象徵宇宙之變化，位是爻於卦象中所顯示之位置，位置爲空間。爻位變易，卦即有變。位於卦中又象做時，即是爻位於天地萬物變化中所象徵之時。故王弼曰：

卦者，時也；爻者，適時之變者也。〔註23〕

知《易經》六十四卦乃持續不斷之時間，〈序卦傳〉即在說明此六十四時期持續不斷時間發展之歷程。而每卦之六爻，復由一大時期劃分爲六個小時期，其初爻爲始，二、三、四、五爻爲中，六爻爲終，故〈繫辭下傳〉曰：

> 其初難知，其上易知，本末也。初辭擬之，卒成之終；若夫雜物撰德，辨是與非，則非其中爻不備。

此在說明事象演化之終始狀態，亦即時間持續發展之事象，予人之感覺。卦中各爻，皆代表行事之「時」宜。「時」爲運之度，動之序，而變易有遞承，持續有先後，因而有時間。此時間之持續，在先者謂之過去，在後者謂之未來，在中者即現在。而人生活於現在，過去雖已杳然，未來亦復不可測。然而，過去依稀存在人之記憶之中，而未來亦原出現在，故時間之強度，全凝聚於現在。於《易》理中亦顯示出人透過過去之經驗，明宇宙變化之原則，藉以通古今之變，而測知來事之吉凶悔吝。故《易》要人「六位時成」，各依時變以成就日新。然此時位之事象，於位以中正爲主，於時則多變化。時之變，世易時移，譬如良醫，病萬變，藥亦萬變。如果病變而藥不變，則壽之民亦爲殤子。故凡事因時而化，《呂氏春秋‧察今篇》舉二例以明時變之理。其一：

> 荊人欲襲宋，使人先表澭水，澭水暴益，荊人弗知，循表而夜涉，溺死者千有餘人，軍驚而壞都舍。嚮其先表之時可導也，今水已變而益多矣，荊人尚猶循表而導之，此其所以敗也。（卷十五）

此乃荊人不知時變勢亦變之故，其二：

> 楚人有涉江者，其劍自舟中墜於水，遽契其舟曰，是吾劍之所從墜。舟止，從其所契者，入水求之。舟已往矣，而劍不行，求劍若此，不亦惑焉。（卷十五）

人若無法掌握時之變，正如楚人刻舟求劍，宋人之「守株待兔」，不亦愚乎？

宇宙萬物之變化，有漸變者，有革變者，然變革更易是無定法，「一興一廢一簡一繁之間，因乎時而不可執也。」〔註24〕故時變乃「相乘之機」，是「古今殊異者，時之順也。」〔註25〕故進化之軌跡當順應時勢，及時損益，彰往而察來，而微顯闡幽，探賾索隱，鈎深致遠，與時偕行。是以人要體察時變，

〔註23〕語見王弼著《周易畧例‧明卦適變通爻篇》。
〔註24〕語見王船山著《讀通鑑論》，卷六。
〔註25〕語見王船山著《宋論》，卷一。

因時而惕,「天行健,君子以自強不息」,以達「時中」之境界,隨其所生,隨其所長,隨其所成,隨其所化。

《周易》論時之處頗多,〈彖傳〉言時者凡二十四卦:

1. 〈乾·彖〉:「大明終始,六位時成,時成六位,以御天。」
2. 〈蒙·彖〉:「蒙山下有險,險而止蒙,蒙亨,以亨行時中也。」
3. 〈大有·彖〉:「大有柔得尊位。大中而上下應之……其德剛健而文明,應乎天而時行。是以元亨。」
4. 〈豫·彖〉:「天地以順動。故日月不過,而四時不忒。聖人以順動,則刑罰清而民服,豫之時義大矣哉。」
5. 〈隨·彖〉:「……大亨貞无咎。而天下隨時。隨時之義大矣哉。」
6. 〈觀·彖〉:「……觀天之神道,而四時不忒。聖人以神道設教。」
7. 〈賁·彖〉:「……觀乎天文以察時變,觀乎人文以化成天下。」
8. 〈頤·彖〉:「……天地養萬物。聖人養賢以及萬民。頤之時大矣哉。」
9. 〈大過·彖〉:「……剛過而中。巽而說行。利有攸往,乃亨,大過之時大矣哉。」
10. 〈坎·彖〉:「習坎,重險也……險之時用大矣哉。」
11. 〈恆·彖〉:「……日月得天而能久照。四時變化而能久成。」
12. 〈遯·彖〉:「……剛當位而應。與時行也,…遯之時義大矣哉。」
13. 〈睽·彖〉:「……萬物睽而其事類也,睽之時用大矣哉。」
14. 〈蹇·彖〉:「……當位貞吉,以正邦也。蹇之時用大矣哉。」
15. 〈解·彖〉:「……雷雨作而百果草木皆甲拆,解之時大矣哉。」
16. 〈損·彖〉:「……二簋應有時。損剛益柔有時,損益盈虛,與時偕行。」
17. 〈益·彖〉:「……天施地生,其益无方,凡益之道,與時偕行。」
18. 〈姤·彖〉:「……剛遇中正,天下大行也,姤之時義大矣哉。」
19. 〈革·彖〉:「湯武革命,順乎天而應乎人,革之時大矣哉。」
20. 〈艮·彖〉:「……艮止也。時止則止,時行則行,動靜不失其時,其道光明。」
21. 〈豐·彖〉:「……天地盈虛,與時消息,而況人乎,況鬼神乎。」
22. 〈旅·彖〉:「……是以小亨旅貞吉也,旅之時義大矣哉。」
23. 〈節·彖〉:「……天地節而四時成。」
24. 〈小過·彖〉:「……小者過而亨也,過以利貞,與時行也。」

〈象傳〉言時者凡六卦：

1. 〈坤・六三象〉：「……含章可貞，以時發也。」
2. 〈无妄・大象〉：「先王以茂對時，育萬物。」
3. 〈井・初六象〉：「……舊井无禽，時舍也。」
4. 〈革・大象〉：「澤中有水，君子以治曆明時。」
5. 〈節・九三象〉：「不出門庭凶，失時極也。」
6. 〈既濟・九五象〉：「東鄰殺牛，不失西鄰之時也。」

〈文言傳〉言時者：

1. 故乾乾因其時而惕，雖危无咎矣。
2. 君子進德修業，欲及時也，故无咎。
3. 見龍在田，時舍也。
4. 終日乾乾，與時偕行。
5. 亢龍有悔，與時偕極。
6. 時乘六龍，以御天也。
7. 與四時合其序。
8. 後天而奉天時。
9. 坤道其順乎，承天而時行。

〈繫辭傳〉言時者：

1. 變通配四時。
2. 揲之以四，以象四時。
3. 變通莫大乎四時。
4. 變通者趣時者也。
5. 待時而動。
6. 唯其時物也。

〈雜卦傳〉言時者：

1. 大畜，時也。

統結以上所謂之「時」，有所謂「時者」、「待時者」、「時行者」、「時成者」、「時變者」、「時用者」、「時義者」、「時發者」、「時舍者」、「時極者」。時之變義可分類于后：

一、「位」之生成原理－「時成六位」：言八卦六位之成乃隨時而開展。以〈乾卦〉為例，六爻以龍象之，各依時位乘變而日新。

初九潛龍之時，乃勿用潛居之位。

九二見龍之時，乃利見大人出仕之位。

九三君子之時，乃終日乾乾夕惕若厲戒慎勉力无咎之位。

九四或躍在淵，乃進退無常之位。

九五飛龍在天之時，乃權位極盛之位。

上九亢龍之時，用乃盛極而衰之位。

〈乾卦〉借「龍」象之德，以明乎天地萬物生成終始之道，〈乾卦・文言傳〉：「潛龍勿用，下也。見龍在田，時舍也。終日乾乾，行事也。…或躍在淵，自試也。飛龍在天，上治也。亢龍有悔，窮之災也。……乾元用九，天下治也。」言變易之序，「始」於潛隱之時，始而漸及於「壯」，飛躍之時，終於「亢」。日中則昃，月盈則虛，窮則變。卦爻之時以「始」「壯」「亢」之時序以成其位。因此「時」乃是爻位之生成原理，於變易之創化歷程中展現生生不息之序。

二、道德哲學之規範原理：「因時」、「待時」、「順時」、「應時」、「時變」、「時發」、「時舍」、「隨時」、「時止」、「時行」。從「位」之生成原理一轉為道德哲學之規範原理。倫理學上所探究之進、退、存、亡，不失其正之中道，乃是「察變」之時，待時而動，準天地四時生化之時，相應相承而生「始、壯、亢」、「終始」、「盈虛」、「消長」人道之序。天秩地序人倫咸以「時」發之，時變之，時舍之。進退存亡咸及時而立，隨時而變。故〈乾卦・文言傳〉釋九四：「或躍在淵，无咎，何謂也？」子曰：「上下无常，非為邪也，進退无恒，非離羣也。君子進德修業，欲及時也。」「時成六龍以御天，乃利貞。」合天地之德、四時之序、鬼神之吉凶，建立起完美之人格。

〈乾卦・文言傳〉：「知至至之，知終終之。」《禮記・大學》：「大學之道在明明德，在親民，在止於至善。」咸為「及時」「時止」之道，知其時而止，知其所止而至之，知其所終而終之。此即先聖先哲從變易之天行中尋出時變律則，天地、日月、四時咸準乎此變易之軌序而開展，哲人睿智進而裁天役物，正己之德立本，擴而充之利用，終于代天之道，以仁德厚其坐，乃開展儒家道德哲學理想「時中」之依據，禮樂、忠恕、仁愛、孝悌諸德均循此而立其規範。

三、論四時自然之運行變化，自天時之反復，日月之相推，幽明之相接，陰陽之消長，春夏秋冬及日月之更迭而言終始相續，循環往復之時間觀念。

四、「時」之義大矣哉：讚「時」之意，時變之觀念為聖哲從變易之現象

界所開拓出之變化法則，指引宇宙之生成變化，及道德哲學之規範之原理，建立理想價值之人格。君子隨時而動，從宜適變，不可爲典要，非道之深，知幾能權者，不能與於此也，故惟順天道以行大用，非可輕用以枉道枉人。〈彖傳〉中自然情不自禁讚嘆時之義大矣哉，用以指示時變之旨向及其價值。

　　綜上之論述，知《周易》乃一部以論宇宙變易爲主之經典。以「太極」爲宇宙萬物之本根，「陰陽」是構成變易系統各種具體物之生成原理，用以開展後物接續前物，生生不已之變化。而「動」「靜」乃是生成與變易原理得以產生之原因，故爻象徵動，當萬物起動之時，應各居其位與時消長，應時而行，不可違時，而「與時偕行」。與時偕行，即「時止則止，時行則行，動靜不失其時，其道光明。」（〈艮卦・象傳〉）由此可知，宇宙萬物乃得時而生，失時則滅，時乃生生之要義。故王弼曰：

> 時有否泰，用有行藏，卦有小大，故辭有險易。一時之制可反而爲用也；一時之吉，可反凶也。故卦以反對，而爻亦皆變。是故用无常道。事无軌度，動靜屈伸，唯變所適。故名其卦，則吉凶。從其類，存其時，則動靜應其用。尋名以現其吉凶，舉時以現其動靜，則一體之變，由斯見矣。〔註26〕

《易》之時變觀乃準乎變易之宇宙，創化之宇宙，德化之宇宙而立。卦示變易之時，爻據時而變。卦之小大，辭之險易，吉凶動靜均以時爲度，舉時以觀動靜，故時之義寓諸變。時以變爲其體，宇宙爲綿延不盡之創化歷程，時之變乃創化歷程中，綿展持續之流。據過往、現在、未來，而爲一體，成不可分割之延續。故〈繫辭下傳〉曰：

> 窮則變，變則通，通則久。

天地以生生之德肇化，生生相續，新新不停。六十四卦始于〈乾〉〈坤〉之生生之德，終於〈未濟〉「，恒處於待開待展之狀態，故《易》之時乃變易无窮，卦爻亦有其時，「六位時成」，時不可終通，故授之以極，極則窮，窮則必當以變濟以成通，通則久，久則生生不已，日新又新，以成大人之德業，故知萬物成品，本隱以之顯，由窮歷變而生通，然通不可久，若不能與時俱進，則復墜於窮。故欲通乃在於與時俱進，不可定滯於一時，亦不可拘於一位，恒變以求通。

〔註26〕同註23。

第五章　變易流行論

　　天則流行，時刻在變化。其變化之本體，即「太極」，又稱「乾元」。「元」者，始也。「元」即宇宙之本體，自身呈現其創生之真幾。故自天而言，萬物皆為其所生生，自萬物而言，則莫不資以為始。然宇宙之本體無所謂變化，乃相應天之生物，以言變化，蓋天之生物，其行也有終始歷程，故宇宙本體以此見其變化流行。天行終始承續不已，萬物即於天行終始歷程以生以成。故〈恆卦·象傳〉曰：

> 天地之道，恆久而不已也。利有攸往，終則有始也。日月得天而能久照，四時變化而能久成，聖人久於其道而天下化成；觀其所恆，而天地萬物之情可見矣。

宇宙本體是無往而不在，無時而不變，故曰：「天地之道，恆久而不已。」《禮記·哀公問》曰：

> 公曰：敢問君子何貴乎天道也。孔子對曰：貴其不已，如日月東西相從而不已也，是天道也；不閉其久，是天道也；不閉其久，是天道也；無為而物成，是天道也；已成而明，是天道也。

《論語》亦有似言，子曰：

> 逝者如斯夫，不舍晝夜。（〈子罕篇〉）

程子注曰：

> 此道體也，天運而不已，日往則月來，寒往則暑來。水流而不息，物生而不窮，皆與道為體，運乎晝夜，未嘗已也。是以君子法之自強不息。（《四書集注》）

天地萬物之本體如滔滔不絕之流水，流行變化不已，故〈繫辭上傳〉曰：

神无方而《易》无體。

〈繫辭下傳〉曰：

> 爲道也屢遷，變動不居，周流六虛，上下无常，剛柔相易。不可爲
> 典要，唯變所適。

按此流行並無定體，無思無爲，隨感而應，無不正適。故萬物化生，無非天則之流行，而宇宙之流行，就只是「生」此一動，只是「四時行焉，百物生焉」（〈陽貨篇〉），流行之處，便生物物，故〈繫辭下傳〉曰：

> 天地之大德曰生。

生統萬物，無所不通，無所不爲，「生」充塞宇宙，故〈繫辭下傳〉曰：

> 天地絪縕，萬物化醇，男女構精，萬物化生。

《誠齋易傳》讚之曰：

> 孰爲天地之德乎？一言以蔽之曰生而已，大哉乾元，萬物資始，乾
> 道變化，各正性命，雲行雨施，品物流行，此乾之所以示人以易者
> 生也。至哉坤元，萬物資生，乃順承天，此坤之示人以簡者生也。

宇宙之生，即不斷持續之變化，健行而不息，故〈繫辭上傳〉曰：

> 顯諸仁，藏諸用，鼓萬物而不與聖人同憂。盛德大業至矣哉！富有
> 之謂盛德，日新之謂大業，生生之謂《易》。

蓋宇宙之生無它，隨時變化而已。「天地位焉，萬物育焉。」人之視聽言動，喜怒哀樂。鳶之飛，魚之躍，以至鳥啼花落，山崎川流，草木之生生化化，充塞天地之間者，唯本體之流行爾。然於流行中，雖千變萬化，然無非因生而聚，因滅而散，生滅聚散之作用便是流行，故「一闔一闢謂之變」，此之謂也。然於《易傳》變易流行之內容爲何？《易·繫辭下傳》曰：

> 聖人之情見乎辭。

故吾人可由《易傳》中以窺往聖先哲於變易大化流行之特色。

第一節　自然周流

自然即天地萬物之變化，不受任何意志之支配。故《老子》曰：

> 生而不有，爲而不恃，功成而弗居。（〈第二章〉）

宇宙之事物，無時不在變化，此變化爲自然而然。孔子曰：

> 天何言哉，四時行焉，百物生焉。（〈陽貨篇〉）

使四時行，百物生者，乃天道之功用，然天道功用爲何？荀子曰：

> 萬物各得其和以生，各得其養而成，不見其事而見其功，夫是之謂
> 神：皆知其所以成，莫知其無形，夫是之謂天功。（〈天論〉）

一切之變化，皆爲自然現象。宇宙爲一自然系統，它有著自然法則，萬物之生成化育均自然而然。《易傳》中亦充分顯露此流行思想，〈繫辭上傳〉曰：

> 剛柔相摩，八卦相盪，鼓之以雷霆，潤之以風雨，日月運行，一寒
> 一暑，乾道成男，坤道成女，乾知大始，坤作成物。

乾坤二道配合以化生萬物，其之生物，乃將生生之理付之萬物，而任萬物自生自物。故〈繫辭上傳〉又曰：

> 夫《易》何爲者也？夫《易》開物成務，冒天下之道，如斯而已者
> 也。

又曰：

> 《易》无思也，无爲也，寂然不動，感而遂通天下之故。

〈繫辭下傳〉曰：

> 天下何思何慮，同歸而殊塗，一致而百慮，天下何思何慮。聖人作
> 《易》，乃準夫天地，故《易》者乃天地之道之意象呈現，而《易》
> 之道即天地之道。夫天地無心而成化，《易》既準乎天地，則亦无思，
> 无爲，而生機不息矣。又復「何思何慮」爲？

自然非有所藏而發，亦非期然而然。《易傳》中「命」之義亦然。〈无妄卦・彖傳〉曰：

> 大亨以正，天之命也。

此言以正道得之大亨，出諸自然，〈萃卦・彖傳〉曰：

> 利有攸往，順天命也。

「順天命」者，順乎天理之自然也，亦是宇宙變化之理則。又如，〈乾卦・彖傳〉曰：

> 乾道變化，各正性命。

「各正性命」，乾道，天道也。變化者，變遷消逝也。如新故無常形，消息無絕跡。始而終，終而始，始而復始，終而復終。雲行而雨施者，萬物流行，依天道而變化，皆因時而各有其生命，各適應其生命也，此生命爲天賦者也。〈繫辭上傳〉曰：

> 樂天知命，故不憂。

「樂天知命」，天地之生化無已，其流行以賦成萬物，乃不測之神功。故「知命」即任天功之運化也，所以「不憂」。然「神无方而《易》无體」，蓋天地之化，萬物之生，乃自然而變，而不知變之所由。〈說卦傳〉曰：

> 窮理盡性以至於命。

又曰：

> 將以順性命之理。

〈說卦傳〉「窮理盡性以至於命」，乃「莫之致而至」者也。「窮理」即「自明誠」之工夫，其目的在「存誠」、「明則誠矣」。「盡性」之性，乃與生俱來，不待外求天命之性，《中庸》曰：

> 唯天下至誠，爲能盡其性，能盡其性，則能盡人之性；能盡人之性，
> 則能盡物之性；能盡物之性，則可以贊天地之化育。（二十二章）

「以至於命」，命即天命，自然也。人之思想言行順應天命，即能盡己之性，盡人之性，盡物之性，則立身處事，符合天命，此即〈乾卦・文言傳〉曰：

> 與天地合其德，與日月合其明，與四時合其序，與鬼神合其吉凶。

夫人能盡性，即可以立命，與自然同造化，則可以「贊天地之化育」矣，故知《易》道自然而然，無爲而成。

宇宙乃一生生不已，自然而然；行健不息，時時在動在變之大生命，惟有變化，然後宇宙可以不窮而久，故〈繫辭下傳〉曰：

> 《易》窮則變，變則通，通則久。

變然後不窮而通，通乃久而無息。《莊子》曰：

> 物之生也，若驟若馳，無動而不變，無時而不移。（〈秋水〉）

又曰：

> 萬物化作，萌區有狀，盛衰之殺，變化之流也。（〈天道〉）

此皆在指宇宙人生之行健不息，時時在變化，宇宙成一變化之大流。而日往月來，春生夏耘秋收冬藏，動物之生老病死，植物之燦盛枯腐，水蒸成雲復作雨，滄海桑田轉去來此自然現象，於往聖人文創作中，轉化爲《周易》之圓通周流思想。

〈泰卦〉九三曰：

> 无平不陂，无往不復。

〈象〉曰：

> 无往不復，天地際也。

就物理循環言之，盛極必衰；就地形險夷之理言之，無常安平而不險陂者，謂世無常泰也。就天氣往來之理言之，無常往而不返者，於是見泰久必否，盛極必衰，乃自然之理也。自古隆盛之極，未有不因失道而喪敗者。往聖之有此見地，全然見於「圓道周流」而生。

《易傳》中論及「圓道周流」義者有：

> 亢龍有悔，盈不可久也。（〈乾卦・上九象傳〉）

此物極必反之理，日盈則昃，月盈則虧，按人之事，驕傲盈滿，好走極端，知進忘退，終必有悔也。

> 積善之家，必有餘慶，積不善之家，必有餘殃，臣弒其君，子弒其
> 父，非一朝一夕之故，其所由來者漸矣。由辯之不早辯也。《易》曰：
> 「履霜堅冰至，蓋言順也。」（見〈坤卦・文言傳〉）

積小以成大，積少以成多，種瓜者必得瓜，前因後果，互為倚伏。故《老子》曰：

> 反者道之動。（〈四十章〉）

> 禍兮福之所倚，福兮禍之所伏。（〈五十八章〉）

故凡積善之家，則福慶及於子孫，積不善之家，則災殃流於後世。人生之事由積漸而成，積漸以成周流不息也。

> 城復於隍，其命亂也。（〈泰卦・上六象傳〉）

〈序卦傳〉：「泰者，通也，物不可以終通，故受之以否。」掘隍土積累以成城，如治道積累以成泰，及泰之終，民心雜亂，國將不國，如城土傾圮，復返於隍是也。

> 七月來復，天行也。（〈復卦・象傳〉）

程子《易傳》曰：

> 反復往來，迭消迭息，七日來復者，天之運行如是也。消長相因，
> 天之理也。（卷三）

〈序卦傳〉曰：「物不可以終盡，剝窮上反下，故受之以復。」物無剝盡之理，亦即所謂物質不滅之理也。故剝極則復來，陰極則陽生。古人謂窮上反下，物極必反，其理在此。「七日來復者」，謂陽極於六，而七又復反於下矣。至於人，則靜極而動，惡極而善，人欲去而天理還，故聖人由復而見天地生生不息之心也。

> 日昃之離，何可久也。（〈離卦・九三象傳〉）

日過午後昃，而〈離卦〉二明繼照，是以前明將盡，後明將繼之時，故云：「日昃之離」。然天道盈虧，天運之常，人事盛衰，亦事理之常。時之革易，事之盛衰，均有常理在。

> 利有攸往，終則有始也。（〈恆卦・彖傳〉）

程伊川曰：

> 天下之理未有不動而能恆者也，動則終而復始，所以恆而不窮，凡天地所生之物，雖山嶽之堅厚，未有不變者也。故恆非一定之謂也，一定則不能恆矣，惟隨然變化易，乃常道也。

天地恆久之道，亦不過是終則有始，恆而不窮，如是而已矣。故〈說卦傳〉曰：

> 數往者順，知來者逆。是故，《易》逆數也。

邵康節曰：

> 數往則順，若順天而行，是左旋也，皆已生之卦也。〔註1〕

又曰：

> 知來者逆，若逆天而行，是右行也，皆未生之卦也，故云知來也。
> 〔註2〕

八卦，視其陰陽結構，實兩兩相錯。由震之一陽，而離，而兌至乾之三陽，居左，爲已生之卦，依之可以數往；由巽之一陰，而坎，而艮，至坤之三陰，居右，爲未生之卦，依之可以「知來」。數往爲陽之遞長，故曰「順」；知來爲陽之遞消，故曰「逆」。「君子尚盈虛消息」（〈剝卦・彖傳〉），由陰陽之盛衰消長往來，可以鑑往知來。而《易》在決未來之疑，故曰「逆數」也。蓋《易》逆數也，主要亦建在圓道周流義上。

然《易傳》論圓道周流之義，莫若〈繫辭下傳〉曰：

> 日往則月來，月往則日來，日月相推而明生焉。寒往則暑來，暑往則寒來，寒暑相推而歲成焉。往者屈也，來者信也，屈信相感而利生焉。尺蠖之屈，以求信也，龍蛇之蟄，以存身也；精義入微，以致用也；利用安身，以崇德也。

宇宙間之事，無非在往來相推，屈伸相感而成圓通，於進化軌跡上作循環流轉，周流而不息。天道如是，人生崇德修業，內外交養，隨順其無窮之化，

〔註1〕語見《宋元學案》卷十，〈百源學案〉、〈先天卦位圖〉。
〔註2〕同前。

亦復如是。

第二節　貞一无妄

　　「一」者至善之地，無對待之體。《易》之本體虛無，難以立說，故立一以爲用。言乎數，一則爲數之始生；言乎道，一則爲道之始生。有一則有二，則二則有三，有三則有萬，故《老子》曰：

　　　　道生一，一生二，二生三，三生萬物。（〈四十二章〉）

故守一可以制萬，凡事守一則成，二、三則敗。

　　夫一，又爲《易》之元也。〈乾卦·文言傳〉曰：

　　　　元者，善之長也。

〈繫辭上傳〉曰：

　　　　元者善也，成之者性也。

故一爲一自然而然無思無慮，無念無欲至善之體，相傳伏羲畫卦，以一畫開天地，堯舜禹心傳之門，「惟精惟一」，《老子》以抱一爲天下式，皆貞一者也。

　　《易傳》言宇宙之生，在於乾元之動，一動而天地變化，草木蕃。天下之動，其變无窮，然順理則吉，逆理則凶，則其所正而常者，一理而已矣。故〈繫辭下傳〉曰：

　　　　天地之道，貞觀者也；日月之道，貞明者也；天下之事，貞夫一者
　　　　也。

蓋天下之理，容有善而遇凶，惡有獲吉者，然非常也，惠迪吉，從逆凶，乃理之常。天地則以常者觀示，日月則以常者照臨，偶有變異非常也，故天下之動，歸之於一理。故〈繫辭下傳〉又曰：

　　　　天下同歸而殊塗，一致而百慮。

天下之事雖紛雜，而有其理則一，理者道也，執一以致之，則无慮矣，故《老子》曰：

　　　　昔之得一者，天得一以清，地得一以寧；坤得一以靈；谷得一以生，
　　　　侯王得一以爲天下貞。（〈三十九章〉）

凡天下之動，反復上下往來，皆乾元之動。蓋大哉乾元，萬物資始；至哉坤元，萬物資生，坤元即乾元，故萬物皆資天一陽氣以生也，三百八十四爻之變化，皆以乾元爲消息，故天下之動，貞夫一者也。孔子曰：

　　吾道一以貫之。（〈里仁篇〉）

孟子曰：

　　夫道一而已矣。（〈滕文公篇上〉）

天地萬物莫不以一爲本根，然其動也，各遂其性，皆守貞純一。以至誠化育萬物，無所求而得。

　　〈无妄卦・初九象傳〉曰：

　　无妄之往，得志也。

《中庸》曰：

　　誠者，物之終始，不誠無物。（二十五章）

无妄即誠，不誠无物，誠則有物，蓋宇宙之生化，本乎天道貞一至誠以往，動則順，呈顯勃然之生機。

　　无妄者，至誠無虛妄也。故无妄者，至誠無虛妄也。凡事盡其在我，聽任自然，以實心，任實事，動合天理，未嘗以人欲之私，而害天理之公也。惟其無所私欲，故稱无妄。〈无妄卦・象傳〉曰：

　　天下雷行，物與无妄，先王以茂對時，育萬物。

蓋雷以時行，而不妄行，驚蟄雷乃發聲，蟄蟲始振。物與雷俱出，而不妄出。故當雷行天下之時，鼓萬物之振起，萬物體雷行及時之義，均隨時奮勉而茂盛。於是藏者振，萌者芽，發生萬物，各正性命，無有差忒，此雷之與物，皆自然變化，而无妄也。故聖人體天之道，以養育人民，順天之時，以作育萬物，使之各遂其性，各得其宜，萬物欲生，則任其生，故《中庸》曰：

　　誠者，天之道也。（二十章）

周濂溪更以誠爲宇宙之本根，其《通書》曰：

　　誠者，聖人之本，大哉乾元，萬物資始，誠之源也。乾道變化，各
　　正性命，誠斯立焉，純粹至善者也。故曰：「一陰一陽之謂道，繼之
　　者善也，成之者性也。」元亨誠之道，利貞誠之復，大哉《易》乎！
　　其性命之源乎。〔註3〕

誠爲性命之源，故天動以誠，萬物敷生不失其信；吾人能脩內在之誠，止詐僞，復敦朴，惟公惟正，稽順天道，則天下萬物卒蒙其利。「不誠無物」者，蓋天下之亂，常生於利心，害之事起於至微，而患成於至大。故《紫巖易傳》曰：

　　化育萬物，一本於誠用，能安之治之，無求旱疾疫之災，無兵革寇

－－－－－－－－－－－－－－－－
〔註3〕語見《宋元學案》卷十一、〈濂溪學案〉，《通書》。

盜之變，薄海內外各得其生，仁之所及大矣。（卷三）

宇宙之生爲眞誠无妄矣。誠不可有私，爲者敗之，執者失之。《老子》曰：

> 聖人處無爲之事，行不言之教，萬物作焉而不辭；生而不有，爲而不恃，功成而弗居；天唯弗居，是以不去。道常無爲而無不爲。（第二章）

天道化育萬物，生生不窮，各正其性命，如是而已矣。故《中庸》曰：

> 故至誠無息，不息則久，久則徵，徵則悠遠。（二十六章）
>
> 天地之所以久，乃元妄也。人能至誠不妄，法天行事，則與天地合其德矣。與天地合其德，則得大道而利於貞正。蓋凡事出於眞誠，動合天理，雖善惡邪正，眞僞虛實，交作於心，起伏於世變，但善之爲善，正之爲正，實之爲實，其大經大本，則爲不變之律則也。

第三節 常體變用

中國哲人於宇宙人生之流變，多有深澈之見解，多數先哲承認變易爲普遍之事實，而於變易之中有其常則。昔孔子於川上有「逝者如斯夫，不舍晝夜」之嘆，慨嘆宇宙一切莫不在於變易之中，逝逝不已如川流不息，又云：「齊一變，至於魯；魯一變，至於道。」歷史文化必然經累積傳承而變化，孔子之言蓋深得變易之奧旨。先秦諸哲，多具有變之觀念。

《詩經·摽有梅》一詩，即從「其實七兮」至「其實三兮」至「頃筐塈之」，〔註4〕運用梅子成熟而落地數量之增加以至頃筐拾掇，來敍述時間之流變，而女子有感於歲月飛馳，青春易逝而渴望求士之急切心理。

屈原〈離騷〉：「日月忽其不淹兮，春與秋其代序」，「時繽紛其變易兮，又何可以淹留。」於雄渾之詩篇中，充滿著人面對恆常變動不居之時空之流，而抒寫出千古共悲之情懷。

《春秋左氏·昭公三十二年傳》：「社稷無常奉，君臣無常位，自古以然。故《詩》曰：『高岸爲谷，深谷爲陵。』三后之姓於今爲庶，主所知也。」自然時空有其變異，人事亦然無常。

〔註4〕見《詩經·國風》卷一，〈召南·摽有梅〉：「摽有梅，其實七兮。求我庶士，迨其吉兮！」「摽有梅，其實三兮。求我庶士，迨其今兮！」「摽有梅，頃筐塈之。求我庶士，迨其謂之。」

　　《老子》有「大曰逝，逝曰遠」（〈二十五章〉），「周行而不殆」（〈二十五章〉），「反者道之動」（〈四十章〉）之言。由大而逝，由逝而遠，由遠而反，宇宙乃是逝逝不已之無窮往復之歷程。

　　稍晚於老子之惠子有「日方中方睨，物方生方死」（〈天下篇〉）之論，一切萬事萬物於時空之流中皆遷變無息。

　　《莊子》承老、惠之影響，亦極言變之道，《莊子》常言「萬物之化」（〈人間世篇〉），「物之化」（〈德充符篇〉），「萬化而未始有極也」（〈大宗師篇〉），「物之生也，若馳若驟，無動而不變，無時而不移」（〈秋水篇〉），及「萬物化作，萌區有狀，盛衰之殺，變化之流也。」（〈天道篇〉）以為變化為普遍存在之事實，一切均處無息之變動流轉中。

　　論宇宙時空長流變移最詳密者，莫如《易傳》，於《易‧繫辭傳》及〈序卦傳〉中，有更周全深刻之發揮，知時間接續之無限流動性，得失之無常性，禍福之變化性，明變乃宇宙萬物進化生生不息之基本原則。故《易緯乾鑿度》曰：

　　　　孔子曰：「《易》者，易也，變易也，不易也。」（卷上）
鄭康成《易贊》及《易論》亦曰：

　　　　《易》一名而含三義：易簡一也；變易二也；不易三也。（《周易正義‧序》）
〈繫辭傳下〉又曰：

　　　　《易》之為道也屢，變動不居，周流六虛，上下无常，剛柔相易，
　　　　不可為典要，惟變所適。

《易傳》認為一切事物均在變化遷流中，宇宙乃一變化之大歷程，然宇宙萬殊，而其理則一，適其理則天下萬物具備，此乃簡易之理。同時，於生生不息萬化之中，又存在一簡易原理，是為簡易之道。宇宙現象頃刻萬變，四時行焉，萬物生焉，惟變所適。然此一簡易之變易原理於相對變化之中，有其絕對性之存在。日往月來，寒暑相易，萬物變動不居，如〈繫辭傳〉曰：「一闔一闢，上下无常。」然其變易之本體不變，唯象相異而已，故於變易之中，有一存在永恆不易之理焉。

　　宇宙萬事萬物，正如蘇東坡於〈前赤壁賦〉所言：

　　　　客亦知乎水與月乎？逝者如斯，而未嘗往也；盈虛者如彼，而卒莫
　　　　消長也。蓋將自其變者而觀之，則天地曾不能以一瞬；自其不變者

而觀之，則物與我皆無盡也。

程子曰：

> 天地之化，雖廓然無窮，然而陰陽之度，日月寒暑晝夜之變，莫不
> 有常，此道之所以為中庸。〔註5〕

變化雖然無窮，但有常而不紊，故一切事理均在不易之原則中變易。萬物固然無時無刻不在變化，然變化必遵循不變之法則，故不易為物之本體，現象變易為物之用，而簡易者為變之理序。現象與本體是一而二，二而一，乃一而非二。「即體即用」，「即用即體」，「即現象即本體」，「即本體即現象」。體與用之關係乃是體因用顯，用因體成。體非超越現象界所獨在，亦不可離生命體而孤言，乃是內在於現象界，大化流行於萬物群品中，以顯現不易之道體。故〈繫辭傳〉曰：

> 神无方而《易》无體，《易》无體以變易生化為其體。

萬物雖變動不居，然而變中有常。變所以有常，因變不可亂。變化是循理致而行，有其不易之則，此不易之則曰「常」，〈繫辭上傳〉曰：

> 動靜有常，剛柔斷矣。

〈恆卦·象傳〉曰：

> 天地之道，恆久而不已也。利有攸往，終則有始也。日月得天能久
> 照，四時變化而能久成，聖人久於其道而天下化成。觀其所恆，而
> 天地萬物之情可見矣。

能識宇宙恆常之理，則天地萬物之情可見。然變之有恆常之理，因變不可亂，故〈繫辭上傳〉曰：

> 言天下之至動而不可亂也。

天下事物，變動至極而不可亂，〈說卦傳〉曰：

> 昔者聖人之作《易》也，將以順性命之理，是以立天之道曰陰與陽，
> 立地之道曰柔與剛，立人之道曰仁與義。兼三才而兩之，故《易》
> 六畫而成卦，分陰與陽，迭用柔剛，故《易》六位而成章。

《荀子·天論篇》亦曰：

> 天不為人之惡寒而輟冬，地不為人之惡遼遠而輟廣，君子不為小人
> 之匈匈也輟行。天有常道矣，地有常數矣，君子有常體矣。

在天陰陽對立而迭運，是天變化之常則，是謂天道。在地柔剛對立而相推，是

〔註5〕語見《宋元學案》卷十五、〈伊川學案〉、語錄。

地變化之常則，是謂地道。在人仁義對待而相濟，是人事之準衡，是謂人道。分而言之，天道地道人道爲三；合而言之，惟一陰一陽而已。〈繫辭上傳〉曰：

> 一陰一陽之謂道。

《易傳》亦言「道」，所謂「道」即變化之常則。「天生蒸民，有物有則」，宇宙間有變易恆常之現象，就有恆常不易之本體。《易》之本體爲「太極」。〈繫辭上傳〉曰：

> 是故《易》有太極，是生兩儀，兩儀生四象，四象生八卦。

太極生兩儀，即陰與陽或剛與柔相推而生變化，萬事萬物透過相反相生以成，〈繫辭傳〉雖言「是故《易》有太極，是生兩儀」，然又言：

> 神无方而《易》无體，一陰一陽之謂道。

一陰一陽即是兩儀，因而太極即是道，道即是太極。韓康伯注曰：

> 道者何，無之稱也。無不通也，無不由也。況之曰道，寂然無體，而道可見矣。參故窮變以盡神，因神以明道。陰陽雖殊，無一以待之。在陰爲無陰，陰以生之。在陽爲無陽，陽以成之，故曰一陰一陽也。（卷七）

道無所不通，無所不由，亦不爲一方一物所拘，故以神稱之。王船山《周易外傳》曰：

> 道者，物之所眾著而只由者也。物之所著，惟其有可見之實也。物之所由，惟其可循之恆也。（卷五）

戴震《孟子字義疏証》曰：

> 道，猶行也。氣化流行，生生不息，是故謂之道。（〈天道〉）
> 在天地，則氣化流行，生生不息，是謂道。（〈道〉）

因道無方無體，不同於現象界，即須賴宇宙萬象之變化，以顯其大用。就《易》而言，即通過陰陽之變化，「陰生陽，陽生陰，其變無窮」。〔註6〕陰陽之變化象也，透過象以識本體之道。故〈繫辭上傳〉曰：

> 聖人設卦，觀象繫辭焉而明吉凶，剛柔相推而生變化，是故吉凶者，得失之象也；悔吝者，憂虞之象也；變化者，進退之象也。剛柔者，晝夜之象也。六爻之動，三極之道也。

然此一陰一陽之道，爲無形無體者，〈繫辭上傳〉曰：

> 形而上者謂之道，形而下者謂之器。

〔註6〕語見朱子《周易本義‧繫辭上傳》第五章，釋「生生之謂《易》」。

孔穎達《周易正義》曰：

> 道是無體之名，形是有質之稱。有從無而生，形由道而立，是先道
> 而後形，是道在無形之上，形在道之下。

形而上為形之所由生之本者，形而下即有定形者。具體可識之物皆有定形，
乃為器。而由陰陽之對立迭運所以生成具體之物者，則是道。有質之形器由
道所由生，因此道在形之上，形在道之下，無道則器不能成形，故先有道而
後成形。道無形體，而變易歷程亦無形體，故「神无方而《易》无體。」變
易為一現象之歷程，故〈繫辭下傳〉曰：

> 《易》之為書也不可遠，為道也屢遷，變動不居，周流六虛。

《易》道周流六虛，變動無常，故孔穎達釋《易》為「變化之總名，改換之
殊稱」，一切事物均在「生生不絕，陰陽轉變，後生次於前生」，故「生生之
謂《易》」。生生即透過宇宙自然之新陳代謝而產生變化，亦即湯之〈盤銘〉：
「苟日新，日日新，又日新」之意。而孔穎達亦再加以釋解：

> 自天地開闢，陰陽運行，日月更出，孚萌庶類，亭毒群品，新新不
> 停，生生相續，莫非資變化之力，換代之功。

宇宙自然恆常地「新陳代謝」，創新乃由過去事物中孕含化成。然於新陳代謝
中所有萬象無不有道，朱熹曰：

> 太極只是天地萬物之理，在天地言，則天地中有太極，在萬物言，
> 則萬物中各有太極。〔註7〕

朱熹又曰：

> 太極只是一箇理字。〔註8〕

天地有一理，萬物亦各自有一理，此理一分殊，正如熊十力《體用論》所曰：

> 余以為宇宙實體，不妨假說為能變。云何知有實體，以萬變不是從
> 無中生有故。猶如眾漚，非無大海水可得起故。(〈明變〉)

熊十力自注曰：

> 眾漚，以比喻萬變，大海水，以此喻實體。

天地萬物只此一理，為宇宙之本體。人世之道乃宇宙之道，其現象乃體變化
之用。宇宙間有變易無常之現象，「在天成象，在地成形，變化見矣。」即有
恆常不易之本體，無大海水即無眾漚。而此變易無常之現象，「即以本體備萬

〔註7〕語見《朱子語類》卷一，〈理氣上〉、〈太極天地上〉。
〔註8〕同前。

德，涵眾理，顯而為大用流行，以現似萬物，變動不居。」萬物無實之自體，祇依大用流行而名之耳。故〈繫辭下傳〉曰：

> 《易》窮則變，變則通，通則久。

萬物在遷移中，無一刻靜止，宇宙便是一變化之大流，故變易為用。由體成用，即由不易變易；即用識體，是由現象變易而見其本體之常。

第六章　變易思想論

第一節　倫理思想

　　《易》本卜筮之書，然占卜之理論，是以宇宙變易爲基礎。蓋作《易》者，蓄積精深之人生經驗，能體察出吉凶悔吝，常生於變動之中，此即「吉凶悔吝，生乎動者也。」而變動是由陰陽兩種不同性質相遇而生，故〈繫辭上傳〉曰：

　　　　剛柔相推而生變化。

〈繫辭下傳〉曰：

　　　　剛柔相推，變在其中矣。

由陰陽之變化而成八卦，再推衍爲六十四卦，在此演變過程中，出現有「數」與「象」之觀念。古人以六十四卦，三百八十四爻之演變，象、數以象徵宇宙人生之變化。在於變化之中，尋出規律來，以爲吉凶悔吝之價值判斷，漸漸轉化爲人生行爲之規律。

　　《易》以太極爲天地萬物之元。〈繫辭上傳〉曰：

　　　　是故《易》有太極，是生兩儀，兩儀生四象，四象生八卦。

《易緯乾鑿度》曰：

　　　　《易》始於太極，太極分而爲二，故生天地，天地有春夏秋冬之節，
　　　　故生四時。四時各有陰陽剛柔之分，故生八卦。八卦成列，天地之
　　　　道立，雷風水火山澤之象定矣。

《易》以太極爲天地萬物之元，是以天地萬物由太極而生。

「《易》有太極，太極生兩儀」，兩儀爲乾坤，乾坤就是陰陽，陰陽之性爲柔剛。陰陽之思想，爲中國最古之思想，亦爲最具影響力之觀念。王船山《周易內傳》曰：

> 《易》者，互相推移以摩盪之謂。《周易》之書，乾坤並建，以爲首，
>
> 《易》之體也；六十二卦錯綜乎三十四象而交列焉，《易》之用也。
>
> 純乾純坤未有《易》也。而相峙以並立，則《易》之道在。（卷一）

王船山解釋《易》卦，建立「乾坤並建」之原則。就天地萬物而言，乾坤爲萬物之元，《易》曰：

> 大哉乾元，萬物資始，乃統天。（〈乾卦‧彖傳〉）
>
> 至哉坤元，萬物資生，乃順承天。（〈乾卦‧彖傳〉）

〈繫辭上傳〉曰：

> 是故闔戶謂之坤，闢戶謂之乾。一闔一闢謂之變，往來不窮謂之通。
>
> 見乃謂之象，形乃謂之器。

萬物有形，形乃謂之器，在形器之上有象，象爲可見之變，而象之上有視而不可見之乾元與坤元在變化。乾坤爲一闔一闢，在一闔一闢相對之變化中，有一絕對之本體存在，此本體稱之爲太極，太極方爲形上之本體，爲宇宙變化之本源。

中國之形上學，建立在《周易》基礎上。《周易》爲論宇宙變化之書，六十四卦無非爻之變動，若使爻不變，即不成爲卦。爻象徵宇宙現象，宇宙現象無時不在變。故〈繫辭下傳〉曰：

> 爻也者，效天下之動者也。

宇宙萬物變動不已，《易》以天道爲行健，人法天道之行健而自強不息，故〈乾卦‧象傳〉曰：

> 天行健，君子以自強不息。

由〈乾卦‧象傳〉可知，《易傳》不在講宇宙之變化，而在於以宇宙變化之道，用之於人事。人爲宇宙之一分子，且爲萬物之靈，與天地三足而立，稱之爲「三才」。〈繫辭下傳〉曰：

> 《易》之爲書也，廣大悉備，有天道焉，有人道焉，有地道焉。兼
>
> 三才而兩之，故六。六者，非它也。三才之道也。

〈繫辭上傳〉曰：

> 《易》有聖人之道四焉，以言者尚其辭，以動者尚其變，以制器者

尚其象，以卜筮者尚其占。

皆取法《易》象，應用於吾人之行爲也。故馮友蘭曰：

六十四卦中之「象曰」，皆言《易》象之可爲人事所取法。〔註1〕

又曰：

總之，《易》之一書即宇宙全體之縮影，吾人行爲，能取法於《易》，

即可不致有錯。〔註2〕

《易傳》可資人事取法者有政治、社會、刑政、教育、倫理等思想。《易》爲君子謀，在造就能成德成治之君子，故《易傳》之倫理思想亦著重在德性實踐之涵養。

　　西方古代哲學，於形上學研究之後，開展出專就道德理論探討之哲學，即吾人所稱之「道德哲學」。然道德哲學實含道德意識、道德判斷及道德人格之研究。其中道德人格之研究，即所謂「倫理學」之理論。〔註3〕

　　在中國道德哲學之發展超越西方，因爲中國哲學基本是以道德實踐爲中心，目的在成就道德人格。以實踐力行爲基礎之思想，哲學亦較易於落實。

　　《易傳》在中國思想中，不在於卜筮以知未來吉凶福禍，而在於以天道引出人道，使人仿效天地乾坤之道而有倫理道德。吾人研幾《易》理，以其內蘊之倫理思想，引以爲人處世修持之道，〈繫辭上傳〉曰：

是故卦有大小，辭有險易。辭也者，各指其所之。

故〈繫辭下傳〉曰：

危者使平，易者使傾，其道甚大，百物不廢，懼以終始，其要无咎，

此之謂《易》之道也。

《易傳》之性與天道爲倫理思想之所繫。〈繫辭上傳〉曰：

一陰一陽之謂道，繼之者，善也。成之者，性也。

〈繫辭下傳〉曰：

乾坤其《易》之門邪？乾陽物也；坤陰物也。陰陽合德，而剛柔有

體；以體天地之撰，以通神明之德。

乾爲陽爲天爲父，坤爲陰爲地爲母。天地陰陽交而萬物生，故舉乾陽坤陰，

〔註1〕語見馮友蘭著《中國哲學史》，第一篇第十五章〈易傳及淮南鴻烈中之宇宙
　　　論〉，頁475。
〔註2〕同前，頁477。
〔註3〕參見勞思光先生著《哲學淺說（三）‧道德哲學》。

而天地人生之道盡矣。〈乾卦・象傳〉曰：

> 乾道變化，各正性命，保合太和。

〈說卦傳〉曰：

> 昔者聖人之作《易》也，將以順性命之理。是以立天之道，曰陰與
> 陽；立地之道，曰柔與剛；立人之道，曰仁與義。

由上可知，《易》道之大用，涵三才之道於性命之道中，能如是者，即能與天地合其德，與日月合其明，與四時合其序，與造化合其體，與宇宙合其終始矣。

　　蓋人能用《易》，是爲知《易》，《易傳》主要精神以人生價值爲中心，〈繫辭上傳〉曰：

> 明於天之道，而察於民之故，是興神物，以前民用。

又曰：

> 八卦定吉凶，吉凶生大業。

又曰：

> 《易》與天地準，故能彌綸天地之道。

前言所謂「民用」，所謂「大業」、所謂「天地之道」等，皆要求於用世。民用《易》道以生大業，然大業必以「天地之道」爲準。天地之道即指倫理道德而言。〈序卦傳〉曰：

> 有天地然後有萬物，有萬物然後有男女，有男女然後有夫婦，有夫
> 婦然有父子，有父子然後有君臣，有君臣然後有上下，有上下然後
> 禮義有所錯。

《易》道乃觀天道以察人道，故《易傳》之倫理思想，在應用陰陽二元原理於倫常上，最能顯示《易傳》倫理思想者，在〈家人卦〉之〈象傳〉，〈象〉曰：

> 家人，女正位乎内，男正位乎外，男女正，天地之大義也，家人有
> 嚴君焉，父母之謂也，父父子子，兄兄弟弟，夫夫婦婦，而家道正，
> 正家而天下定矣。

吾人據此價值而隆正倫理生活，又六十四卦〈象傳〉中，凡以「君子以」或「大人以」者，乃以此君子之道爲價值理想，人秉之以修持，蔚成彬彬之理想人格—「君子」。故《易傳》之倫理思想約可分爲一、修身；二、齊家；三、處世而言。

一、修　身

　　《易傳》倫理思想中，論及修己治人之方法與原則特多，蓋人當先能修己，而後能安人。《禮記・大學》曰：

> 古之欲明明德於天下者，先治其國；欲治其國者，先齊其家；欲齊其家者，先修其身。

「明明德於天下者」，在欲使天下之人皆有以明其明德也，此安人也。修身者，明明德之事也，乃天下之本也，《易傳》中論及修身者，分節以釋明之。

（一）卑謙自修

〈謙卦・象傳〉曰：

> 謙謙君子，卑以自牧。

孔穎達《周易正義》曰：

> 卑以自牧者。牧，養也，解謙謙君子之義；恒以謙卑自養其德也。

人情貴尊而賤卑，好高而惡下。人處潛藏之位，爲初學立志之始，故謙以修己，以柔處下，在求進於道，君子之謙，非以悅人也。以遜志於道，涵弘光大，君子之修也日見不足而日益，下學上達，馴至浩瀚無窮之域也。

　　謙德貴柔，柔則如水。《老子》曰：

> 上善若水，水利萬物而不爭。（〈八章〉）

《紫巖易傳》曰：

> 自天子至庶人，未有不謙而能保國持身。謙則虛，虛則久，久則光大之道也。惟有德者能謙。（卷二）

《童溪易傳》曰：

> 夫謙，早德也。初，卑位也。養德之地，未有不基於至卑之所，所養也。至則愈卑而不卑矣，此自養之力也。（卷八）

君子有「謙之又謙」之德者，非偶然之掩抑，乃德性之沖虛，掩抑之德，不足稱爲德，此德性之沖虛在於「卑以自牧」，即在人情世故歷練中，自修其謙沖之德，以至圓慧之域。

（二）日新其德

　　子曰：「逝者如斯夫，不舍晝夜。」蓋孔子慨嘆宇宙之變化不居，然人之德業，亦因隨時變化而無窮不斷，由微而著，積小至大。其時時刻刻在累積創新，自往而來，恢弘擴大無己，故《中庸》孔子曰：「溫故而知新。」（二

十七章）孔門最重一「新」字。

故〈大畜卦・象傳〉曰：

　　大畜剛健篤實，輝光日新其德，剛上而尚賢，能止健大正也。

〈繫辭上傳〉曰：

　　日新之謂盛德。

《紫巖易傳》曰：

　　大畜剛健篤實輝光，日新其德，此聖人靜止法天之學。夫剛德吾性所
　　固有，非靜止不撓，則剛德有時而喪，篤實輝光何自而生，惟剛德內
　　畜，輔之以健，誠於是充，業於是著，德之日新孰禦也哉。（卷三）

蓋剛德之人，常不能下人，往往心多好勝，必无心處一而定，此剛毅不撓之
才，非有德故也。唯有定始有光明，若常移易不定，何求光明？《大學》「定
而后能慮」，人心多，則无由光明。吾人欲求光明，則須日新其德。日新所謂
悠久无疆也，日新其德即光明其德也。吾人欲日新其德，唯先「多識前言往
行，以畜其德。」（〈大畜卦・象傳〉）夫古聖賢之嘉言善行，皆理之所在，乃
古人之德也，君子居則多聞而深識之，觀其用，求其心，則萬理會通於我，《易》
道萬古而常新，所畜之德大矣。

　　畜德於人，則畜賢也。夫剛健則不息，篤實則悠久，兩者合一，畜而為
德，則能為君子也。為君子者能「天行健，君子以自強不息。」能日新无窮，
進而不已，自畜其德者也。日新其德乃畜德也，然畜德也者，畜賢之本也；
畜賢也者，畜德之效也。故人之日新其德，在於成就君子，《尚書》湯之盤
銘曰：

　　苟日新，日日新，又日新。

伊尹之訓曰：

　　終始惟一時，乃日新。

湯銘乃自警之辭，欲人之清濯其心以去惡，如沐浴其身以去垢，然滌其舊染
之污，在於自新，自新之工夫，在於日新者之德日日新之又日新之，不可間
斷，必至光明盛大處，即臻成就君子之境界。成就君子只為修身，其終在於
人君尚賢，人君任賢使能則國治，故日新其德乃養賢之正道，亦即「身修而
后家齊，家齊而后國治，國治而后天下平矣。

　　蓋人之有德，猶其有身；德之本明，猶身之本潔也。德雖明然易受利欲
迷昏，猶如潔淨之身易受塵垢所污染也。故存養省察之功夫，真有以去其前

日蒙受利欲之迷昏而自新，則亦如頂禮清泉而有以去其前日塵垢之污染也。然雖日新其德，而自新之功不繼，則利欲交至，將復有如前日之迷昏。猶潔淨之身，而潔淨之功不繼，則塵垢之污染，亦復至其身。故必因其已新而日日新之，又日新之，使其存養省察畜德之功無少間斷，則德業常明，而不爲利欲所昏。亦如人日日沐浴，又無日而不沐浴，則身常潔清，而不復爲塵染所污也，故〈恒卦・象傳〉曰：

> 恒久也，久於其道也，天地之道恒久而不已也。利有攸往，終則有始也。日月得天而能久照，四時變化而能久成，聖人久於其道，而天下化成，觀其所恒而天地萬物之情可見矣。

項安世《周易玩辭》曰：

> 恒曰天地之道，恒久而不已也。利有攸往，終則有始也，明道在不已，所以能久也。已者，止也。止則廢，廢則不久矣。書曰終始惟一時，乃日新不已，然後能終始惟一也。（卷七）

（三）遷善改過

　　〈益卦・象傳〉曰：「尹子以見善則遷，有過則改。」人性之德有時而不明，難免受利欲之迷昏，而利欲迷昏易造成：一爲意氣用事，一爲欲壑難填。由意氣用事，常生忿怒怨恨之激行。由於一時之激行，小者鑄成終身之錯，大者陷天下生靈於塗炭。聲色貨利爲人之大欲，欲而不明，小者爲非作歹，大者驕奢淫佚，痛毒天下。故君子於日新其德時，必先頂禮清泉，以去塵垢。取〈益卦〉「雷以動之，風以散之」之意，如二月雷聲啓蟄，春風便長養萬物，八月雷擊收斂，秋風便殘殺萬物，君子知春風之長物，故見賢而思齊焉，知秋風之殺物，故有過則必改之。《論語》孔子曰：

> 德之不脩，學之不講，聞過而不能徙，不善不能改，是吾憂也。（〈述而篇〉）

荀子曰：

> 見善，修然必以自存也；見不善，愀然必以自省也。善在身，介然必以自好也；不善在身，菑然必以自惡也。（〈修身篇〉）

夫過者，人欲之私也。善者，天理之公也。人能去得一分人欲，則存得一分天理。見人之有善，必以之來省察整飾自己，則善益增；見人之不善，亦必戒慎恐懼之修省自己，知己有過則速改，則過益寡。此即〈乾卦・文言傳〉所言「君子敬德修業」也。而君子「見善則遷」，所以增其德行也，此日新其

德之積極義；而「有過則改」，乃在消融生命之迷昏，此日新其德之消極義也。

　　人非聖人，孰能無過，知其不善則改之，改之則爲君子矣。〈損卦・象傳〉曰：

　　　　君子以懲忿窒慾。

懲忿窒慾，蓋言脩德之始，務損去其惡也，其惡既損，則見善自遷矣。然見善而遷，復有「有過則改」者何？並非懲忿窒慾未盡也。〈繫辭下傳〉孔子曰：

　　　　顏氏之子，其殆庶幾乎？有不善未嘗不知，知之未嘗復行也。《易》
　　　　曰：不遠復，无祇悔，无咎。

蓋顏子三月不違仁，則亦有違仁矣；不遠復，則亦有未復之時也。行事有失，不遠即復之於善，此「復」之功夫，乃修身之道也。故顏子「克己復禮」之始，於視聽言動之非禮者，皆勿而絕之，此「懲忿窒慾」也。及其自新其德，及得一善，則拳拳服膺，而又弗失，此「見善則遷也」，有不善未嘗不知，知之未嘗復行，此所謂「有過則改」也。故孔子讚之曰：「不遷怒，不貳過」。如此日新其德，損益之道盡矣。

（四）慎言養德

　　〈頤卦・象〉曰：「山下有雷頤，君子以慎言語，節飲食。」程《傳》曰：「君子觀其象以養其身，慎言語以養其德，節飲食以養其體。」頤義爲養，頤以道德仁義之養爲貞，失君子之得也，不以其道得之，富貴不處，貧賤不去，無終食之間違仁，凡此皆自求之正者也。君子頤養，當知養其生、養其德。夫養其德者，乃順天德以養，養之以「持其志，無暴其氣」。（〈公孫丑篇〉）蓋能持其志，而無亂其氣，方能不妄以喜怒哀樂於人。「慎言語」者乃養持志無暴之進路也。天下之害，不出言語飲食二事，於動知止，其害乃除。故王船山《周易內傳》曰：

　　　　飲食言語，皆由於口，言欲出而慎之，食欲入而節之，不宣志而導
　　　　欲，常使如山下之雷，不迫不濫，樞機謹而心存，嗜欲制而理得，
　　　　皆所以養也。

　　夫言語飲食至微，於微能知所慎節，以內修其心，外修其行，內修其神，外修其德。果能不以貧賤飢渴害其心，不以聲色臭味汨其性，則自一身以至天下莫不皆得其養而正，故知慎言養德乃修身立命之大端。

二、齊　家

　　古代宗法社會，以家族爲社會國家構成之基，國之本在家。先儒講內聖外王，由格物、致知、誠意、正心、修身、齊家、治國、平天下，外王之理想，建立於內聖之功夫上，故治國必先齊家，《易傳》論齊家之道有三：

（一）貞定家道

　　吾國社會組織，歷千年而不衰者，在於有健全之倫理組織，故〈說卦傳〉曰：

> 有天地，然後有萬物，有萬物，然後有男女；有男女，然後有夫婦；
> 有夫婦，然後有父子；有父子，然後有君臣；有君臣，然後禮義有
> 所措。

此層層進化之倫理組織，爲吾國所固有，而此倫理組織之基石在於「家庭」。
〈說卦傳〉又曰：

> 乾，天也，故稱乎父。坤，地也，故稱乎母。震一索而得男，故謂
> 之長男，巽一索而得女，故之長女。坎再索而得男，故謂之中男，
> 離再索而得女，故謂之中女。艮三索而得男，故謂之少男。兌三索
> 而得女，故謂之少女。

可知家庭組織之完整，井然有序，然家庭組織之首要任務，在於男女之婚姻，
故〈歸妹卦‧象傳〉曰：

> 歸妹，天地之大義也。天地不交，而萬物不興。歸妹，人之終始也。
> 說以動，所歸妹也。

王弼注曰：

> 陰陽既合，長少又交，天地之大義，人倫之終始。

程子《易傳》曰：

> 天地不交，則萬物何從而生。女之歸男，乃生生相續之道，男女交
> 而後有生息，有生息而後其終不窮；前者有終而後明始，相續不窮，
> 是人之終始也。

歸妹，嫁女也。《禮記‧禮運》篇：「男有分，女有歸。」此所以成夫婦也。歸妹乃由自然意義之男女臻於人倫境域之夫婦。男女婚媾，而成化育之功，天下萬物，莫不皆然。天地陰陽不交，則萬物何從而生，男女之婚媾不配，則生息何由所有。故男女交而後有生息，有生息而後相續不窮，故爲人道之始也。

「君子之道，造端乎夫婦」（《中庸‧十二章》），夫婦感情之交融爲家齊之本，夫婦之情不能相感，則致倫常乖戾。故〈咸卦‧彖傳〉曰：

> 咸，感也。柔上而剛下，二氣感應以相與，止而說，男下女，是以亨，利貞，取女吉也。

有感必有所應，凡物相感，則有亨通之理，夫相感應，生成之道也。《荀子》曰：

> 《易》之咸，見夫婦。見夫婦之道，不可不正也，君臣父子之本也。咸，感也。以高下下，以男下女，柔上而剛下，聘士之義。親迎之道，重始也。（〈大畧篇〉）

夫婦之道不可不正，不以正則入於惡矣。〈小畜卦‧九三象傳〉曰：

> 夫妻反目，不能正室也。

程子《易傳》曰：

> 夫妻反目，陰制於陽者也；今反制陽，如夫妻之反目也。反目謂怒目相視，不順其夫而反制之也。婦人爲夫寵惑，既而遂反制其夫，未有夫不失道而妻能制之者也。

夫唱婦隨，正室也。今夫妻怒目相視，夫不能悅畜於妻，妻反制其夫，是不能正室也。家室不能正，焉能治國？故〈家人卦‧彖傳〉曰：

> 家人，女正位乎內，男正位乎外，男女正，天地之大義也，家人有嚴君焉，父母之謂也，父父、子子、兄兄、弟弟、夫夫、婦婦，而家道正，正家而天下定矣。

故家人者，齊家之道，父子之親，夫婦之義，尊卑長幼之序，正倫理，篤恩義，家人之道也。然正家之道，先從內起，亦即女正則男正矣，故〈家人〉卦辭曰：「利女貞」也。程子《易傳》曰：

> 家人之道，利在女正，女正則家道正矣。夫夫婦婦而家道正。獨云利女貞者，夫正者身正也，女正者家正也。女正則男正可知矣。

王船山《周易內傳》曰：

> 家人之始於纖細而放乎淫辟、情窳、起居、飲食、衣裳，容止之節，皆眞妄之原，父道不瀆，閑而正之者母也。故凡夫婦之不類，兄弟之不若，皆母不嚴而縱之於父所不及知之地。

端正家道，在乎正位，夫婦合乎內外之道，然後父尊子卑兄友弟恭夫制婦順，各盡其道，而家道順矣。推此正家之道，可以及於天下，故曰：「正家，而天

下定矣。」

（二）情貴恒德

　　〈序卦傳〉曰：「夫婦之道，不可以不久也，故受之以恒。恒，久也。」
夫婦所期望者，白頭偕老，百年好合。丈夫有求於妻者守貞也，而妻所盼於
夫者專情也。故〈睽卦・象傳〉曰：

>　　二女同居，其志不同行。

程子《易傳》曰：

>　　二女同居，其志不同，行亦有睽義。

《周易時論》曰：

>　　二女後天同居，以志不同行而睽。女以嫁爲行，兩陰莫適爲主，革
>　　猶姊妹，睽則嫡庶，妒不免矣。〔註4〕

蓋二女同居一室，其志不同，不循其分競進，則不能正室也。故〈革卦・象
傳〉曰：

>　　革，水火相息，二女同居，其志不相得。

王弼注曰：

>　　凡不合而後乃變生，變之所生，生於不合者也。故取不合之象以爲
>　　革也，息者，生變之謂也。火欲上而澤欲下，水火相戰而後生變者
>　　也。二女同居而有水火之性，近而不相得也。

二女同居，其婚配之志不得遂，故相斥以怨，由此知夫婦之道在於恒德，〈家
人卦・象傳〉曰：

>　　君子以言有物，而行有恒。

君子以修身爲齊家之本，故言必有物以盡其誠，行必有恒以守其信，誠信立，
則身修而家齊矣，而家齊之家，男貴乎情專，而女貴其德貞，〈恒卦〉六五曰：

>　　恒其德，貞。婦人吉，夫子凶。

程子《易傳》曰：

>　　夫以順從爲恒者，婦人之道，在婦人則爲貞，故吉。若丈夫而以順
>　　從於人爲恒，則夫其剛陽之正，乃凶也。

又，〈象傳〉曰：

>　　婦人貞吉，從一而終也；夫子制義，從婦凶也。

〔註4〕語見方孔炤著《周易時論合編》，卷五。

程子《易傳》曰：

> 婦人以從爲正，以順爲德，當終守於從一夫子，則以義制者也，從
> 婦人之道，則爲凶也。

《易傳》以天地永恒之道，勉人有始有終之義，「不恒其德，无所容也」（〈恒卦・九二象傳〉）蓋婦人以從爲正，以順爲德，自始至終，以順從一夫爲善，故曰：「恒其德貞」。然夫婦之道，應彼此相互尊重，男女恒常貞一其德，男動乎外，女順乎內，夫唱婦隨，剛柔相濟，乃家道之常也。

（三）慎終追遠

天地創生萬物，爲一切生命之始，而祖先給予吾人生命，故祖先之恩典，與天地並論。祭祀祖先，爲「報本返始」、「慎終追遠」之精神。《禮記・祭義》曰：

> 聖人反本復始，不忘其所由生也。

又〈郊特牲〉曰：

> 萬物本乎天，人本乎祖，此所以配上帝也；郊之祭也，大報本反始
> 也。

報本必須復始。復始者不忘生命之原始；報本者，不忘其給予生命之恩。然祭祖又爲教化之本，《禮記・祭統》曰：

> 祭者，教之本也。

《論語》載曾子曰：

> 慎終追遠，民德歸厚矣。（〈學而篇〉）

爲使「民德歸厚」，必須「慎終追遠」也。「慎終追遠」爲主、爲本，「民德歸厚」爲從、爲末，而生者始，死者終，生者近，死者遠。「慎終」，所以知慎始；「追遠」，因而不忘其近。知所慎始，則生之理順；不忘其近，則生之德備，理順而德備，故曰：「民德歸厚矣。」《荀子》曰：

> 天地者，生之本也，先祖者，類之本也。（〈禮論〉）

先祖爲類之本，故當尊而祀之。祝之者，所以報先祖之恩也。報之之道，一在祭之，祭之所以通幽明，如見其形，如聞其聲；一在效之，效之所以立人極，「立人極」在能繼志，在能述事，而述事所以成全其繼志也。此由古人之精神，感發吾人之精神，而吾人之精神復回抱於古人之精神，此爲吾國民族精神之所以綿延不斷、文化之所以日進無疆也，俗曰：「求忠臣必於孝子之門」，此所以敬祖事天之莊嚴肅穆內修精神，轉化爲外王治平之行爲，由內聖

外王一以貫之之行爲，即爲倫理道德，此行爲曾昭旭先生稱之爲「道德實踐」。

〔註5〕《中庸》曰：

> 郊社之禮，所以事上帝也，宗廟之禮，所以祀乎其先也，明乎郊社
> 之禮，禘嘗之義，治國其如示諸掌乎？（十九章）

祭天地祖先，何以能知治本之道？此無他，蓋天地之大，先祖之遠；祭之，
即有見天地之心，先祖之德。天地之心，至公至正；先祖之德，至仁至慈。
能公正，則民服；能仁慈，則愛民如保赤子，如是推先祖之恩，充先祖之愛，
小至齊家，大至治國平天下，故曰：「治國其如示諸掌乎」。故中國之敬祀祖
先，無疑爲一種崇貴之傳統。《周易》中亦頗重視祖先之祭祀：

〈隨卦〉上六曰：

> 王用亨于西山。

〈升卦・六四象傳〉曰：

> 王用亨于岐山，順事也。

高亨以亨即享字，祭也。西山即岐山，〔註6〕周王之祖廟在岐山之下，故曰「享
于岐山。」〔註7〕

〈萃卦・象傳〉曰：

> 王假有廟，致孝享也。

假，至也。此言王致其孝祖之亨祭也。

〈渙卦・象傳〉曰：

> 王假有廟，王乃在中也。

謂王能奉其宗廟祭祀，王所以能奉宗廟祭祀，以王之行在正中之道也。

〈睽卦・六五象傳〉曰：

> 厥宗噬膚，往有慶也。

厥，漢帛書《周易》作登。〔註8〕宗，祖廟。登其祖廟吃肉，非祭祖乎？

　　然《易》辭中透顯祭祖，非只爲祈福避禍，仍有其盡「孝思」在。故其
祭祀必須敬謹誠順。〈萃卦〉六二與〈升卦〉九二皆曰：

> 孚乃利用禴。

〔註5〕參見高明先生主編《群經述要》中，曾昭旭老師著〈孝經述要〉，頁159。
〔註6〕說見高亨著《周易大傳今注》，卷二〈隨〉第十七。
〔註7〕說見《大陸雜誌》第三十五卷第一期，李漢三著〈祭祀在易辭〉。
〔註8〕說見註6，卷三〈睽〉第三十八。

禴或作礿，簡薄之小祭。《爾雅・釋天》曰：「夏祭曰礿。」孫炎注曰：「礿，薄也，夏時百穀未登可薦者薄也。」蓋人之祭祀，體誠信之德，以享祭鬼神，吉而無咎也。

又，〈觀卦・彖傳〉曰：

盥而不薦，有孚顒若。

高亨以爲盥讀爲灌，祭祀時以酒灌地以迎神，祭者灌酒而不獻牲，其物不豐，其禮不備，然有誠敬之心，愼終知始，以觀睦示民，民受誠信所感，儼然而敬畏之。

又，〈大過卦・初六象傳〉曰：

藉用白茅。

王船山《周易內傳》曰：

白茅，茅之秀也。柔潔而樸素。古者祀上帝於郊，掃地而祭，以茅
秀藉俎籩，所以致愼，而不敢以華美加於至尊。（卷二）

可知祭祀之道，貴乎誠信敬事，「祭如在」如此顯現倫理精神之擴展與延伸。

三、處　世

聖人之作《易》，乃順性命之理，立天地人三才之道。《莊子》言：「《易》以道陰陽。」陰陽者，天道也。窺天道以象人事，占得失以前民用，窮理盡性以至於命，此《易》所以作也。知聖人作《易》之旨，乃在說明陰陽、剛柔、往來、上下、得失、追求、消息、變化之象，由此象之變化而知人事之吉凶悔吝者也。故觀於天地之道，而人道可知。能知順性命之理，而人道乃可得而立。故《論語》孔子曰：

加我數年，五十以學易，可以無大過矣。（〈述而篇〉）

《易》以天道而切人事，爲人倫之所日用，學之可以無大過矣，君子觀之，則德智兼備，小人研之，可成德爲君子。言治道，則保合大和，萬國咸寧。於教育，蒙以養正，成聖功也。故知依天道，得天理，明人倫，則能通天下之志，成天下之務，定天下之業。

天下之萬象，人事之紛紜，隨時而變，不知變動之道，則無以通萬方之略，故《中庸》曰：

明則動，動則變，變則化，爲天下至誠爲能化。（二十三章）

故明《易》道，可以爲吾人待人接物之準繩，而《易傳》論應世之道者有：

（一）稱物平施

孔子有言：「不患寡而患不均」（〈衛靈公篇〉），社會之動源，溯於不均者極多，故《荀子》曰：

> 人生而有欲，欲而不得，則不能無求，求而無度量分界，則不能不爭，爭則亂，亂則窮。（〈禮論〉）

人之欲求無度量分界，則必至爭亂而困窮。故均富之思想，即有遏止欲求貪婪之作用。〈謙卦·象傳〉曰：

> 君子以裒多益寡，稱物平施。

朱子曰：

> 大抵人多見得在己者高，在人者卑，謙則抑己之高，而卑以下人，便是平也。〔註9〕

楊啓新曰：

> 人之常情，自高之心常多，下人之心常寡。不裒而益之，則自處太高，處人太卑，而物我之間，不得其平。故抑其輕世傲物之心，而多者不使之多，增其謙卑遜順之意，而寡者不使之寡。多者裒之，則自視不見其有餘，寡者益之，則視人不見不足。而物我之施，各得其平矣，茲為君子之謙與。〔註10〕

蓋君子處世，並非過份折己，處事待人，惟求其平爾。應世不卑不亢，其待人也，而其接物，則為「以富其鄰」，〈小畜卦·九五象傳〉曰：

> 有孚攣如，不獨富也。

程子《易傳》曰：

> 有孚攣如，蓋其鄰類皆牽攣而從之。與眾同欲，不獨有其富也。君子之處艱厄，惟其至誠，故得眾力之助，而能濟其眾也。

「富以其鄰」，不自矜伐而乃推己及人之意，《孟子·梁惠王下篇》載：齊宣王自謂「寡人有疾，寡人好貨。」所以不能行王政。孟子答以「王如好貨，與百姓同之，於王何有？」若能「幼吾幼以及人之幼，老吾老以及人之老」，己富而使人亦富，則能消融彼此間之間隙，而無階級之等差。此具進化之社會均富之思想。

（二）執中用權

〔註 9〕語見《朱子語類·易六》，頁7。五。
〔註10〕語見《周易折中》，卷十一〈象上傳〉，謙集說。

　　宇宙萬物流行不息，於流轉演化中，因時乘位，得其自然，是為中，權，稱物之錘，隨物輕重而移。如固定不移，則失稱物之作用。故乃藉用權來顯中之時義。〈蒙卦・象傳〉曰：

　　　　蒙亨，以亨行時中也。

時中，就是「與時偕行」，亦即「動靜不失其時」。《易傳》中論及執中用權之道者有：

　　　　〈蒙卦・上九象傳〉曰：

　　　　利用禦寇，上下順也。

朱子《周易本義》曰：

　　　　治蒙過剛，故為擊蒙之象。然取必太過，政治太深，則必反為之害。

　　　　在上者取必太過，政治太深，在下者以為迫害過甚，急免反噬矣。

　　　　故戒治蒙者，猛中要寬，被治者，雖愚亦必順矣。

〈大有卦・九四象傳〉曰：

　　　　匪其彭无咎，明辨晢也。

程子《易傳》曰：

　　　　能不處其盛而得无咎者，蓋有明辨之智也，晢，明智也，賢智之人，

　　　　明辨物理，當其方盛，則知咎之將至，故能損抑，不敢至於滿極也。

不處其盛，而得無咎者也，蓋能知盛極乃將衰之時，故雖處大有，而不有其盛，得以無咎也，〈謙卦・象傳〉曰：

　　　　天道虧盈而益謙，地道變盈而流謙，鬼神害盈而福謙，人道惡盈而

　　　　好謙，謙尊而光，卑不可踰，君子之終也。

蓋日月盈昃，寒暑往來，天道益謙也；高岸為谷，深谷為陵，地道流謙也；盈滿者禍害之，謙損者福佑之，鬼神福謙也；人情惡盈而好謙，故聖人戒盈而勸謙也，〈艮卦・象傳〉曰：

　　　　時止則止，時行則行，動靜不失其時，其道光明。

時當行則行，時當止則止，止者靜也，行者動也，動靜不失其時，乃天道之常。時者，乃善體天常，且順其變，而無不合宜也，《孟子》曰：

　　　　可以速而速，可以久而久，可以處而處，可以仕而仕，孔子也。(〈公

　　　　孫丑上〉)

故孟子稱讚孔子為「聖之時者也」，此之謂也。〈節卦・初九象傳〉曰：

　　　　不出戶庭，知通塞也。

程子《易傳》曰：

> 雖當謹守不出戶庭，又必知時之通塞也。通則行，塞則止。義當出
> 則出矣。尾生之信，永至不去，不知通塞也。

先聖恐人泥於言行，而忽視時會，故復擬「通塞」二字，以示人蓋道有行止，時有通塞。於節之時，雖當謹守不出戶庭，又必知時之通塞也，〈未濟卦・上九象傳〉曰：

> 飲酒濡者，亦不知節也。

程子《易傳》曰：

> 飲酒至於濡首，不知節之甚也。

飲酒濡首者，不但溺其身，而且汲其首，所謂濫醉如泥，神智昏迷者也。殷紂沉湎于酒，以失天下，故周公作〈無逸〉以戒成王曰：

> 無若殷王受之迷亂，酗于酒德哉！

便是教成王知所節度，若不知節度，則如〈屯卦・上六象傳〉曰：

> 泣血漣如，何可長也。

屯難之時，不知進退之道，如此朝不保夕，日暮途窮，其亡也必矣。

總之，執中用權在能活用自然，「是故聖人論事之曲直，與之屈伸偃仰，無常儀表。」（《淮南子・氾論篇》）夫人之立身應世，通權達變則事必成；若固必執著，頑而不化，則未有不敗者也。故執中用權小至立身，大至治國，壹是以之為本。

（三）和而不流

人世間之是非爭亂，皆由偏執所生。人各有己見，安於所見所得，以成心待人，黨同而伐異。故上下別，而內外分，物之不齊，亂之始也。老子有見於此，故曰：「挫其銳，解其紛，和其光，同其塵。」（〈五十六章〉）提示理想之人格，在於人我之間應消除固蔽，化除隔閡，以開豁之心胸與無偏之心待人。然以「和光同塵」待人應世，易放於陰弱，虛無，鄉愿偏邪之流，有其蔽在，而《易傳》示人我之道，則能泯除此消極之蔽。〈睽卦・象傳〉曰：

> 君子以同而異。

程子《易傳》曰：

> 夫聖賢之處世，在人理之常莫不大同，於世俗所同者，則有時而異，
> 蓋於秉彝則同矣，於世俗之失則異也。不能大同者，亂常拂理之人
> 也；不能獨異者，隨俗習非之人也。要在同而能異耳，《中庸》曰：

「和而不流」是也。

蓋君子立身處世，於人事之洪流中，可與俗同則同，不應與俗同則異，即所謂「同流而不合污」也。故〈乾卦·文言傳〉曰：

> 同聲相應，同氣相求，水流濕，火就燥，雲從龍，風從虎，聖人作
>
> 而萬物睹，本乎天者親上，本乎地者親下，則各從其類也。

萬物各以其類相同，而相應相求，此即所謂：「方以類聚，物以羣分。」（〈繫辭上傳〉）故《論語》孔子曰：

> 君子和而不同，小人同而不和。（〈子路篇〉）

又曰：

> 君子矜而不爭，羣而不黨。（〈衛靈公篇〉）

蓋君子以異相切磋，不相因襲，故異而不傷其和。孔子又曰：

> 富與貴是人所欲也，不以其道，得之，不處也。貧與賤是人所惡也，
>
> 不以其道得之，不去也。（〈里仁篇〉）

富貴之欲，人人所同，然得之不道，君子以不居鄙之；貧與賤，人之所惡，然君子不妄求富貴而安然處之。此所以「和而不同」，而不落於流俗也。一落流俗遠君子而親小人則吝，故〈蒙卦·六四象傳〉曰：

> 困蒙之吝，獨遠實也。

程子《易傳》曰：

> 乃愚蒙之人而不比賢者，无由得明矣。

君子所以能進德修業，在所貴親師取友也。《論語》孔子答子貢「為仁」曰：

> 居是邦也，事其大夫之賢者，友其士之仁者。

如是以友輔仁，小人無由得晉，故〈泰卦·象傳〉曰：

> 泰，小往大來，吉亨。則是天地交而萬物通也，上下交而其志同也。

蓋人於世，彼此相交切磋，親賢遠佞，修省德業，近君子遠小人。上有以和乎下，而下有以供乎上，我有助乎人，而人有濟乎我。自君臣上下之間，以至親戚、鄉黨、僚友，莫不皆然，而後天下治。若不然，則相互間為雍蔽，為阻隔，為乖戾，為離絕，人必遭「困蒙之吝」也。解困蒙之吝者，為所同之益朋。故〈解〉九四曰：

> 解其拇，朋至斯孚。

吾人者沈涵狃習流俗，蹇險則難除，若能棄絕狃暱附身之小人，則誠信之友，近悅遠來，難則解矣。蓋君子立身之道，與人同心，故〈繫辭上傳〉引孔子

曰：

> 君子之道，或出或處，或默或語。二人同心，其利斷金。同心之言，
> 其臭如蘭。

人與人相結貴乎精誠，不在形骸之狎近。出處語默不必同，所同者心也。同
心之利，金石為開。故君子之和同於人，在於心志之渾通，以理同人，亦即
程子《易傳》所言：

> 天下之志萬殊，理則一也。君子明理，故能通天下之志，聖人視德
> 兆之心猶一心者，通於理而已。

（四）安於憂患

　　宇宙之流行變化，雖不失其和諧，然於時空生化歷程中，吾人面對歷史
之發展，社會之變遷，所衍發複雜曲折之限制，外患內憂，彼起此落。蓋生
民之初，疾病慘怛，莫知所由；驚怖外力，自視眇如，頂龜拜蛇，迎尸範偶，
不一而足。迨後政教迭興，桎梏日增，爭奪斯起，或得或失，憂患深矣。故
時而縈繞於切身者，則是生老病死，貧賤富貴之無常現象。吾人雖欲求生存
發展，然生展之終結，為吉、凶、悔、吝等不同之果，使人如處憂患瀚海之
中，不知何時而已。

　　往聖先賢以悲天憫人之襟懷，對生靈氣運之失調，或災禍中所受之苦痛，
感同身受，投以無比之關注，從中生發解脫憂苦創造人生幸福之苦心宏願，
此即為「憂患意識」。故《詩經》曰：

> 我生之後，逢此百憂。（〈王風·兔爰〉）

屈原亦曰：

> 長太息以掩涕兮，哀人生之多難。（〈離騷〉）

〈王風〉及〈離騷〉之嘆，蓋嘆人生之多艱，憂患叢生。然中國古有明訓：

> 生於憂患，死於安樂。（〈告子下〉）

知見安樂足以喪軀，憂患不足畏，吾人處憂患之域中，方醒悟通曉，憂患之
由生，及應世之方法。故牟宗三先生於《中國哲學的特質》一書中曰：

> 中國人的憂患意識，絕不是生於人生之苦罪，它的引發是一個正面
> 的道德意識。

因而《易傳》中，流露出戒慎恐懼，反身脩德之憂患情懷。〈繫辭下傳〉曰：

> 《易》之興也，其於中古乎，作《易》者其有憂患乎。

又曰：

其出入以度，外內使知懼，又明於憂患與故，无有師保，如臨父母。

又曰：

《易》之興也，其當殷之末世，周之盛德邪？當文王與紂之事邪？
是故其辭危，危者使平，易者使傾。

又曰：

夫乾，天下之至健也，德行恒易以知險。夫坤，天下之至順也，德
行恒簡以知阻。

夫《周易》之作，在處憂患之中，蓋古野荒原，人逐獸奔，疾雷驟雨，水火
災害，人受威脅，最感恐懼。故八卦之象，實寓含處自然界之憂患也。逮至
人文化成，比樂師憂，泰否往來，剝復循環，无妄之災，損益盛衰，睽違蹇
難，升困井革，皆人事之憂患也。故孔穎達《周易正義》曰：

謂《周易》也，身既憂患，須垂法以示於後，以防憂患之事。

谷家杰曰：

憂患二字，以憂患天下言，乃吉凶同患意。民志未通，務未成，聖人
切切然爲天下憂患之，於是作《易》，故《易》皆處憂患之道。〔註11〕

何楷曰：

聖人之憂患者，憂患天下之迷復也。〔註12〕

《易傳》示人知憂患之生成，使人知所因應，如得父母師保。而「憂患意識」
形成之因，徐復觀先生有更具體之言：

憂患心理的形成，乃是從當事者對吉凶成敗的深思熟慮而來的遠
見；在這種遠見中，主要發現了吉凶成敗與當事者行爲的密切關係，
及當事者在行爲上所應負的責任。憂患正是這種責任感來的，要以
己力突破困難而尚未突破的心理狀態。〔註13〕

又曰：

在憂患意識躍動下，人的信心根據，漸由神而轉移向自己本身行爲
的謹慎與努力。〔註14〕

〔註11〕同前，卷十五〈繫辭下傳〉：「《易》之興也，其於中古乎，作《易》者其有憂
患乎。」集說。
〔註12〕語見《古周易訂詁》，卷七二。
〔註13〕語見徐復觀先生著《中國人性論史先秦篇》，第二章〈周初宗教中人文精神的
習動〉，頁2。
〔註14〕同前，頁22。

「《易》爲君子謀」，〔註15〕庶幾君子之人皆知所遵循，知憂知懼，知所擇執，化乖戾以致祥和。故《易》曰：

> 君子進德脩業，欲及時也，故无咎。(〈乾卦・文言傳〉)

> 君子以厚德載物。(〈坤卦・象傳〉)

> 君子以果行育德。(〈蒙卦・象傳〉)

> 君子以懿文德。(〈小畜卦・象傳〉)

> 既雨既處，德積載也。(〈小畜卦・上九象傳〉)

> 君子以多識前言往行以畜其德。(〈大畜卦・象傳〉)

> 君子以常德行習教事。(〈坎卦・象傳〉)

> 不恒其德，无所容也。(〈恒卦・九三象傳〉)

> 君子自昭明德。(〈晉卦・象傳〉)

> 君子反身脩德。(〈蹇卦・象傳〉)

> 君子以順德積小以高大。(〈升卦・象傳〉)

> 君子以居賢德善俗。(〈漸卦・象傳〉)

> 君子以制數度議德行。(〈節卦・象傳〉)

> 夫《易》，聖人所以崇德而廣業也。(〈繫辭上傳〉)

> 盛德大業，至矣哉！(〈繫辭上傳〉)

蓋君子處憂患之時，脩飭循省，必深思憂患之來，豫圖防制之，所謂未雨綢繆，未火徙薪者是也，故〈乾卦・文言傳〉曰：

> 君子終日乾乾，夕惕若厲，无咎，何謂也？

> 子曰：「君子進德脩業。忠信，所以進德也；脩辭立其誠，所以居業
> 也；知至至之，可與幾也；知終終之，可與存義也。是故居上位而
> 不驕，在下位而不憂，故乾乾因其時而惕，雖危，无咎矣。」

故知吾人處憂患以解憂患，乃吾人履道德實踐之責任。〈乾卦・文言傳〉曰：

> 君子以成德爲行，日可見之行也。

所以謂成德，指道德性格之形成而言。即完成踐履道德之責任。道德性格之形成，爲多方面道德行爲與習慣，日積月累，養成道德之性格。此道德性格

─────────

〔註15〕說見《宋元學案》，卷十七〈橫渠學案・大易〉第十四。

之形成，亦爲道德行爲之完成。德性爲一確然之習慣，其形成係由「居德」、「積德」、「進德」、「恒德」、「常德行習教事」而來。然於諸德中，《易・繫辭下傳》，復陳九德爲主德，勉人以處憂患之道，曰：

> 是故〈履〉，德之基也，〈謙〉，德之柄也，〈復〉，德之本也，〈恒〉，德之固也，〈損〉，德之脩也，〈益〉，德之裕也，〈困〉，德之辨也，〈井〉，德之地也，〈巽〉，德之制也。
>
> 〈履〉和而至，〈謙〉，尊而光，〈復〉，小而辨於物，〈恒〉，雜而不厭，〈損〉，先難而後易，〈益〉，長裕而不説，〈困〉，窮而通，〈井〉，居其所而遷，〈巽〉，稱而隱。
>
> 〈履〉以和行，〈謙〉，以制禮，〈復〉，以自知，〈恒〉，以一德，〈損〉，以遠害，〈益〉，以興利，〈困〉，以寡怨，〈井〉，以辨義，〈巽〉，以行權。

蓋作《易》爲其有體憂患之故，故《易》之精義在於戒愼恐懼。既有憂患，則當脩德以避患，使其「出入以度，外內使知懼」，此所以不憚其煩「三陳九卦」爲德之用也。故孔穎達《周易正義》曰：

> 六十四卦悉爲脩德防患之事，但於此九卦最是脩德之甚，故特舉以言焉，以防憂患之事。

朱子《周易本義》曰：

> 九卦皆反身脩德，以處憂患之事也，而有序焉。

《易傳》之憂患意識，乃承擔爲天下生民安身立命之責任感。往聖憂天下之迷復，故切切然爲天下憂患之。以九卦示人體憂患之情，湧現其道德意識，自履其基，而謙其柄，復其本，又恒以固，損以脩，且益而裕，困而辨，至於井爲地，巽爲制敬愼以行事，立不易之方，外達物情之變，而內自居於中正。因時制義，以濟時變，此憂患之世，而安於憂患，蓋君子「內省不疚，夫何憂何懼」（〈顏淵篇〉），則德業周備矣。

第二節　政治思想

　　《周易》爲一神祕之殿堂，初爲占筮之用，繼有《易傳》，推演深微，天道人事，可視諸掌，遂爲古代哲理經緯之作，且《易》道周普，無所不備，自有天地，然後萬物生焉。人繼天地而生，然「天造草昧」（〈屯卦・象傳〉）故需

「君子以經綸」（〈屯卦・象傳〉），使屯難之世，臻化於治平之世，其間更有反應政治思想之理論者。

一、政治緣起

（一）神道設教

〈繫辭上傳〉曰：「生生之謂《易》。」戴震曰：「得乎生生者謂之仁。」（〈原善上〉）而政治之舉措皆在於利「生」，而非在於害「生」。故〈繫辭下傳〉曰：

> 天地之大德曰生，聖人之大寶曰位；何以守位，曰仁。何以聚人；
> 曰財。理財正辭，禁民爲非曰義。

蓋聖人必有君位，然後方足以行其道以平治平下。而聖人之居君位，在於人情之自然。〈乾卦・文言傳〉曰：

> 同聲相應，同義相求。水流溼，火就燥。雲從龍，風從虎。聖人作
> 而萬物覩，本乎天者親上，本乎地者親下，則各從其類也。

聖人之有所作爲於其上，人之類莫不歸仰，人之情莫不嚮往。故國家之起源在於人民自願從聖人之教與治也。而往古鴻蒙未鑿，群倫否塞，乃假卜筮之事以制民行，故〈觀卦・象傳〉曰：

> 觀天之神道，而四時不忒。聖人以神道設教，而天下服矣。

夫天道運行，四時不差，孰令致之，孰使爲之，無能知之，故歸之於神，天道至神，故曰：「神道」。聖人見天道之主神，因體之以神道設教。故〈坤卦・文言傳〉曰：

> 積善之家必有餘慶，積不善之家必有餘殃。

〈姤卦・九五象傳〉曰：

> 有隕自天，志不舍，命也。

蓋作善者天降之祥福，作惡者天降之災禍，使人知所敬畏，而不敢犯惡，〈繫辭上傳〉曰：

> 知鬼神之情狀。

〈鼎卦・象傳〉曰：

> 聖人亨以享上帝。

聖王肯定上帝鬼神之存在，而用特牲以祭。〈繫辭下傳〉曰：

> 黃帝堯舜氏作，通其變，使民不倦，神而化之，使民宜之，《易》窮

則變，變則通，通則久，是以自天祐之，吉无不利。

上帝鬼神之祥禍人事，亦因時而變，其變之則在於「使民宜之」，即神之祐罰在以政治之得失爲依據，而政治之得失以能否利民爲斷。〈繫辭上傳〉曰：

> 祐者，助也，天之所助者順也，人之所助者信也，履信思乎順，又以尚賢也，是以自天祐之，吉无不利也。

民之致吉以避禍，一在於天助，一在於人助。人助在於尚賢，可知政治之首要在於人助而后天助。因此聖君體神道，設爲施政之張本。《尚書‧召誥》曰：

> 我不可不監於有夏，亦不可不監於有殷。我不敢知，曰有夏服天命，惟有歷年，我不敢知，曰不其延；惟不敬厥德，乃早墜厥命。我不敢知，曰有殷受天命，惟有歷年，我不敢知，曰不其延；惟不敬厥德，乃早墜厥命。今王嗣受厥命，我亦惟茲二國命，嗣若功。

殷紂之倒行逆施，故天罰以隕滅；周之興，乃受天嗣命。然事在人爲，得失成敗之要在於人，不在於天。故《孟子》曰：

> 天視自我民視，天聽自我民聽。（〈萬章篇上〉）

然初民之社會，鴻蒙未化，人情鬱結否塞，聖王欲以匡濟時艱，秉之以「天視」「天聽」，故設神道以垂化人，不假言語教誡，不待威刑恐逼，欲潛移而默化之。使民皆豐衣足食，安居樂業，而天下治。故曰：「黃帝、堯、舜，垂衣裳而天下治。」（〈繫辭下傳〉）故政治之緣起首在以「神道設教」，推天道以明人事，欲化民成俗也。

（二）天下達治

聖人以神道設教，其目的在於使天下達治。故〈乾卦‧文言傳〉曰：

> 乾元用九，天下治也。

蓋天下之事物繁賾，非有冷靜縝密之態度者，無以竟其功，〈繫辭上傳〉曰：

> 言天下之至賾而不可惡也；言天下之至動而不可亂也。

欲使天下之賾與動，不至於惡與亂，則須建立起人倫法則，由此人倫法則以建立起政治制度。

《周易》之爲書上觀天文，下察地理，中述社會人生之現象，即推天道以明人事。故〈繫辭下傳〉曰：

> 古者庖犧氏之王天下也，仰則觀象於天，俯則觀法於地，觀鳥獸之文，與地之宜。近取諸身，遠取諸物。於是始作八卦，以通神明之德，以類萬物之情。

此即謂聖王移天地之道，爲治國平天下之本。《易》理周備，始於幽贊神明，終於用九而天下治，即欲以自然法則，定社會法則也。〈序卦傳〉曰：

> 有天地，然後有萬物。有萬物，然後有男女。有男女，然後有夫婦。
> 有夫婦，然後有父子。有父子，然後有君臣。有君臣，然後有上下。
> 有上下，然後禮義有所錯。

又，〈家人卦・象傳〉曰：

> 家人，女正位乎內，男正位乎外。男女正，天地之大義也。家人有
> 嚴君焉，父母之謂也。父父子子，兄兄弟弟，夫夫婦婦，而家道正，
> 正家而天下定矣。

蓋陰陽正位，各盡其道，自然君臣有義，父子有親，兄弟有愛，夫婦有別。如是之倫常而衍爲內聖外王之政治治平之道，故政治所由起，在於天下達治也。

二、爲政之道

（一）封建階位

〈比卦・象傳〉曰：「先生以建萬國，親諸侯。」政治爲眾人之事，有眾而無秩序則亂。故眾必有所比，有所比者，在於人人各事其事而有秩序。建國之初，首要在使民眾各有所比。許慎《說文解字》曰：

> 比，密也。

物相親比，而無間者，莫如水在地上。因此往聖觀比之象，建立公侯伯子男之國，使民各附於其君，而有所比。民必比於君，始於安其家。小國必比於大國，始能安其位，天下比於一，上而巡狩，下而述職，朝聘往來，以親諸侯，諸侯承流宣化，以親其民，使民各安其事，封建行，則君與臣民之分定。

〈履卦・象傳〉曰：

> 君子以辯上下，定民念。

履象爲天高澤下，天尊澤卑，往聖觀象據理，以辨上下之分，以定人民之志，制作禮儀，規範人慾，而爲人民所踐履。上下之分既辨，則民志自定，上守上之分，下守下之分，上下相安於綱常倫理禮儀規矩之中，則國治而家齊矣！然人慾貪求無厭，自然財富名位有限，若天下紛然皆志於富貴榮華，必然爭權奪利，而禍亂踵足而至。甚者，貪鄙之慾興，不論其才能之當否，德義之修否，亦皆鑽營親奔，無所不至，馴至違法犯紀，撮禍造亂。

爲政者下親民眾，則可得民心，故〈屯卦・初九象傳〉曰：

以貴下賤，大得民也。

貴為諸侯，賤為民眾，民眾於初民之時蒙昧無知，蠕蠕而動，於心不寧，故各封爵建國，「以貴下賤」，大得民心，始可轉危為安，化險為夷，變不寧為寧，然能「以貴下賤」者，在於上下貴賤之名位分，而有其職，人司其職，守其分，不越分僭名，如是居上位而不驕，處下位而不憂，則國治矣。

《易傳》之政治思想，欲使國治久安之法，在於行封建制度，由封建以定名分，故名分位階之分於《易傳》中為一重要觀念，此觀念表現在「君子」與「小人」之階位尤為顯著。於《易傳》中：

甲、單舉：

君子：九十七處。

大人：十七處。

小人：二十一處。

乙、對舉：

一、君子與小人對舉：

1. 內君子而外小人：君子道長，小人道消也。(〈泰卦・象傳〉)

2. 內小人而外君子：小人道長，君子道消也。(〈否卦・象傳〉)

3. 君子得輿，民所載也。小人剝廬，終不可用也。(〈剝卦・上九象傳〉)

4. 君子以遠小人，不惡而嚴。(〈遯卦・象傳〉)

5. 君子好遯，小人否也。(〈遯卦・九四象傳〉)

6. 小人用壯，君子罔也。(〈大壯卦・九三象傳〉)

7. 君子有解，小人退也。(〈解卦・六五象傳〉)

8. 君子豹變，其文蔚也。小人革面，順以從君也。(〈革卦・上六象傳〉)

9. 負也者，小人之事也；乘也者，君子之器也。小人而乘君子之器，盜思奪之矣。(〈繫辭上傳〉)

10. 陽一君而二民，君子之道也。陰二君而一民，小人之道也。(〈繫辭下傳〉)

11. 君子道長，小人道憂也。(〈雜卦傳〉)

二、大君與小人對舉：大君有命，以正功也，小人勿用，必亂邦也。(〈師卦・上六象傳〉)

三、天子與小人對舉：公用享于天子，小人害也。(〈大有卦・九
　　三象傳〉)

《易傳》中合計天子一處，大君三處，君、王、王公各一處，先王六處，
大人十七處，君子九十七處，幽人二處，民、小人、行人、邑人各一處。天
子、大君、君子可與小人對比。而未有天子與大君或君子對舉者，從彼此之
對舉中，可領會出其意義來。由統計出現之意義上，寓涵政治上之位階，即
除天子王侯之位，尚有大人，君子與小人等階層，君子於此應具在上位者之
意，《尚書・無逸》周公曰：

嗚呼！君子所其無逸，先知稼穡之艱難乃逸，則知小人之依。

《詩經・魏風》：

彼君子兮，不素餐兮。(〈伐檀〉)

又，〈小雅〉：

弗躬弗親，庶民弗信，弗問弗仕，勿罔君子。(〈節南山〉)

君子如屆，俾民心闋；君子如夷，惡怒是違。(〈節南山〉)

君子均具在上位者之義，《易傳》中亦然：

君子以經綸。(〈屯卦・象傳〉)

君子以飲食宴樂。(〈需卦・象傳〉)

君子以作事謀始。(〈訟卦・象傳〉)

君子以容民畜眾。(〈師卦・象傳〉)

君子以辨上下，定民志。(〈履卦・象傳〉)

君子以類族辨物。(〈同人卦・象傳〉)

君子以遏惡揚善，順天休命。(〈大有卦・象傳〉)

君子以哀多益寡，稱物平施。(〈謙卦・象傳〉)

君子以教思无窮，容保民无疆。(〈臨卦・象傳〉)

君子以明庶政，无敢折獄。(〈賁卦・象傳〉)

君子以立不易方。(〈恒卦・象傳〉)

君子以莅眾，用晦而明。(〈明夷卦・象傳〉)

君子以赦過宥罪。(〈解卦・象傳〉)

君子以懲忿窒慾。(〈損卦・象傳〉)

君子以施祿及下，居德則忌。(〈夬卦‧象傳〉)

君子以除戒器，戒不虞。(〈萃卦‧象傳〉)

君子以勞民勸相。(〈井卦‧象傳〉)

君子以治曆明時。(〈革卦‧象傳〉)

君子以正位凝命。(〈鼎卦‧象傳〉)

君子以思不出其位。(〈艮卦‧象傳〉)

君子以折獄致刑。(〈豐卦‧像傳〉)

君子以明慎用刑，而不留獄。(〈旅卦‧象傳〉)

君子以申命行事。(〈巽卦‧象傳〉)

君以議獄緩死。(〈中孚卦‧象傳〉)

君子慎辨物居方。(〈未濟卦‧象傳〉)

君子於政治意義上雖具在上位者之意，然亦具有道德品質之意義。《易傳》以德化人，故在上位者，須兼具德位，方足稱君子，如：

君子以厚德載物。(〈坤卦‧象傳〉)

君子以果行育德。(〈蒙卦‧象傳〉)

君子以振民育德。(〈蠱卦‧象傳〉)

君子以常德行，習教事。(〈坎卦‧象傳〉)

君子以虛受人。(〈咸卦‧象傳〉)

君子以恐懼修省。(〈震卦‧象傳〉)

君子以居賢德善俗。(〈漸卦‧象傳〉)

於先秦古籍中，小人與君子對言，而小人義本指在位君子之相對小民而言。如《尚書》：

小人怨汝詈汝。(〈無逸〉)

《論語》中：

君子懷德，小人懷土；君子懷刑，小人懷惠。(〈里仁〉)

君子之德風，小人之德草，草上之風必偃。(〈顏淵〉)

《易傳》中：

公用享于天子，小人害也。(〈大有卦‧九三象傳〉)

> 初六，童觀，小人道也。（〈觀卦・初六象傳〉）
>
> 柔變剛也。不利有攸往，小人長也。（〈剝卦・象傳〉）
>
> 君子以遠小人，不惡而嚴。（〈遯卦・象傳〉）

由小人所對之天子與公，故知小人乃百姓平民，封建時代受教育乃貴族之權利，小民無權受教，故蒙昧無知。「童觀」正象徵小民之無知也，剝，乃象徵統治者不務治道，民本為順，而今面對苛酷之統制，群起而反抗，統治者之勢消，故「小人長也」，乃「君子道消，小人道長」之義也。「君子以遠小人，不惡而嚴」乃統治者對平民之御術。一因小民蒙昧無知，順性而行，故後亦轉為道德之評價。如：

> 小人不恥不仁，不畏不義；不見利不動，不威不懲，小懲而大誡，
> 此小人之福也。（〈繫辭下傳〉）
>
> 小人以小善為无益，而弗為也。（〈繫辭下傳〉）

小人於此雖有道德評價之義在，然觀其本義乃指一般失教化之百姓而言，而《易傳》中出現較少之小子，行人，邑人，幽人，均為小民百姓階層者。孔子曰：

> 負也者，小人之事也，乘也者，君子之器也。小人而乘君子之器，
> 盜思奪之矣。（〈繫辭上傳〉）

此君子與小人之分，乃在正名分，各安其分，不相凌奪，車馬乃統治者之名器，小民奪之為「盜」矣，此上下名分之嚴整，乃《易傳》政治思想之一特色。

（二）任賢德治

「賢人政治」之典範，為《易傳》之政治中心思想。倘為政者寡德鮮能，必導致社會紊亂，國家衰敗。為政者不學無術，必當斲喪政治生機。故〈鼎卦〉九四曰：

> 鼎折足，覆公餗，其形渥，凶。

為政者不賢，足以壞國家之大事，故〈繫辭下傳〉復釋之曰：

> 子曰：「德薄而位尊，知小而謀大，力小而任重，鮮不及矣。」《易》
> 曰：「鼎折足，覆公餗，其形渥，凶。」言不勝其任也。

領袖不能任賢使能，乃由於昏昧不明，故〈井卦・九三象傳〉曰：

> 井渫不食，行惻也。求王明，受福也。

井既渫，而不知食，非井養之功，故行惻傷悼，準以推之，但求王者之明，則

人無委屈，物無棄閒，而普受其福。王者之明在於能獲賢人主政，則國家自能獲民所載，人無苛擾，能安居樂業，則國治，待暴君出而殘民以逞，又必為賢人討伐而取代之。治亂循環往復，代代相因，得賢者平治，遺賢則亂亡，政治上用人之不當，小則權位之爭，大則危害社稷之存亡，故〈履卦・六三象傳〉曰：

> 眇能視，不足以有明也；跛能履，不足以與行也。咥人之凶，不當也，武人為于大君，志剛也。

程子曰：

> 陰柔之人，其才不足，視不能明，履不能遠而乃務剛，所履如此，其能免於害乎？（程子《易傳》）

故司馬遷評楚懷王曰：

> 懷王不知忠臣之分，故內惑於鄭袖，外欺於張儀，疏屈平，而信上官大夫令尹子蘭。兵挫地削，亡其六郡，身客死於秦，為天下笑，此不知人之禍也。《易》曰：「井渫不食，為我心惻。可以汲，王明，並受其福。」王之不明，豈足福哉？〔註16〕

此賢人政治之思想，於傳統社會中，具有前進開放之意義與價值。

《易》論施政，除任賢使能外，並主德治之說。尚賞完全緊就德治而言，尚賢為體，「正德、利用、厚生」為用，而此三用乃以「正德」為本。利用、厚生在謀人民之幸福，而論幸福離不開德，就政治立場而言，正德乃求諸己，利用厚生歸諸人，而亦必教之以德性之覺醒，此所以尊人尊生也。尊生非尊其生物之生，而是尊其德性人格之生。若只重視其生物之生，則犬馬亦生也，所尊者非人也。故厚生必以正德為本。〔註17〕〈蠱卦・象傳〉曰：

> 君子以振民育德。

為政者之牧民，則以振民育德為其要務，〈漸卦・象傳〉曰：

> 山上有木漸，君子以居賢德善俗。

孔穎達《周易正義》曰：

> 君子求賢德使居位，化風俗使清善，皆須文德謙下，漸以進之，若以卒暴威刑，物不從矣。

此皆揚櫫以德為治之宗旨也。〈臨卦・象傳〉曰：

〔註16〕語見《史記・屈原列傳》，卷八十四。
〔註17〕參見牟宗三先生著《政道與治道》第二章，〈論中國之治道〉。

君子以教思无窮，容保民无疆。

王弼注：

> 相臨之道，莫若說順也；不恃威制，得物之誠，故物無違也。是以
> 君子教思无窮，容保民无疆也。

此言君之臨民，不恃威制，顧商君相秦之嚴刑峻法，磇衣塞塗，並不能止民犯罪，民雖畏之而心不服，然只達於「道之以政，齊之以刑，民免而無恥。」而已，未臻至善之境界也。故為政者當進而「道之以德、齊之以禮，有恥且格。」以德教導之，使之政通人和，安居而樂其業。然布施於人民需出以至誠，故〈夬卦‧象傳〉曰：

> 君子以施祿及下，居德則忌。

王船山曰：

> 祿者，天之祿，非君子以市恩而可居之為德者也。有居德之心則驕
> 士，而士且不以為德，故忌而戒之。〔註18〕

為政者施澤於下民，上之施下，理所當然不可自居其為德，而欲市下測之恩，則以賞行意，其為德則無誠矣，且滿招則損，故老子曰：「生而不有，為而不恃，功成而弗居。」（〈十章〉）是其義也，故〈繫辭上傳〉曰：

> 易知則有親，易從則有功，有親則可久，有功則可大。可久則賢人
> 之德，可大則賢人之業。

以德治人則近悅遠來，成就大業，〈比卦‧象傳〉曰：

> 比，吉也。比，輔也。下順從也。

人之來比，比其德也。故為政者本其誠心，以元善之德，守貞正之道，然後為人親比而亨泰。故〈泰卦‧象傳〉曰：

> 泰，小往大來，吉亨，則是天地交而萬物通也；上下交而其志同也，
> 內陽而外陰，內健而外順，內君子而外小人。君子道長；小人道消也。

在上位者以仁德交其下，在下位者以誠心應乎上，上下之心相交，其福國利民之志無不同，則小人去而君子來，故「財成天地之道，輔相天地之宜，以左右民。」（〈泰卦‧象傳〉）使民各遂其生，各安其所，然欲成其泰安，則須大公無私，待人不以親疏為厚薄，苟有可用之才，雖疏遠者亦不棄遺，故〈泰卦‧九二〉曰：

> 包荒，用馮河；不遐遺，朋亡，得尚于中行。

〔註18〕語見王船山著《周易內傳》，卷二。

〈象〉曰：包荒，得尚于中行，以光大也。

既能遠者不遺，近者無私，是得尚乎中行無偏之道矣，以光明正大，無所不包之心，有才即用，任賢使能，然後始能成其泰也。

（三）明法慎刑

《易傳》中爲謀治平之社會，欲化乖戾而致祥和，於法治原則亦有顯明之論述。蓋德治不廢刑罰，刑罰如何適中，爲司法之原則，古今中外均極重視慎刑，並明法教之意義。故曰：「先王以明罰勅法。」（〈噬嗑・象傳〉）然刑宜審慎，故〈訟卦・象傳〉曰：

天與水違行，訟。君子以作事謀始。

王弼注曰：

聽訟吾猶人也，必也使无訟乎。无訟在於謀始，謀始在於作制，契之不明，訟之所由生也。

謀始在於作制，制訂法律，並教育使明之，蓋君子體訟，知訟之所由興也，乃由於人之私慾，方其私慾之興，而遭挫折時，於是訟作焉。順是，則心緒難寧，社會混亂，君子體乎訟道，方訟之未興，當防微杜漸，消融其私慾，此非教化不爲功，故須明法也。欲維護公益之安寧，此非法制不見效，故須慎行也，斯乃疏息訟源之道也。

司法之極，在於「刑期無刑」，使人知所畏避，致中和而安寧，故明法之教，一則導以勸其善，一則罰以化其頑。薛瑄曰：

〈噬嗑〉、〈賁〉、〈豐〉、〈旅〉四卦論用刑，皆離火之用，以是見用法貴乎明。〈噬嗑〉、〈豐〉以火雷雷火交互爲體，用法貴乎威明並齊。〈賁〉、〈旅〉以山火火山交互爲體，用法貴乎明慎並用。〔註19〕

用法貴乎明，法之教明，小之使人不敢違法，大之使違法者無枉無縱。蓋典法者重在公正嚴明，不明則不公，不公何以言法；不嚴則不正，不正何以執法。不公不正，則刑罰不中，民將無所措手足矣！

法明，不爲虛僞所欺則刑罰適中；刑慎，不爲勢利所迫，則判決始能公平。故〈噬嗑卦・初九象傳〉曰：

履校滅趾，不行也。

因初受刑罰，其罪尚輕，故僅以足械罰之，意在止惡於初。故孔子曰：

〔註19〕語見《周易折中》卷十一，〈噬嗑卦象傳集說〉。

> 小人不恥不仁，不畏不義，不見利不勸，不威不懲，小懲而大誡，
> 此小人之福也。（〈繫辭下傳〉）

及至屢誡不悛，積惡成大罪，任何校械，均嫌刑罰過輕，則「何校滅耳」矣！（〈噬嗑‧上九〉）蓋刑具在頭，從下視之，則不見耳，以示重刑也，故孔子又曰：

> 善不積，不足以成名，惡不積，不足以滅身。小人以小善爲无益而
> 弗爲也，以小惡爲无傷而弗去也。故惡積而不可掩，罪大而不可解。
> （〈繫辭下傳〉）

「履校」與「何校」之別，所以慎刑也。故《易》曰：

> 君子以明庶牧，无敢折獄。（〈賁卦‧象傳〉）

> 君子以折獄致刑。（〈豐卦‧象傳〉）

> 君子以明慎用刑，而不留獄。（〈旅卦‧象傳〉）

> 君子以赦過宥罪。（〈解卦‧象傳〉）

> 君子以議獄緩死。（〈中孚卦‧象傳〉）

> 聖人以順動，則刑罰輕而民服。（〈豫卦‧象傳〉）

「无敢折獄」在於慎用刑罰，爲政在於牧民，欲化民成俗，偶犯罪刑，自應以法感以化之，故萬物輕率而致冤抑也。而「折獄致刑」必貴乎明威兼備，明以辨其情僞而折獄，威以嚴正而致刑，期所以遷善改過也。欲其遷改過則需「明慎用刑，而不留獄」，法治用刑，當如火之德，以明察情理，慎斷曲直，以迅結訟獄，無使留獄致怨，故孔子曰：

> 聽訟吾猶人也，必也使無訟乎？（《大學》）

訟且欲使無矣，尙可留獄以積怨而習於爲惡乎？「赦過宥罪」、「議獄緩死」、「刑罰輕而民服」，蓋爲政者當發施仁政，赦免小過，以廣得民心，寬宥重罪，而減輕刑罰，以誠信化民，審愼議獄，雖有死刑者，必待國人皆曰可殺，然後殺之也。能如此，刑罰清明，且執法公正適中，則萬民悅服，感化邦家也。

（四）恩威並用

　　於封建諸國中，貴族與君主共治其民，君民直接相通，而政教所施，人民爲唯一對象。然德治不足以鞏固政權，以下暴上者有之，爲使君位鞏固，臣民不得侵，故有封建階位之定，於是上下名分定，然統治者爲自身之權勢計，若徒恃法令制度，則恐姦邪之臣緣法爲姦，併與斗斛權衡而竊之也，蓋

「窮則變，變則通」故有統御之術生焉，《易傳》中論及統御術者，莫若〈臨卦〉。

〈臨卦〉由初九至上六之「臨」字，當即《尙書・顧命》「臨君周邦」之臨。〔註20〕國君統治臣民稱臨。

《春秋左氏》昭公六年傳：

> 臨之以敬。

《論語・爲政篇》：

> 臨之以莊則敬。

〈雍也篇〉：

> 居敬則行簡，以臨其民。

以上諸臨乃統治之謂也，又〈臨卦・六五〉曰：

> 知臨，大君之宜，吉。

知君上之監臨下民也，故〈臨卦・象傳〉曰：

> 君子以教思无窮，容保民无疆。

統治者臨民有以親近之，教誨之，容保之。民皆在其統馭保衛之中，得其所安，亦令施政者，以管教養衛，而治其民，俾民普沾教益，遍蒙德惠，故「教思无窮」，其教思无窮在於「容保民无疆」，而其「保民无疆」，在於恩威並重之統御術。

〈臨卦〉其初九與九二之「咸臨」，臨之含義相異，〈初九象傳〉曰：

> 咸臨貞吉，志行正也。

而〈九二象傳〉曰：

> 咸臨吉无不利，未順命也。

因而高亨先生以爲初九之咸，當讀爲諴。〔註21〕《說文解字》曰：

> 諴，和也。

《尙書・召誥》曰：

> 其丕諴于小民。

又，〈無逸〉曰：

> 用咸和萬民。

諴爲本字，咸爲借字。故初九諴臨是以寬和之政策統治人民。乃對待「志行

〔註20〕參見高亨著《文史述林》〈周易卦爻辭的哲學思想〉，頁301。
〔註21〕參見高亨著《周易古經今注》，卷二，頁70。

正」人民之政策，而九二咸臨之咸當作威，形近而譌。〔註22〕咸臨者，以威臨民也。〈九二象傳〉，乃民未順命，故臨之以威，《尚書‧召誥》曰：

> 惟王勿以小民淫用非彝，亦敢殄戮用乂民。

又，〈呂刑〉曰：

> 德威惟畏，德明惟明。

可見以威臨民，自古尚之，有威則萬民服，無威則天下亂矣。故曰：「咸臨，吉无不利。」

〈六三象傳〉曰：

> 甘臨，位不當也。既憂之，咎不長也。

王弼注：

> 甘者，佞邪說媚不正之名也。

孔穎達《周易正義》曰：

> 甘臨者，謂甘美諂佞也。

程子曰：

> 以甘悅臨人者也。（程子《易傳》）

故甘為誘之別名，甘臨即用誘惑之手段去臨政治民。此先儒疏注之趨習也，惟近人高亨以為甘猶嚴也。蓋聲義同源，以甘得聲之字，多有強制之義。〔註23〕故甘讀為拑，《說文解字》曰：

> 拑脅持，從手，甘聲。箝籋也。從竹，拑聲。鉗以鐵有以劫束也，
> 從金，甘聲。

故知古甘字亦尚有強制之意，而「嚴」，《說文解字》曰：

> 嚴，教命急也。

甘與嚴意相近，且甘嚴音亦相近。高亨又以為憂，即《詩經‧商頌‧長發》「教政優優」之優。〔註24〕《說文解字》曰：

> 憂，和之行也。

段玉裁注：

> 憂今字作優。

故許慎引《詩》曰：「布政憂憂」即〈長發〉之「敷政憂憂」。憂，優古通用，

〔註22〕同註21，頁71。
〔註23〕同註21，頁71。
〔註24〕同註21，頁71。

優是寬和之意，故甘臨是以嚴臨民，即以嚴酷手段統治人民，政急刑酷，則民困而怨上，若易之寬和，庶可免咎。由此可知，《易傳》雖主明法慎刑，而仍強調寬和為治。然釋甘為「誘」或「嚴」二解俱通，可相輔相成。蓋以美言甜語、佞邪諂媚臨人者，其失德必甚，故心虛不復以整風施其刑罰，嚴以臨民，然此法徒招怨甚而已，「無攸利」也。若能盡憂其位之不當，心懷危懼，而變其甘說，不使有害於中正，則易之以寬和，其咎輒止，故雖有咎，亦不長也。

九四之「至臨」，是主親身管理政治。六五之「知臨」，是以明察處理政治。上六之「敦臨」是以忠誠對待人民。總之，六臨之政治思想欲化民成俗，主張以寬和之政策，輔以刑罰之手段，然後反對嚴酷之統治，並要求統治者以明察、忠誠，親身管理政治。

〈臨卦〉中以誠臨與咸臨相結合之政治主張，於《春秋左氏·昭公二十年傳》亦有相同之記載：

> 政寬則民慢，慢則糾之以猛，猛則民殘，殘則施之以寬。寬以濟猛，
> 猛以濟寬，政是以和。

故誠臨與咸臨之相結合之政治思想，即是寬猛並濟，恩威並用之政治思想。此種惠政與刑政相結合之政治觀，有「窮則變，變則通，通則久」之政治藝術在。

第三節　教育思想

教育為傳遞文化之工具，文化為人經驗之結晶，前人用以應變環境之德慧，累世以增以傳，使後人能承傳此文化，而傳承之過程，即是教育活動。然環境變遷，舊日文化無能適應新環境，社會即生文化失調之現象，因而舊之教育措施，須有所更革，方足以延展民族文化。因之，由於環境之變遷與事實之需要，教育亦隨之應變，而應變之法亦因之而異，故社會之進化，與教育思想、教育制度之變易互為因果。

中國往古討論教育最早者為《尚書·舜典》。〈舜典〉曰：

> 帝曰：「契百姓不親，五品不遜，汝作司徒，敬敷五教，在寬。」

又曰：

> 夔命汝典樂，教冑子；直而溫，寬而栗，剛而無虐，簡而無傲。

此處之教，仍指教育活動而言，凡是足以影響人類身心之一切活動皆屬之教

育，由此可知，三代已有教育存在。《說文解字》曰：

> 教，上所施下所效也。

許慎教之意義是著重學術技能及做人道理之傳授與學習，而「育」之義，《說文解字》曰：

> 育，養子使作善也。

育之意義，著重體魄精神道德與生活之教育與訓練，而教育之目的，在爲社會創自立之個人，爲個人創相互之社會；其方法在於利用環境之刺激，使受教者自勉進取而創造新文化。故一人之愚昧無知，爲一人之不幸；一國之愚昧無知，爲一國之不幸。故求個人之幸福，必求明師以啓發其蒙昧；求一國之幸福，必用教育以感化愚昧。故立國之道，不得不以教化爲先之故。然教育之道萬方，如何能達成國家教育之功用，使民智大開，國家治平，就不能不講求教育之方法及原則。《周易》一書，對於教育之原則有許多提示：

一、教育目的

（一）蒙以養正

中國教育之目的在教人學爲人，故中國教育亦以德性教育爲主，亦以德性教育爲歸宿。孔門四科亦以德行爲首。孔子曰：「弟子入則孝，出則弟，主忠信，泛愛眾而親仁。」（〈學而篇〉）又曰：「孝弟也者，其爲仁之本與！」（〈學而篇〉）教人亦以德性爲主。孔子又曰：「行有餘力，則以學文。」（〈學而篇〉）可知知識乃在「行」之後之事，德行之修爲乃是教育之主題。而《禮記・學記》篇記載學校之教育曰：

> 一年視離經辨志，三年視敬業樂群，五年視博學親師，七年視論學
> 取友，謂之小成。九年知類通達，強立而不反，謂之大成。夫然後
> 足以化民易俗，近者說服，而遠者懷之，此大學之道也。

中國古代之教育重點，乃在行爲人格之陶養，而非落在技能知識層次之訓練，此爲中國教育精神特質所在。

《易經》言變，故教育之目的要人於變亂中仍能守正，處逆境內可以順應，能由蒙昧化育爲明智，由童蒙化育成聖賢君子；立人道以盡其天性，由人道啓發天道，因此《周易》之教育目的第一爲「養正」。透過教育才能達到亨通光明之遠景，才能達聖人之功，涵養啓蒙者以正大光明之仁義之性。故〈蒙卦・象傳〉曰：

山下有險，險而止，蒙。蒙亨以亨，行時中也。匪我求童蒙，童蒙
求我，志應也。初筮告，以剛中也。再三瀆，瀆則不告，瀆蒙也，
蒙以養告，聖功也。

熊十力《讀經示要》曰：

物之始生，其生命或心靈，猶爲物質的形軀所錮閉，而不得顯發，
是爲險陷之象，當初未得遂通，若山爲之障，故云山下有險。遇險
而不求通，乃止乎險，即終於蒙，故曰險而止，蒙。

童蒙時期，心智處蔽塞不靈之狀，亦最具可塑性之時期，所以必須就此時培
養其「正心」。朱子曰：

蒙以養正，聖功也。蓋言蒙昧之時，先自養教正當了，到那開發時，
便有作聖之功。若蒙昧之中，已自不正，他日何由會有聖功。〔註25〕

俞琰曰：

聖者無所不通之謂，童蒙之時，便當以正道涵養其正性，是乃作聖
之功也。古之人含德之厚，比於赤子。大人之所以爲大人者，不失
其赤子之心而已。童蒙之時，情竇未開，天眞未散，粹然一出於正，
所謂赤子之心是也。涵養正性，全在童蒙之時。若童蒙之時，無所
養而失其正，則他日欲望其作聖，不可得矣。〔註26〕

王船山《周易內傳》曰：

蒙之所以能利貞者，惟以善養之而正也。筮而告無所隱，瀆而不告
不使瀆，所以養蒙而正之也。

方孔炤曰：

立象无隱，告即不告，藏罕于雅，是養其不告之正法也。淵泉時出，
功即是體。時乎義則畫，時乎文則係，時乎孔則贊。全易無非教學，
無非聖功。坎習兌講，臨思觀設，皆亨行養正也。〔註27〕

姚配中曰：

二志應五，故曰以養，二以之也。二升五降得正，故以養正教之，
乃所以養也。《大戴記・保傅》云：「夫習與正人居，不能不正也。」
孔子曰：「少成若天性，習慣之爲常。」〈文王世子〉云：「凡三王

〔註25〕語見《朱子語類》卷七十〈易六〉，頁696。
〔註26〕語見《俞氏易集說》，蒙卦象傳。
〔註27〕語見方孔炤著《周易時論合編》卷一。

> 教世子，必以禮樂。樂所以脩內也，禮所以脩外也。禮樂交錯於
> 中，發形於外，是故其成也。」懌恭敬而溫文，是所謂蒙以養正
> 也，姑息爲養，是戕之耳。屯之後受以蒙，教爲急務也，教行蒙
> 正，聖功大矣。〔註28〕

以上諸說，皆在「養正」耳。蓋蒙者，蔽也。蔽乃人之氣質自我閉塞與私慾
而言，由於氣質我自閉塞及充塞私慾之蔽，致使心靈滯於蒙昧無知之狀態，
其行爲人格則不得其正矣，《管子・法言》曰：

> 正者，所以止過而逮不及也。

正即是要止過與逮不及之義。道德人格之形成，乃由於道德行爲之累積，道
德行爲之累積，即道德行爲經過長期之訓練，然後形成性格。「蒙以養正」，
養正即道德行爲之訓練。〈頤卦・象傳〉曰：

> 頤貞吉，養正則吉也。

〈蒙卦〉及〈頤卦〉皆言欲變化人之氣質，在於長期之道德訓練，此即養正
之功夫。養正之功夫，在於求通，成就聖功，一則消融氣質之自我閉塞與其
私慾，使其無蔽，化解氣質顯現於形軀之錮閉。一則開發心靈內容，養其正
心，使個體自蒙昧狀態中超拔提昇，使生命之質性臻於至正，「與天地合其德，
與日月合其明，與四時合其序，與鬼神合其吉凶。」而任其逞化矣。故《易
傳》之教育目的首要「養正」。

（二）成就君子

《易》爲君子謀，不爲小人謀；聖人作《易》，即爲君子而作。君子含義
不一，《論語・學而篇》曰：

> 人不知而不慍，不亦君子乎。

朱子注曰：

> 君子，成德之名。

《論語・顏淵篇》曰：

> 司馬牛問君子？子曰：「君子不憂不懼。」

《大戴禮記》哀公問五義：

> 哀公曰：「何如則可謂君子矣？」
>
> 孔子對曰：「所謂君子者，躬行忠信，其心不買，仁義在己，而不害

〔註28〕語見《周易姚氏學》卷四，頁69。

不知；聞志廣博，而色不伐；思慮明達，而辭不爭。猶然如將可及也而不可及也，如此可謂君子矣。」

而孔穎達《周易正義》曰：

言君子者謂君臨上位，子愛下民，通天子諸侯公卿大夫有地者，凡言君子義皆然。

孔穎達之意君子乃指統治階層而言，然依《論語》所載成德者爲君子，可見君子非專指統治階層而言，《周易》亦然。《禮記·少儀》筮人問筮者曰：

義與？志與？義則可問，志則否。

《集說》：

義者，事之宜爲之志者，則心之隱謀也。〔註29〕

凡事宜爲則爲之，不宜爲則去之，若是者爲君子；凡從事心有陰謀詭計，爲害於人，若是者爲小人。筮人只爲君子筮，不爲小人筮。故張橫渠曰：

《易》爲君子謀，不爲小人謀，故撰德於卦，雖爻有大小，及繫辭其爻，必諭之以君子之義。〔註30〕

顧炎武曰：

《易傳》中言位者有二義，列貴賤者存乎位，五爲君位，二三四爲臣位，故皆曰同功而異位，而初上爲無位之爻，譬之於人，初爲未仕之人，上則爲隱淪之士，皆不爲臣也。〔註31〕

初上爲庶人，而二三四五屬統治階層，統治階層古謂之君子，故《周易》之筮者除爲統治階層筮之外，也兼爲成德之庶人筮。〈蠱卦〉上九曰：

不事王侯，高尚其事。

程子《易傳》曰：

賢人君子不偶於時，而高潔自守，不累於世務者也，故云：「不事王侯，高尚其事。」古之人有行之者，伊尹、太公望之始，曾子、子思之徒是也。不屈道以循時，既不得施設於天下，則自善其身，尊高敦尚其事，守其志節而已。

又〈大過卦·象傳〉曰：

君子以獨立不懼，遯世无悶。

〔註29〕語見陳澔著《禮記集說》卷六，〈少儀〉第十七，頁193。
〔註30〕語見《宋元學案》卷十七，〈橫渠學案·大易〉第十四。
〔註31〕語見《日知錄》卷一，〈六爻言位〉。

程子《易傳》曰：

> 君子所以大過人者，以其能獨立不懼，遯世无悶也。天下非之而不
> 顧，獨立不懼也；舉世不見知而不悔，遯世无悶也。

上舉皆非專指統治階層者，故知《周易》言君子乃指能成德之人。而《周易》
神道設教乃爲成就君子，故〈繫辭上傳〉曰：

> 君子所居而安者，《易》之序也；所樂而玩者，爻之辭也。是故君子
> 居則觀其象而玩其辭，動則觀其變而玩其占。是以自天祐之，吉无
> 不利。

君子與《易》教是密不可分。〈象傳〉提及君子者凡有八見：

> 君子有攸行，先迷失道，後順得常。（〈坤〉）
>
> 內君子而外小人，君子道長，小人道消也。（〈泰〉）
>
> 否之匪人，不利君子貞。（〈否〉）
>
> 內小人而外君子，小人道長，君子道消也。（〈否〉）
>
> 君子正也，唯君子爲能通天下之志。（〈同人〉）
>
> 謙尊而光，卑而不可踰，君子之終也。（〈謙〉）
>
> 君子尚消息盈虛，天行也。（〈剝〉）
>
> 因而不失其所亨，其唯君子乎。（〈困〉）

〈象傳〉中提及君子者有〈乾〉、〈坤〉、〈屯〉、〈蒙〉、〈需〉、〈訟〉、〈師〉、〈小
畜〉、〈履〉、〈否〉、〈同人〉、〈大有〉、〈謙〉、〈隨〉、〈蠱〉、〈臨〉、〈賁〉、〈剝〉、
〈大畜〉、〈頤〉、〈大過〉、〈坎〉、〈咸〉、〈恒〉、〈遯〉、〈大壯〉、〈晉〉、〈明夷〉、
〈家人〉、〈睽〉、〈蹇〉、〈解〉、〈損〉、〈益〉、〈夬〉、〈萃〉、〈升〉、〈困〉、〈井〉、
〈革〉、〈鼎〉、〈震〉、〈艮〉、〈漸〉、〈歸妹〉、〈豐〉、〈旅〉、〈巽〉、〈兌〉、〈節〉、
〈中孚〉、〈小過〉、〈既濟〉、〈未濟〉。共五十四卦：

> 1. 君子以自強不息。（〈乾〉）
>
> 2. 君子以厚德載物。（〈坤〉）
>
> 3. 君子以經綸。（〈屯〉）
>
> 4. 即鹿无虞，以從禽也。君子舍之，往吝窮也。（〈屯〉六三）
>
> 5. 君子以果行育德。（〈蒙〉）
>
> 6. 君子以飲食宴樂。（〈需〉）
>
> 7. 君子以作事謀始。（〈訟〉）

8. 君子以容民畜眾。(〈師〉)

9. 君子以懿文德。(〈小畜〉)

10. 君子征凶，有所疑也。(〈師〉上九)

11. 君子以辯上下，定民志。(〈履〉)

12. 君子以儉德避難，不可榮以祿。(〈否〉)

13. 君子以類族辨物。(〈同人〉)

14. 君子以遏惡揚善，順天休命。(〈大有〉)

15. 君子以裒多益寡，稱物平施。(〈謙〉)

16. 謙謙君子，卑以自牧。(〈謙〉初六)

17. 勞謙君子，萬民服也。(〈謙〉九三)

18. 君子以嚮晦入宴息。(〈隨〉)

19. 君子以振民育德。(〈蠱〉)

20. 君子以以教思无窮，容保民无疆。(〈臨〉)

21. 君子以明庶政，无敢折獄。(〈賁〉)

22. 君子得輿，民所載也。(〈剝〉上九)

23. 君子以多識前言往行，以畜其德。(〈大畜〉)

24. 君子以慎言語，節飲食。(〈頤〉)

25. 君子以獨立不懼，遯世无悶。(〈大過〉)

26. 君子以常德行，習教事。(〈坎〉)

27. 君子以虛受人。(〈咸〉)

28. 君子以立不易方。(〈恒〉)

29. 君子以遠小人，不惡而嚴。(〈遯〉)

30. 君子好遯，小人否也。(〈遯〉九四)

31. 君子以非禮而履(〈大壯〉)

32. 小人用壯，君子罔也。(〈大壯〉九三)

33. 君子以自昭明德。(〈晉〉)

34. 君子以莅眾，用晦而明。(〈明夷〉)

35. 君子于行，義不食也。(〈明夷〉初九)

36. 君子以言有物，而行有恒。(〈家人〉)

37. 君子以同而異。(〈睽〉)

38. 君子以反身脩德。(〈蹇〉)

39. 君子以赦過宥罪。(〈解〉)

40. 君子有解，小人退也。(〈解〉六五)

41. 君子以懲忿窒慾。(〈損〉)

42. 君子以見善則遷，有過則改。(〈益〉)

43. 君子以施祿及下，居德則忌。(〈夬〉)

44. 君子夬夬，終无咎也。(〈夬〉九三)

45. 君子以除戎器，戒不虞。(〈萃〉)

46. 君子以順德，積小以高大。(〈升〉)

47. 君子以致命遂志。(〈困〉)

48. 君子以勞民勸相。(〈升〉)

49. 君子以治曆明時。(〈革〉)

50. 君子豹變，其文蔚也。(〈革〉上六)

51. 君子以正位凝命。(〈鼎〉)

52. 君子以恐懼脩省。(〈震〉)

53. 君子以思不出其位。(〈艮〉)

54. 君子以居賢德善俗。(〈漸〉)

55. 君子以永終知敝。(〈歸妹〉)

56. 君子以折獄致刑。(〈豐〉)

57. 君子以明慎用刑，而不留獄。(〈旅〉)

58. 君子以申命行事。(〈巽〉)

59. 君子以朋友講習。(〈兌〉)

60. 君子以制數度，議德行。(〈節〉)

61. 君子以議獄緩死。(〈中孚〉)

62. 君子以行過乎恭，喪過乎哀，用過乎儉。(〈小過〉)

63. 君子以思患而豫防之。(〈既濟〉)

64. 君子以慎辨物居方。(〈未濟〉)

65. 君子之光，其暉吉也。(〈未濟〉六五)

〈文言傳〉提及君子者凡九見：

　　1. 君子體仁足以長人。

　　2. 君子行此四德者。

　　3. 君子終日乾乾，夕惕若厲无咎，何謂也。

4. 君子進德脩業，忠信所以進德也。

5. 君子進德脩業，欲及時也。

6. 君子以成德爲行。

7. 君子學以聚之，問以辯之，寬以居之，仁以行之。

8. 君子敬以直內，義以方外。

9. 君子黃中通理，正位居體，美在其中。

可知〈乾〉〈坤〉二卦，均爲君子謀，又如〈繫辭傳〉：

「鳴鶴在陰，其子和之。我有好爵，吾與爾靡之。」子曰：「君子居其室，出其言善，則千里之外應之，況其邇者乎！居其室，出其言不善，則千里之外違之，況其邇者乎！言出乎身，加乎民；行發乎邇，見乎遠；言行，君子之樞機，樞機之發，榮辱之主也。言行，君子之所以動天地也，可不愼乎！」（〈繫辭上傳〉）

「同人先號咷而後笑。」子曰：「君子之道，或出或處，或默或語，二人同心，其利斷金，同心之言，其臭如蘭。」（〈繫辭上傳〉）

「勞謙，君子有終，吉。」子曰：「勞而不伐，有功而不德，厚之至也。語以其功下人者也。德言盛，禮言恭，謙也者，致恭而存其位者也。」（〈繫辭上傳〉）

「不出戶庭，无咎。」子曰：「亂之所生也，則言語以爲階。君不密則失臣，臣不密則失身；幾事不密則害成。是以君子愼密而不出也。」（〈繫辭上傳〉）

子曰：「作《易》者，其知盜乎！《易》曰：『負且乘，致寇至。』負也者，小人之事也，乘也者，君子之器也；小人而乘君子之器，盜思奪之矣，上慢下暴，盜思伐之矣。慢藏誨盜，治容誨淫，《易》曰：『負且乘，致寇至。』盜之招也。」（〈繫辭上傳〉）

《易》曰：「公用射隼於高墉之上，獲之无不利。」子曰：「隼者，禽也。弓矢者，器也。射之者人也。君子藏器於身，待時而動，何不利之有！動而不括，是以出而有獲，語成器而動者也。」（〈繫辭下傳〉）

子曰：「危者，安其位者也。亡者，保其存者也。亂者，有其治者也。是故君子安而不忘危，存而不忘亡，治而不忘亂；是以身安而國家可保也。《易》曰：『其亡其亡，繫于苞桑。』」（〈繫辭下傳〉）

子曰：「知幾其神乎！君子上交不諂，下交不瀆，其知幾乎！幾者，動之微，吉之先見者也。君子見幾而作，不俟終日。《易》曰：『介于石，不終日，貞吉。』介如石焉，寧用終日，斷可識矣。君子知微知彰，知柔知剛，萬夫之望。」（〈繫辭下傳〉）

子曰：「君子安其身而後動，易其心而後語，定其交而後求，君子修此二者，故全也。危以動，則民不與也；懼以語，則民不應也；无交而求，則民不與也。莫之與，則傷之者至矣。《易》曰：『莫益之，或擊之，立心勿恆，凶。』」（〈繫辭下傳〉）

由上可知，《易》為君子謀，於〈象傳〉中，六十四卦有五十一卦之「君子以」，此均為君子進德脩業之指針，總其《易傳》之內容含蘊有：

甲、行政之脩為：教國君施福澤於臣民者，有明上下之分者，有勞民勸相者，有修明庶政、慎用刑章者，有遏惡揚善者，有體仁長人者，有慎言行者，有不伐己功者，有君賢德移風俗者。

乙、個人之成德：有教德脩業者，有遷善改過者，有懲忿窒慾者，有反身修德者，有慎言養德者，有不諂不瀆者，有恐懼脩省者，有謙巽有終者，有多人同心者，有裒多益寡者，有和而不流者，有明過之宜者，有戒懼慮患者，有作事謀始者，有多識前言往行者，有遯世无悶者。

故《易傳》之教育目的其二為成就君子，用以振民育德。

（三）振民育德

《易傳》言教育其目的除養正而成就彬彬君子外，從而以德教振動萬民，以育其德，然君子所事在己則養德，於天下則濟民，故〈蠱卦・象傳〉曰：

山下有風，蠱。君子以振民育德。

朱子《周易本義》曰：

山下有風，物壞而有事矣。而事莫大於二者，乃治己治人之道也。

王船山《周易內傳》曰：

君子治民之道，興起頑懦而養其善，以止其非，天下之所以治也，風以振之，山以育之，始而興起，繼以養成，教民之序也。

蓋君子欲救時弊，必須鼓舞興作，以振起民之頑懦，使之日趨於善，以移風易俗，此新民之事也。然欲作新民，在於己，則須涵養省察，自強不息，以

自新其德而爲民之表率。《大學》之道在明明德，在新民，在止於至善，此之謂也。振者，作而起，育者，養而施。振民爲濟眾，育德爲脩己。《大學》之道有三綱紀：一、明明德，二、新民，三、在止於至善，實則只有二綱紀，明明德與新民。止於至善爲前二項綱紀之目的。明明德爲自身成德而言，新民爲推己及人成德而言。故《大學》八德目：一格物，二致知，三誠意，四正心，五修身，六齊家，七治國，八平天下。格物、致知、誠意、正心、修身爲明明德之事，齊家、治國、平天下爲新民之事。先己而後人，故《論語・憲問篇》子路問孔子曰：

> 子曰：「脩己以敬。」
> 曰：「如斯而已乎？」
> 曰：「脩己以安人。」
> 曰：「如斯而已乎？」
> 曰：「脩己以安百姓。脩己以安姓，堯舜其猶病諸！」

《易傳》亦明教育之目的在先自身之修德，然後使人明德，故〈蹇卦・象傳〉曰：

> 君子以反身脩德。

〈晉卦・象傳〉曰：

> 君子以自昭明德。

而〈蠱卦・象傳〉曰：

> 君子以振民育德。

修己而後安人，安人首在設教，故「先王以省方觀民設教」（〈觀卦・象傳〉）天地草昧，君子經營萬端，在於遏惡揚善，稱物平施，故吾人教育之最終目的，無非爲謀個體及生命之生存，爲求群居生活之和諧，則振民育德爲其要務，振民所以激其志節，育德所以勵其言行，皆所以化成天下也。此文化之理想，亦爲教育之目的。

二、教育方法

（一）省方設教

〈觀卦・象〉曰：「先王以省方、觀民、設教。」朱子曰：「省方以觀民，設教以爲觀。」（《周易本義》）治者以省視四方，觀察民情，各因其風俗習慣而設施政教。程子《易傳》曰：

> 風行地上，周及庶物，爲由歷周覽之象，故先王體之爲省方之禮，
> 以觀民俗而設政教也。省方，觀民也；設教，爲民觀也。

教育之施者，當如聖王之巡視四方，以觀民隱，周知庶眾，以爲施教之張本。
《周易折中》引《九家易》曰：

> 風行地上，草木必偃。故以省察四方，觀視民俗，設其教也。

又引劉牧曰：

> 風行地上，無所不至，散采萬國之聲詩，省察其俗，有不同者，教
> 之使用。

因而制定教育方針，需因時因地制宜，隨俗而施正，各因其風俗習慣而設教，
使民咸喻而不迷。非此而閉門造車，必生「困蒙」。而困蒙之吝，「獨遠實也。」
遠離實際之施教，必然是空中樓閣，徒兹羞吝而已。故《潛夫論·述赦篇》曰：

> 是故觀民設教，變通移時之義，今日救世，莫急乎此。

蓋教之本在誠，教育之內容爲禮樂刑政，日用所需，然禮樂刑政，日用所需，
必因時因俗而異。先王之省方，因五方之民，言語不通，嗜欲不同，於是循
省方國，觀其風土，以至誠愛民之心，設爲多術之教，使民安其所安，修其
道而變其俗，設教因方而異，終臻歸同化。

（二）以時育物

〈无妄卦·象〉曰：「先王以茂對時，育萬物。」高亨釋茂爲勉也。對爲
應也。〔註 32〕「天下雷行，物皆不可以妄也。」〔註 33〕故先王觀雷行物與，
皆不有妄，於是體天之道，以養育人民，順天之時，以養育萬物，使之各遂
其性，各得其宜，此乃對時育物之道。故孟子曰：

> 春省耕而補不足，秋省斂而助不給。入其疆，土地辟，田野治，養
> 老尊賢，俊傑在位，則有慶，慶以地。入其疆，土地荒蕪，遺老失
> 賢，掊克在位，則有讓。（〈告子下〉）

《紫巖易傳》曰：

> 天動以誠，萬物敷生，不失其信。先王脩胷中之誠，止詐僞，復敦
> 朴。惟公惟正，稽順天達，而天下萬物率蒙其休利。（卷三）

是皆因時因事，而制其宜，亦即所謂對時育物之道。施教者當體无妄之道，

〔註 32〕參見高亨著《周易大傳今注》，〈无妄〉第二十五，頁 247。
〔註 33〕語見《周易·无妄卦象》王弼注。

布德施惠，養育萬物，使遂其生。夫天覆地載乃至眞至誠，教育者以至眞至誠之心，循時以育成萬物，則能「同聲相應，同氣相求。水流溼，火就燥。雲從龍，風從虎。」沛然水到渠成。故《中庸》曰：

> 致中和，天地位焉，萬物育焉。（第一章）

又曰：

> 誠者，物之終始，不誠無物，是故君子誠之爲貴。（二十五章）

蓋天下之亂常生於利，而害之事起於至微而成於至大。教育方法之誤，便導致終患無窮，故教育當以至正之道大公之襟懷行之，是以天下之童蒙皆得化矣。俞琰曰：

> 天有是時，先王非能先後之也，對而循之耳。物有是生，先王非能損益之也，育而成之耳。《中庸》之所謂誠，即《易》之所謂无妄也。《中庸》云：唯天下至誠爲能盡其性，能盡其性，則能盡人之性，則能盡物之性，能盡物之性，則可以贊天地之化育，可以贊天地之化育，則可以與天地參矣。〔註34〕

蔡清曰：

> 對時育物者，因其所性而不爲私。乃聖人盡物之性也。〔註35〕

王船山曰：

> 教道之善，取蒙者之剛柔明暗，悉體而藏之於心，調其過，輔其不及，以善養之。師道立，善人多，是以吉也。

故以時育物，與今之「因材施教」、「有教無類」、「愛的教育」有異曲同工之妙。蒙師取蒙昧者之剛、柔、明、暗之特性，以含弘光大之誠德，隨機調和過偏，或補其不足缺失，並將教育活動普及於家庭社會中，眞可謂世澤流長矣。

（三）敷教以寬

蒙童始教，知識未開，人格未成，有待良師啓蒙。今之教育以主動自發之啓發代之被動灌注之教育方法。啓發之教育方法，在於重視個體生命之涵養，崇高品格之陶冶，因而重視個體之興趣，培養獨立創造之能力。爲啓發其潛能，變化其氣質，由蒙昧啓誘爲明智，由頑劣教化爲賢良，由狹隘開導爲寬宏，此爲發蒙之課題。故〈蒙卦〉初六曰：

〔註34〕語見《俞氏易集説》〈无妄卦・象傳〉。
〔註35〕語見《易經蒙引》上經卷四、〈无妄〉。

發蒙，利用刑人，用説桎梏，以往，吝。

〈象傳〉曰：

　　利用刑人，以正法也。

發者，啓發之也。蓋蒙童，是非未辨，利害未明，常於不自覺中犯過，故於發蒙之初，利用刑禁，使人知所畏避，知所迷復，然後從而教之，導之以德，齊之以禮，以收法治教化之效。「利用刑人」，即《尚書・堯典》「朴作教刑」，《禮記・學記》「夏楚二物，收其威也。」《夏書》「明於五刑，以弼五教。」之意。《易傳》於教育之方法，並未異議於適度之體罰。正如《論語》孔子曰：

　　禮樂不興，則刑罰不中；刑罰不中，則民無所措手足。(〈子路篇〉)

「用脱桎梏」是用刑人之法，以除心靈之蔽固。蓋蒙昧無知，猶束之於人之桎梏。教育之目的在於啓迪人之心智，使復其澄明圓融至眞至善，故除蒙昧，猶脱人之桎梏。然發蒙之道，終非「利用刑人」，「刑人」爲手段，藉以建立行爲之準則，脱去「桎梏」爲目的。故〈繫辭下傳〉曰：

　　小人不恥不仁，不畏不義，不見利不勸，不威不懲，小懲而大誡，

　　此小人之福也。

〈益卦・象傳〉曰：

　　君子以見善則遷，有過則改。

〈革卦・象傳〉曰：

　　革而信之，文明以説，大亨以正。革而當，其悔乃亡。

〈損卦・象傳〉曰：

　　君子以懲忿窒欲。

懲罰在徒使受教者知所反省，如將「刑」當爲目的，長此以往而不舍，則致羞吝矣。故王弼曰：「刑不可長也。」程子復加闡發，程子《易傳》曰：

　　治蒙之初，威之以刑者，所以脱去其昏蒙之桎梏。桎梏，謂拘束也。
　　不去其昏蒙之桎梏，則善教无由而入。………然後漸能知善道，而
　　革其非心，則可以移風易俗矣。苟專用刑以爲治，則蒙雖畏而終不
　　能發，苟免而無恥，治化不可得而成矣，故以往則可吝。

胡炳文曰：

　　一於嚴以往，是不知有敬敷五教在寬之道也，故吝。〔註36〕

〔註36〕語見《周易本義通釋》卷一。

啓蒙之教，法式不一，或擊之、或發之，教亦多術，不可執一以行。嚴以戒之，寬以省之，發蒙之道盡矣。

（四）昏蒙不教

致蒙之教多端，然自我致蒙者，謂之昏蒙，昏蒙者不教。趙汝楳《周易輯聞》曰：

> 人致蒙者多端；故亨蒙非一術。有不被教育而蒙者，初是也；有不能問學而蒙者，四是也；有性質未開而蒙者，五是也；如三則自我致蒙，聖人戒之曰：「勿用取女」。或發之，或擊之，教亦多術。勿娶，非絕之，不屑教也。（卷一）

中國教育重在德性之涵養，教育爲人格塑造之歷程，故無不尊重教育者，而使人格教育臻於圓融，〈蒙卦‧象傳〉曰：

> 匪我求童蒙，童蒙求我，志應也。初筮告，以剛中也。再三瀆，瀆則不告，瀆蒙也。

發蒙當行之可亨之道，及時施教，不先不後，適得其中，若夫蒙童嬉戲慢瀆，則不屑教也。此即「師嚴而後道尊，道尊而後民知敬學。」

〈屯卦〉六三曰：

> 勿用取女，見金夫，不有躬，无攸利。

〈象傳〉曰：

> 勿用取女，行不順也。

王船山《周易內傳》曰：

> 君子誨人不倦，而師道必嚴，剛中裁物所以善誘，彼志在躐等，不能以三隅反，而復以一隅問者，乃全求諸人，而不求諸己，愈瀆則愈蒙其蔽也。貪多聞，侈奇衺，見異説而遷，必將見金夫不有躬，盡棄其學而陷於左道，故君子雖有不忍人蒙昧之心，必不告而瀆之。

蓋愚而多欲者，必躁於求益，則見異思遷，非教化之所能遷也。故不屑教也。不屑教之，非永棄絕而不教。對此昏蒙之人，唯有用「擊蒙」以教之。雖爲「逆以制之」之手段，卻爲「順以行之」之理，以責打改其愚行，除其愚害。蓋「去其悖道之心而已」，〔註37〕順是而瀆，再三瀆，瀆則不教也。

〔註37〕語見《周易折中》上經〈蒙卦〉上九集説。

三、教育資料

《易》為君子謀，故教育之目的在於成就君子。雖然《易傳》中，無教育二字聯用者，從《易傳》中可知往聖頗重視教學活動。〈臨卦・象傳〉曰：

> 君子以臨教思无窮，容保民无疆。

〈大壯卦・象傳〉曰：

> 君子以多識前言往行，以畜其德。

〈坎卦・象傳〉曰：

> 君子以常德行習教事。

〈兌卦・象傳〉曰：

> 君子以朋友講習。

有教學活動便有教學內容，故教育資料，即為學習認知之資料，亦是學習內容。

古人觀自然之奧秘，而莫得其解；懾於大自然之力量，而莫之能禦，於是敬之、畏之。聖哲知其然，因勢利導，乃設巫卜之官以誘民志，所謂「神道設教」也。〈觀卦・象傳〉曰：

> 聖人以神道設教，而天下服矣。

《易傳》之旨在推天道以明人事，故〈繫辭下傳〉曰：

> 古者包犧氏之王天下也，仰則觀象於天，俯則觀法於地。觀鳥獸之文，與地之宜。近取諸身，遠取諸物，於是始作八卦，以通神明之德，以類萬物之情。

聖人「神道設教」始作八卦，而八卦之作在於「通神明之德」、「類萬物之情」。故分析八卦之取象範圍，即可知教材之概要。《易》象並非難知，象見於卦，卦列則象見，〈繫辭上傳〉曰：

> 聖人立象以盡其意，設卦以盡情偽。

〈繫辭下傳〉曰：

> 八卦成列，象在其中矣。

從《易傳》中可知往聖之教，隨時隨地，非專有教科書，因事而施教也。江慎修於《河洛精蘊》中，列《周易》卦象，計有：

> 天文類　歲時類　地理類　人道類　人品類　人事類
> 身體類　飲食類　衣服類　宮室類　貨財類　器用類
> 國典類　師田類　動物類　植物類　雜類共十七類。（第五卷）

高仲華先生分析《象傳》之內容，分為四項：

一、有關修身者。

二、有關齊家者。

三、有關治國者。

四、有關平天下者。

分析〈說卦傳〉之內容為八：

一、言八卦本體之象。

二、言八卦養物之象。

三、言八卦始終之象。

四、言八卦運動成萬物變化之象。

五、言八卦取於禽獸之象。

六、言八卦取於人身之象。

七、言八卦取於人倫之象。

八、廣言八卦之象。〔註38〕

可知《易》象範圍之廣袤，在從其「觀象於天」、「觀法於地」、「觀鳥獸之文與地之宜」，又從「近取諸身，遠取諸物」言，其取材之範圍，從《易傳》中出現之資料可歸納之於自然學科，包含素樸之天文、地理、生物等之學。而「以通神明之德，以類萬物之情」者，其範圍可歸之於人文科學，包含有倫理、政事、教育、經濟、兵事、刑法、歷史等之學。從《易傳》中可知往聖之教，隨時隨地「省方觀民設教」（〈觀卦·象傳〉），其教學內容非固定不變，因事而施教。從五十三卦之「君子以」以觀，尤特重行為之敦品勵行，實為課程之核心。

第四節　變易史觀

文化累積以成歷史，歷史促進文化之進步，亦提升人類之生活水準。故人類生活承續不斷之改觀，亦能促進歷史之發展。「逝者如斯夫，不舍晝夜。」歷史之巨流，無休止之奔馳，文化之傳承，於歷史變化中進步發皇，《論語》孔子曰：

齊一變，至於魯，魯一變，至於道。（〈雍也篇〉）

〔註38〕詳見《孔孟學報》第十五期〈易象探源〉。

歷史變動，促以文化激烈之變革，而文化之變革，復給予歷史之延展。《春秋左氏‧昭公三十二年傳》曰：

> 社稷無常奉，君臣無常位，自古以然。故《詩》曰：「高岸爲谷，深谷爲陵。」三后之姓於今爲庶，主所知也。

人事之變異，隨歷史之發展與時間之變異而呈顯出來。《易傳》認爲萬事萬物均在遷流中，歷史之演變亦然，成爲變易之歷史觀。〈繫辭上傳〉曰：

> 在天成象，在地成形，變化見矣。

變化爲宇宙之事實，有象有形可見，則有變化可見。唯有變化不已，宇宙之生命方能不窮而久。〈繫辭下傳〉曰：

> 《易》窮則變，變則通，通則久。

變化使窮而通，通乃久。久則生生不已，故變化爲創造，爲日新，〈繫辭上傳〉曰：

> 富有之謂大業，日新之謂盛德，生生之謂《易》。

《易傳》確定「生生」變動之方向與價值，《尚書》湯之盤銘亦曰：

> 苟日新，日日新，又日新。

生生之義，透過歷史觀而言，宇宙乃承續之「新陳代謝」，故〈繫辭下傳〉曰：

> 《易》之爲書也不可遠，爲道也屢遷，變動不居，周流六虛，上下無常，剛柔相易，不可爲典要，唯變所通。

宇宙乃一日新無疆之歷程，一切於流轉中生生不已。朱子〈答范伯崇書〉曰：

> 《易》，變易也，隨時變易以從道也，易也，時也，道也，自其流行不息者而言之，則謂之易。自其變易無常者而言之，則謂之時。而其所以然之理，則謂之道。（《朱文公文集》三十九）

故知《易》之變易思想，爲《易傳》之主要內容，其呈現於歷史觀亦然，蓋史之有人事，正如《易》之有變易，而於此變易中，知歷史之遷流，〈坤卦‧文言傳〉曰：

> 積善之家，必有餘慶，積不善之家，必有餘殃，臣弒其君，子弒其父，非一朝一夕之故，其所由來者漸矣。

孔穎達《周易正義‧序》曰：

> 自天地開闢，陰陽運行，日月更出，孚萌庶類，亭毒群品，新新不停，生生相續，莫非資變之力，換代之功。

《易傳》貞定變之存有及因果關係，並闡明歷史之延展法則在於變，故〈繫辭

下傳〉曰：

> 神農氏沒，黃帝、堯、舜氏作，通其變，使民倦，神而化之，使民宜之。

《淮南子·齊俗篇》曰：

> 易故世異則事變，時移則俗易，故聖人論世而立法，隨時而舉事。

歷史之一切典章制度，禮俗服器隨時而變，各因其宜，故吾人探研歷史須從「究天人之際，通古今之變」中，尋求盛衰之理，歷史似同江河之水，剎那變異流逝，亦同人身之肌髮，日月代謝新陳，更迭不已。

一、歷史變易之方法

八卦之推盪，六十四卦之相生，無不於變易一語以盡之，蓋宇宙以變而久存，亦以變而日新，《易》道既以天道推人事，故宇宙之變易亦為人事之規範，故歷史之變易延展亦然，而其方法有二：

（一）循環往復

《易》論宇宙之變易，有循環往復之原理，〈復卦·彖傳〉曰：

> 反復其道，七日來復，天行也。

天道之運行，如陰陽之互為消長，迭見盛衰，剝復循環不已，〈恆卦·彖傳〉曰：

> 天地之道，恆久而已也。

天地恆久之道，在於終則有始，一明一暗，互相更易，循環異端，恆而不窮，如是而已矣！〈泰卦·九三象傳〉曰：

> 无往不復，天地際也。

物理循環，盛極必衰，蓋泰久必否，自然之理也，比之人事，則德善日積，則福祿日增，德逾於祿，則雖盛而非滿，逮祿愈於德，則盛可暫而不可久，自古隆盛之極，未有不因失道而喪敗者，豈徒然哉！〈豐卦·彖傳〉曰：

> 日中則昃，日盈則食，天地盈虛，與時消息。

蓋日以中為盛，過中則昃，月以盈為盛，過盈則食。天地造化之理，盈虛消長之數，每因時間而為消息。由虛而息，息而盈，盈而消，消而虛，循環無端。由此可見，國家無常豐之理，歷史之軌跡，有盛有衰，無常盛，亦無常衰。無常新，無常舊，嬰孩赤子之新，乃老耄之舊，故〈繫辭上傳〉曰：「原

始返終。」始爲往，爲，終爲來，爲新，然終必隨始，乃成其爲終，新必依舊，乃成其爲新。苟無始，何有終；苟非舊，焉有新。惟始終一貫，新舊一體，往復不息，故曰：「原始返終。」故原周文之始，必反之商紂之終，孟子有見於此，故首先提出治亂循環之史觀。曰：

> 天下之生久矣，一治一亂。（〈滕文公下〉）

孟子並述演進之過程：「當堯之時，水逆行，氾濫於中國，蛇龍居之，民無所定；下者爲巢，上者爲營窟。」此爲一亂。「使禹治之，禹掘地而注之，驅蛇龍而放之菹；水田地中行，江、淮、河、漢是也，險阻既遠，鳥獸之害人者消，然後人得平土而居之。」此爲一治。「堯舜既沒，聖人之道衰，暴君代作，壞宮室以爲汙池，民無所安息；棄田以爲園囿，使民不得衣食。邪說暴行又作，園囿、汙池，沛澤多而禽獸至。及紂之身，天下又大亂。」此復爲一亂。「周公相武王誅紂，伐奄三年討其君，驅飛廉於海隅而戮之，滅國者五十，驅虎、豹、犀、象而遠之，天下大悅。」此復爲一治。及「世衰道微，邪說暴行有作，臣弒其君者有之，子弒其父者有之。」此復爲一亂。總計自堯舜至孔子，歷經三治亂，歷史之進化呈治亂循環之狀態，此「反復其道」「无往不復」之天道也。故孟子又曰：

> 五百年必有王者興，其間必有名世者。（〈公孫丑下〉）

孟子更舉史實以證之，曰：

> 由堯舜至於湯，五百有餘歲，若禹、皋陶，則見而知之，若湯則聞而知之。由湯至於文王，五百有餘歲，若伊尹、萊朱，則見而知之，若文王，則聞而知之。由文王至於孔子，五百有餘歲，若太公望、散宜生，則見而知之，若孔子則聞而知之。（〈盡心下〉）

此皆在指明循環往復之周流不息。《三國演義》：「話說天下大勢，分久必合，合久必分。」此之謂也。王充亦信「昌必有衰，興必有慶」〔註39〕國家之治亂。王朝之興亡，皆歷史延展之現象，如四季不息之循環往復。王船山亦曰：

> 天下之生，一治一亂。帝王之興，以治相繼。〔註40〕

故徵諸歷史，秦漢之後二千年之發展，亦呈現此一歷史型態。〔註41〕秦隋之

〔註39〕王充《論衡・異虛篇》：「人之死生，在於命之夭壽，不在行之善惡；國之存亡，在期之長短，不在於政之得失。」蓋王充亦信治亂循環之宿命觀。

〔註40〕語見王船山著《讀通鑑論》，卷二十二。

〔註41〕參見《大陸雜誌》二十九卷五期，勞榦著〈中國歷史的週期及中國歷史的分期問題〉。

亂有漢唐之治；六朝五代之離，有唐宋之合；靖康之禍，延呼蒙古至洪武始定。自秦漢迄明清之歷史中，朝代屢次更迭，然其政體，同屬一類，就朝代變更言，為日新變易，然就政治之類屬而言，則其日新更易為往復之循環。歷史依循環，否極泰來，升極必困，賁盡招剝，進極而傷，遯極反壯，動竟歸止之軌跡循環進化。

（二）生生不息

萬物遷流，前滅後生，由今成昔，由來至今，此生生不已之象，無非舊勢所遺，舊因所積，故生生相續，新新不停，此之謂也。宇宙萬象如此，故〈恆卦・象傳〉曰：

> 日月得天而能久照，四時變化而能久成，聖人久於其道而天下化成。

> 觀其所恆，而天地萬物之情可見矣。

「天地萬物之情」乃宇宙恆常變易之道，聖人智慧周涵萬物，知「道」運生化於日用生活之中，並朗現暢旺之生機，《易傳》中最重要理念之一為「生」，故〈繫辭上傳〉曰：

> 生生之謂《易》。

〈繫辭下傳〉曰：

> 天地之大德曰生。

所謂「生生」乃生生不息之意。而天地之德，在乎廣生萬物，亦在乎常生萬物。故生生之德乃言天地所以生生不息之道之歷程，有生而後有物，有物而後有象，宇宙萬物生生不息，變化無窮，故《易》之變易乃是生生，亦即價值所在。〈繫辭下傳〉曰：

> 天地絪縕，萬物化醇，男女構精，萬物化生。

〈乾卦・象傳〉曰：

> 大哉乾元，萬物資始，乃統天。雲行雨施，品物流行。

〈坤卦・象傳〉曰：

> 大哉坤元，萬物資生，乃順承天，坤厚載物，德合無疆，含弘光大，
> 品物咸亨。

天地之變化為化生萬物，而乾乃萬物所資以始，坤即萬物所資以生，六十四卦之變化，即乾坤之變化，故乾坤之變化其意義為生生，乾坤為萬物化生之本根，六十四卦亦象徵生命變化之歷程，生生不已。

《易傳・序卦》在闡明六十四卦之次序，於上篇首以「有天地，然後萬

物生焉！」開端，下篇亦復以「有天地，然後有萬物」起始，上下篇之意均貞定天地生萬物之序，而六十四卦之終在於「未濟」，亦在於象徵萬事萬物之化生生不已。人類之歷史，亦如生生不已之洪流，不息之推陳出新。〈繫辭下傳〉曰：

> 古者包犧氏之王天下也。仰則觀象於天，俯則觀法於地，觀鳥獸草木之文，與地之宜，近取諸身，遠取諸物，於是始作八卦，以通神明之德，以類萬物之情。作結繩而爲罔罟，以佃以漁，蓋取諸〈離〉。包犧氏沒，神農氏作，斷木爲耜，揉木爲耒，耒耨之利以教天下，蓋取諸〈益〉。日中爲市，致天下之民，聚天下之貨，交易而退，各得其所，蓋取諸〈噬嗑〉。神農氏沒，黃帝堯舜氏作。通其變，使民不倦。神而化之，使民宜之。《易》窮則變，變則通，通則久。是以自天祐之，吉無不利。黃帝堯舜垂衣裳而天下治，蓋取諸〈乾〉〈坤〉，刳木爲舟，剡木爲楫，舟楫之利，以濟不通，致遠以利天下，蓋取諸〈渙〉。服牛乘馬，引重致遠，以利天下，蓋取諸〈隨〉。重門擊柝，以待暴客，蓋取諸〈豫〉。斷木爲杵，掘地爲臼，臼杵之利，萬民以濟，蓋取諸〈小過〉。弦木爲弧，剡木爲矢，弧矢之利，以威天下，蓋取諸〈睽〉。上古穴居而野處，後世聖人易之以宮室，上棟下宇，以待風雨，蓋取諸〈大壯〉。古之葬者，厚衣之以薪，葬之中野，不封不樹，喪期無數，後世聖人易之以棺槨，蓋取諸〈大過〉。上古結繩而治，後世聖人易之以書契，百官以治，萬民以察，蓋取諸〈夬〉。

《易傳》明確指示，歷史之變乃進化之延展，由包犧氏之「漁獵期」經神農氏之「農業期」至黃帝堯舜之「文明期」。而歷史亦劃分爲「上古」與「後世」二階段，其於文化發展亦有不同之情況。於居室上而言：「上古穴居而野處，後世聖人，易以宮室，上棟下宇，以待風雨。」於葬禮上而言：「古之葬者，厚衣之以薪，葬之中野，不封不樹，喪期無數。後世聖人，易之以棺槨。」於文字上而言：「上古結繩而治，後世聖人，易之以書契，百官以治，萬民以察。」文明隨歷史之延展而進化完備。

歷史演進因時勢而異，時勢不斷變化，歷史亦不斷變異，〈革卦・彖傳〉曰：

> 天地革而四時成。湯武革命，順乎天而應乎人。

時運轉移，朝政更易，舊王暴虐，新王興起，有如四時寒暑之變易，然變易

之道非皆變，其變有常。〈益卦‧彖傳〉曰：

> 損益盈虛，與時偕行。

「與時偕行」者，蓋天下之理，不過損益盈虛而已。物之盈者，盈而不已，其勢必至消，消則損矣，物之虛者，虛而不已，其勢必至於息，息則益也。此皆物理之常，亦因時而有損益耳。

〈繫辭下傳〉曰：

> 《易》窮則變，變則通，通則久。

故《論語》孔子曰：

> 殷因於夏禮，所損益可知也。周因於殷禮，所損益可知也。其或繼
> 周者，雖百世可知也。（〈爲政篇〉）

歷代禮制之發展，有所因革損益，有承襲，有變革，變中有常，故由夏、商、周之禮制可推知未來演變之輪廓，歷代典章制度，亦於因革損益中生生不已。揚雄曰：

> 夫道有因有循，有革有化。因而循之，與道神之，革而化之，與時
> 宜之。故因而能革，天道乃得，革而能因，天道乃馴。夫物不因不
> 生，不革不成，故知因而不知章，物失其則，知革而不知因，物失
> 其均。〔註42〕

揚雄亦相信歷史之演化，有因有革，而因革損益隨時而變，故史家之「通古今之變」，乃對歷史演化，因革損益而生生不息之觀照。歷史常於「循環往復」與「生生不息」中朗現其篇章簡冊。

二、歷史變易之因素

天下之事，無于然而獨在者，有生之因，有所生之果，因果之間，有不可磨滅之線索在焉。鑑諸史實所載，後人殫思竭慮以應付之者，皆由前之往事遞相衍嬗而來，不明歷史之所以嬗變之由，而欲求變易之法者，不可得也。王充曰：

> 知古不知今，謂之陸沉，知今不知古，謂之盲聾。〔註43〕

推知過去，洞明現事，故知影響歷史變易之法者，必有其因素在。

〔註42〕語見揚雄著《太玄經》卷七、〈玄瑩〉。
〔註43〕同註39，〈謝短篇〉。

（一）天　命

歷史之演化，有不待然而然之因素，此謂之「天命」。〈繫辭下傳〉曰：

> 《易》之爲書也不可遠，爲道也屢遷，變動不居，周流六虛，上下无常，剛柔相易，不可爲典要，唯變所適。

《易》道屢遷，且遷而無已，宇宙乃一日新無疆之歷程，〈繫辭下傳〉曰：

> 《易》窮則變，變則通，通則久，是以自天祐之，吉无不利。

蓋時當變則變，不變則窮，於是乎有變通之道，變通之道，乃趣時也。趣時之變，天命也。孟子曰：

> 五百年必有王者興，其間必有名世者。（〈公孫丑下〉）

孟子將歷史之進化歸之於天命，以五百年爲一週期性之變化。王充亦有治亂循環史觀之天命論，曰：

> 人之死生，在於命之夭壽，不在行之善惡；國之存亡，在期之長短，不在於政之得失。（《論衡·異虛》）

歷史之昌衰興廢，非德所能成，亦非德所能敗，昌廢，興衰皆依天時，人知福祿壽喜命也，却不知治亂興衰亦命也，故王充又曰：

> 故世治非聖賢之功，衰亂非無道之致。國當衰亂，聖賢不能盛，時當治，惡人不能亂，世之治亂，在時不在政，國之安危，在數不在教。（《論衡·治期》）

王充認爲歷史之治亂，乃天道當然之命定論。

（二）人　事

歷史之演化，或有基於人事之因素，〈序卦傳〉曰：

> 蠱者，事也。

孔穎達《周易正義》曰：

> 謂物蠱必有事，非謂訓蠱爲事。

若人事委靡不振，因循敷衍，猶物久敗壞，而蠱生之。器物生蠱必加修飾，人身加病必予治療，國家腐敗必加整頓，歷史之演化亦然，除天命因素外，影響變局者在人爲也，王船山雖將治亂循環歸之於天道，然更加入人事以觀。曰：

> 治亂合離者，天也；合而治之者，人也。〔註44〕

又曰：

〔註44〕同註40，卷十六。

一合而一離，一治而一亂，於此可以知天道焉，於此可以知人治焉。
〔註45〕

天命與人事，同為造成治亂循環之因素。〈坤卦‧文言傳〉曰：

> 積善之家，必有餘慶，積不善之家，必有餘殃，臣弒其君，子弒其
> 父，非一朝一夕之故。

積小以成大，積少而成多，前因後果，互相倚伏。禍亂之生，究其原，皆未
能見微知著，以防人事之包藏禍心也。故宋應星《野議‧亂萌議》曰：

> 治亂，天運所為，然必從人事召致。萌有所自起，勢由所由成。

王應麟《困學紀聞》曰：

> 君子小人之壽夭，可以占世運之否泰。諸葛孔明年只五十四；法孝
> 直才四十五，龐士元僅三十六。而年過七十者，乃奉表乞降之譙周
> 也，天果厭漢德哉？（卷十三）

蓋使諸葛、龐士元輩，壽均如譙周，國祚或可稍延，歷史亦將改觀。故知人
為現象，於天道循環中具有決定之因素。

三、消融變易之方法

歷史不斷之生生不息或循環演化，人要「彰往而察來，而微顯闡幽。」「探
賾索隱，鉤深致遠。」及「極深而研幾」，藉歷史經驗，以預知演化之趨勢，
從而防患未然。〈大畜卦‧象傳〉曰：

> 君子以多識前言往行，以畜其德。

夫「前言往行」皆理之所在，君子多聞而深識之，考跡以觀其用，察言以觀其
心，則萬理會通於我，適時以致用耳。彰往而察來在明時變，以為防患未然。
《易傳》示人消融之道有三：

（一）防微杜漸

天下萬事，皆以漸而進。〈坤卦‧初六象傳〉曰：

> 履霜堅冰，陰始凝也，馴致其道，至堅冰也。

〈文言傳〉曰：

> 積善之家，必有餘慶，積不善之家，必有餘殃。臣弒其君，子弒其
> 父，非一朝一夕之故；其所由來者漸矣，由辯之不早辯也。

〔註45〕同前。

程子《易傳》曰：

> 天下之事，未有不由積而成，家之所積者善，則福慶及於子孫，所積不善，則災殃流於後世。其大，至於弒逆之禍，皆因積累而至，非朝夕所能成也。

歷史之演化，每由積漸而成，非突發所致，故防變之道，則當「早辯」，庶幾化禍爲福，故程子《易傳》又曰：

> 則知漸不可長，小積成大，辯之於早，不使順長，故天下之惡无由成。

蓋凡事物之成，皆有積漸而來。防微杜漸之法，在息端微之始作，因「吉凶悔吝者，生乎動者也。」歷史之演化，不息之變易，而吉凶悔吝由動而生，故防微杜漸之基，在於謀始，〈訟卦・象傳〉曰：

> 君子以作事謀始。

人情之有爭訟，觀其道，則知訟端始於事之端徵，絕訟端之始，則訟無由生矣。謀始之道，在戒愼言行，夫俗謂曰：「一言以興邦，一言以喪邦。」能毋愼乎？故〈頤卦・象傳〉曰：

> 君子以愼言語。

〈坤卦・文言傳〉曰：

> 括囊无咎无譽，蓋言謹也。

括囊爲豪傑之工夫，人處流衍不息之洪流，有此果毅，方足以處否泰循環消長，人世運會變化之中，而无咎无譽。

（二）與時偕行

《易傳》示人知往聖仰觀天象，俯察地理，中觀物宜，藉以通神明之德，以類萬物之情，使其行事迎合天道，順時而行。〈益卦・象傳〉曰：

> 凡益之道，與時偕行。

所謂「時」者，義理之當否？以人事言之，改過遷善日進無疆，乃自我益我，理所當爲之益也。體天行道，利益人民，以自然造化之理，而有益於天下國家者，自我益人，亦義之所當爲也，故於人之生命洪流中，則以「時」象徵人事之變遷，順天地之變則適時，逆其變則逆時，順其所同則吉，乖其所趨則凶。故《中庸》曰：

> 君子而時中。（第二章）

《周易》中「時」之基石即「生生」之理，生生之道爲三才並建，天道乾元，萬物資始以生；地道坤元，厚載萬物；人道與天地合德，盡己盡物，而成己

成物。故人隨時行事，由此而生一價值之次序，序爲一種循環，可見於天時之反復，日月之相推，幽明之相接，陰陽之消長。人能隨時序而行，便能與天地同叄，便能極深而研幾也。故〈艮卦・象傳〉曰：

> 時止則止，時行則行，動靜不失其時，其道光明。

動靜不失其時，則順理而合於義。蓋「變通者，趣時也。」（〈繫辭下傳〉）「君子進德修業欲及時也。」（〈乾卦・文言傳〉）若人能知時趣時，則「君子藏器於身，待時而動，何不利之有」（〈繫辭下傳〉）小則趨吉避凶，大則完成「順乎天而應乎人」（〈革卦・象傳〉）之革命事業，伐暴救民，興利除敝，上順天道，下應人心，改變事故，創造歷史。

《易傳》深信人若「終日乾乾，夕惕若厲」（〈乾卦〉九三爻辭），而能「知進退存亡而不失其正」（〈坤卦・文言傳〉）以達「時中」之境界，能體察時變，因時而惕，便能於歷史演化中，知幾知微而適時中之通變，動靜不失其時也。

（三）自強不息

歷史不斷之變化，治亂交叠推演，朝向無窮之發展，無有終點，雖然於治亂交替中，存在著物極必反，周而復始之思想，然絕非停滯不前，此即「生生不息」，「既濟」而「未濟」之意，既有「既濟」，復有「未濟」，終而又始，生生不息以至於無窮，此象徵人類文明未健，仍須努力奮鬥，敬慎處理萬事萬物。故〈乾卦・象傳〉曰：

> 天行健，君子以自強不息。

天體剛健，運行不息，自然物象，悉在長期遷變之中，日中則昃，月盈則虧，此乃天之常教，而卦爻以變易爲本義，孔穎達《周易正義》序曰：

> 《易》者變化之總名，改換之殊稱，新新不停，生生相續。

剛強行健，天體之用，目的在達於無窮也。而日往月來天行也，萬古不息行健也，君子法天德之剛，自強不息，以進德修業，欲及時也。蓋光陰似箭，日月如梭，人生百年，轉瞬而過，故應於宇宙大流行中，朝乾夕惕，兢兢於德業之修持。如是，則能於歷史之遷流變易中與天地同參，能消融生命中之私欲夾雜，自我超拔，日新其德，此自強不息之道，君子法天去僞，而存誠以自強，自強而後能不息，不息則久，久則悠遠，悠遠則博厚，博厚則高明，高明則能己立而立人，己達而達人，不爲洪流所噬。

《周易》始乾而終未濟，正示宇宙爲一大未知數也。《易》設未知之卦以終，蓋勵吾人應務本存誠，繼往開來，自強不息以創造，不爲定數所拘，故

王船山曰：

> 修己治人，進退行藏，禮樂刑政，蹈常處變，情各異用，事各異趨，
> 物各異處，學《易》者，斟酌所宜，以善用其志氣，則雖天地之大，
> 而用之也專，雜卦之駁，而取之也備，此精義之學也。〔註46〕

吾人面對歷史之省察，藉以彰往察來，然事紛物冗，因時而惕，不失其幾，
人之自強，在用之也專，取之也備，如是不爲輪迴遷流所沈淪，而超越於歷
史之遷變，解脫定數，立不易之方，此《易》之精義也。

第五節　文學思想

　　宇宙萬物流行，若無生命充塞其間，則宇宙萬事萬物，即將寂滅。此生
命之流行，即爲「易道」，〈恒卦・象傳〉曰：

> 天地之道，恒久而不已也。利有攸往，終則有始也。日月得天而能
> 久照，四時變而天地久成，聖人久於其道而天下化成，觀其所恒，
> 而天地萬物之情可見矣。

天地恒久之道，亦不過終則有始，恒變無窮，如是而已。聖人體《易》道，
觀天地所恒之道，乃變動之理，而行人文化成。天地所恒之道，即宇宙生命
之流行貫注，此生命之流行貫注，即爲一切創造之原，天德施生，地德承化，
大化流行，生生不息，則天地萬物之情可見矣。方東美先生曰：

> 這種雄奇的宇宙生命一旦瀰漫宣暢，就能決化一切自然，促使萬物
> 含生，剛勁充周，足以馳驟揚厲，橫空拓展，而人類受此感召，更
> 能奮然有興，振作生命勁氣，激發生命狂瀾，一旦化爲外在形式，
> 即成藝術珍品。〔註47〕

《周易》以六十四卦彌綸群品而綱紀人倫，含括宇宙人生之萬象及變化之法
則，其文學思想亦融於其中。

一、文學起源論

　　文學史所載之原始文學，乃人類文化進化至相當階段之文學，眞正之原

〔註46〕語見王船山著《周易內傳》，卷一。
〔註47〕語見方東美先生著《中國人生哲學》，貳，〈中國人的人生觀〉，第六章〈藝術
　　　　理想〉，頁215。

始文學，已超乎歷史能力之外。後人憑假設以臆斷，試圖探究文學之起源，至今文學起源說，大約有二：一為「遊戲說」，一為「勞動說」，然而由於論據不一，因而論辨紛紜，有如：「橫看成嶺側成峯，遠近高低各不同；不識廬山真面目，只緣身在此山中」〔註48〕而《周易》中亦有涉及文學起源之資料。

（一）苦悶象徵

　　廚川白村於《苦悶的象徵》一書中，印証柏格森與克羅齊之藝術論，認為文學乃人類苦悶之表現。〔註49〕

　　吾人適存於宇宙流行社會變遷中，無論處於自然、社會、經濟、家族生活中，經常為衍發出曲折複雜之限制，其間所生之衝突與糾紛，造成人類之苦悶。欲求解決人類之苦悶，唯有藝術，文學乃藝術的呈現之一。故〈繫辭下傳〉曰：

　　　　《易》之興也，其於中古乎？作《易》者，其有憂患乎？

蓋往聖先賢以悲憫情懷，對生靈所承受之苦痛，投以無比之關注，感同身受，從中生發創造人生幸福之苦心宏願。然人之軀殼生命有其極限，唯有文學之生命能同宇宙流行不息。文字乃吾人排釋苦悶，激發生命力之最佳表現，故《周易》作者，「明於憂患與故」，將生於憂患之苦悶，而興居易俟命，化之於文學乎，〈繫辭下傳〉曰：

　　　　《易》之興也，其當殷之末世，周之盛德邪，當文王與紂之事邪！

　　　　是故其辭危。

此皆在闡明憂患之生，故其文辭危惕深曲，耐人尋味。西方一代才人歌德，一生有其不絕之苦悶，廚川白村載其言曰：

　　　　世人都說我是幸福的人，其實我是苦惱地度過了一生。

歌德之文學巨著，皆源於苦悶。故文學之起，在於描述心靈深處之形象，既不祇為描繪，亦不祇為模倣，乃將潛伏於無意識之潛在內容，化成藝術。〈繫辭上傳〉曰：

　　　　擬議以成變化。

又曰：

　　　　化而裁之存乎變。

宇宙之事物莫不涵具至深之意義，它之所以形成潛在內容，乃人生苦悶傷痕之積累，而生突破困難之責任感，此責任感潛伏於無意識之內。文學乃就其

〔註48〕蘇東坡〈題西林壁〉詩。
〔註49〕參見廚川白村著《苦悶的象徵》，第一章。

潛在之事象，加以擬議化而裁之，使之成文，〈繫辭下傳〉曰：

> 物相雜故曰文。

吾人無意識之潛在內容極盡繁複深邃，文學乃於極盡繁複之內容中，春蠶吐絲而成繭，化爲生命之永恒。

（二）模擬自然

文學起源之說，歐西有遊戲與勞動之辯，吾人深思以究，二者難分先後，如環扣相連，毋須爭論。然就文學內容而言，希臘哲人柏拉圖與亞理士多德之「模仿衝動說」（Insitation-impulse），認爲模仿衝動乃人類之本能，一切文學藝術，均源於自然與人爲之模仿。黃慶萱先生亦認爲文學之起源乃「模擬自然」〔註50〕〈繫辭下傳〉曰：

> 《易》者，象也；象也者，像也。

〈繫辭上傳〉曰：

> 夫象，聖人有以見天下之賾，而擬諸其形容，象其物宜，是故謂之象。

又曰：

> 見乃謂之象；形乃謂之器；制而用之謂之法；利用出入，民咸用之，謂之神。

聖人有「見天下之賾」，而「擬其形容，象物之宜」，以得其象，復摹擬此象，造爲器，制爲法。《周易》所論多象，故「《易》有聖人之道四焉」，其一即爲「以制器者尚其象」（〈繫辭上傳〉），可知藝術之起源，在於摹倣自然。〈繫辭下傳〉曰：

> 古者庖犧氏之王天下也，仰則觀象於天，俯則觀法於地，觀鳥獸之文與地之宜，進取諸身，遠取諸物，於是始作八卦。

黃慶萱先生曰：

> 我們發現《周易》淵源於八卦，而八卦淵源於模擬自然。有八卦而後有「卦爻辭」，然後再演變成整個《易經》，這一切可說都是模擬自然現象而來的。這在中國文學理論上發生極大的影響。〔註51〕

八卦最初所象爲天、澤、火、雷、風、水、山、地。此八種初象，皆爲自然現象，陳括曰：

〔註50〕參見《中國文學講話》（一）（巨流），黃慶萱先生著〈易經的文學價值〉。
〔註51〕同前。

> 民秉天地之靈，含五常之德。剛柔迭用，喜愠分情。夫志動於中，
> 則歌詠外發。(《宋書·謝靈運傳論》)

沈約之說，「民秉天地之靈」與「剛柔迭用」，皆法天地自然陰陽變化之理，而志於中，歌詠於外。李延壽曰：

> 夫人有六情，稟五常之秀；情感六氣，順四時之序。蓋文之所起，
> 情發於中。(《北史·文苑傳序論》)

文章之情感，文氣之流暢，乃順四時之序以行，亦模擬自然以成文也。劉勰《文心雕龍·明詩篇》曰：

> 人稟七情，應物斯感；感物吟志，莫非自然。

文學乃受自然事物之影響，而文學模擬自然最具體之呈現在於〈原道篇〉之敘述，又曰：

> 傍及萬品，動植皆文。龍鳳以藻繪呈瑞，虎豹以炳蔚凝姿，雲霞雕
> 色，有逾畫工之妙；草木賁華，無待錦匠之奇。夫豈外飾，蓋自然
> 耳。

黃慶萱先生以爲此乃空間藝術之淵源，亦即形象藝術之起源。〔註52〕《文心雕龍·原道篇》曰：

> 至於林籟結響，調如竽瑟；泉石激韻，和若球鍠。故形立則章成矣，
> 聲發則文生矣。

黃慶萱先生以爲此乃音響藝術之起源。〔註53〕〈原道篇〉又曰：

> 人文之元，肇自太極，幽讚神明，《易》象惟先。庖犧畫其始，仲尼
> 翼其終，而乾坤兩位，獨制〈文言〉，言之文也，天地之心哉！

藝術乃模擬自然而來，而劉勰推本溯源，「模擬自然」理論肇始於《周易》。而模擬自然以成文，亦《易傳》所謂「化而裁之謂之變」也。

（三）達情盡意

「《易》以感爲體」，此遠公答殷荊州之言也。〔註54〕情意乃與生俱來之本性，情意更足以促成文學藝術之表現。〈繫辭上傳〉曰：

> 於是始作八卦，以通神明之德，以類萬物之情。
> 設卦以盡情僞。

〔註52〕同前。
〔註53〕同前。
〔註54〕見《世說新語，文學篇》。

〈繫辭下傳〉曰：

> 爻象以情言，……吉凶以情遷，……情偽以感而利害生。
>
> 聖人之情見乎辭。

宇宙現象，生生不息，四時朝暮相異，晨昏各有春秋，吾人於觀綺麗春色，
凋零秋景之餘，自然流露出懷春與悲秋之情懷，吾人有感於情懷之觸發而形
諸於筆墨。八卦之作，卦爻辭之繫，無非在於表達情義，故黃慶萱先生於《周
易的文學價值》文中曰：「《易經》認為文學是表達情意的」，吾人有感於外物，
必得到情感之宣肆方為足意，故《文心雕龍‧知音篇》曰：

> 夫綴文者，情動而辭發；觀文者，披文以入情。

文章乃情思有感而發，情為經，辭為緯，〈情采篇〉曰：

> 故情者，文之經，辭者，理之緯；經正而後緯成，理定而後辭暢，
>
> 此立文之本源也。

唯有情理相合，文詞才能暢達，文學純然「為藝術而藝術」之創作，朱子《詩
集傳‧序》曰：

> 人生而靜，天之性也；感於物而動，性之欲也。夫既有欲矣，則不
>
> 能無思，既有思矣，則不能無言；既有言矣，則言之所不能盡，而
>
> 發於咨嗟詠歎之餘者，必有自然之音響節奏而不能已焉。此《詩》
>
> 之所以作也。

鐘嶸《詩品》曰：

> 氣之動物，物之感人，故搖蕩性情，形諸舞詠。

凡能引動人類情感者，均足以發生文學。文學乃情感之遷化，而《易傳》早
已言之。

二、文學創作論

　　中國文學總有一股盎然活力充周於字裏行間，此皆顯示中國文學重在參贊
天地化育，頌揚宇宙永恒而神奇之生命精神，而此生命精神在於善駕馭文學，
使文學充分宣暢氣的生動之宇宙機趣。《易傳》早有此觀念，〈繫辭上傳〉曰：

> 參伍以變，錯綜其數，通其變，遂成天地之文。

奇偶之數加以參伍錯綜，以成千變萬化，此即為經緯天地之文。故知「文」
要通其變，文筆需要有變化，此於文學創作論上而言，乃極為重要之觀念。
無變化，則文如死水，缺乏盎然之生意，《易傳》極重文章之變化，其呈現於

創作之技巧者有三：

（一）善用譬喻

宇宙萬事萬物，彼此間存有著類似之處，創作時，針對所敘人、事、物，或情感與論說，運用想像力，聯想出共具之特徵，予以闡明或摹述，以易知說明難知，以具象說明抽象，此稱為譬喻，善用譬喻可使文章深刻雋永，美化情境，引人入勝。《周易》極善用譬喻，〈說卦傳〉中，所述八卦之象，均為最佳之譬喻素材，其於〈象傳〉中之呈現更富文學價值。示例如下：

> 天行健，君子以自強不息。（〈乾卦‧象傳〉）

以天之日月運行，無停滯休止，譬喻君子行身處世，當取法天道之健行。

> 天與水違行，訟。（〈訟卦‧象傳〉）

天陽上升，水性下注，一上一下，其行相違不相從，猶人謀事，各異東西，逆則乖，乖則爭，此訟之所由起也。

> 明出地上者，晉。君子以自昭明德。（〈晉卦‧象傳〉）

> 明入地中，明夷。君子以蒞眾，用晦而明。（〈明夷卦‧象傳〉）

〈晉卦〉，日出於地上，升而益明。象徵君子當去其蔽明之私，而致其格物之知，呈現其明德之光。而〈明夷卦〉反之，文王箕子晦藏其明，而免於難，君子體明夷之象，蒞眾而藏明於內，不顯之外，蘊畜其光輝。高懷民先生曰：

> 六十四卦大象，均採同一形式，上言象，中言人，下言事。〔註55〕

上言象，即譬喻也。小象中亦多有譬喻，例示如下。

> 履霜堅冰，陰始凝也，馴致其道，至堅冰也。（〈坤卦‧初六象傳〉）

> 城復於隍，其命亂也。（〈泰卦‧上六象傳〉）

> 枯楊生華，何可久也，老婦士夫，亦可醜也。（〈大過卦‧九五象傳〉）

《易傳》之所以多有譬喻，類似象徵之特色，乃因應占筮之需要而生。而《易傳》之譬喻，影響於文學創作上，有其價值在。故《禮記‧學記篇》曰：

> 不學博依，不敢安《詩》。

為使文學生動，意象鮮明，譬喻創新實創作之妙法。而《易傳》早已為之。

（二）錯綜比偶

比指排比，偶指對偶。錯綜比偶乃在文已成章後之事，若文未成章，即

〔註55〕語見高懷民先生著《先秦易學史》第五章，頁246。

講究錯綜比偶，無異於饑而擇食，寒而擇衣，文將悠謬難成。文章之美必求之於排比對偶，《易傳》言「二與四同功而異位」、「三與五同功而異位」，六爻之中，一、四爻，二、五爻，三、六爻皆相應。此種對應，源於自然之對稱，於美學上為「對比」、「平衡」、「勻稱」之原理，此種對應，予人和諧之韻律與美感。故黃慶萱先生曰：

> 《易經》中常有許多對偶和排比的句子。〔註56〕

《易傳》中亦多有比偶句子，讀來極富變化之美感。以〈文言傳〉最具特色。〈乾卦‧文言傳〉曰：

> 元者，善之長也；亨者，嘉之會也；利者，義之和也；貞者，事之發也。君子體仁，足以長人，嘉會足以合禮，利物足以和義，貞固足以幹事。

全段排比有序，結構井然，深具美感。又曰：

> 樂則行之，憂則違之。
> 庸言之信，庸行之謹。
> 上下无常，非為邪也，進退无恒，非離群也。

三句對偶工整。又曰：

> 同聲相應，同氣相求。水流濕，火就燥，雲從龍，風從虎。

三聯均為上下對偶。又曰：

> 本乎天者親上，本乎地者親下。
> 貴而无位，高而无民。

皆上下二句對偶。又曰：

> 君子學以聚之，問以辯之，寬以居之，仁以行之。

四句排比而成。又曰：

> 上不在天，下不在田。
> 上不在天，下不在田，中不在人。

首句對偶，次句排比。又曰：

> 夫大人者，與天地合其德，與日月合其明，與四時合其序，與鬼神合其吉凶，先天而天弗違，後天而奉天時，天且弗違，而況於人乎？況於鬼神乎？

〔註56〕同註50。

前四句爲排比，中三句爲對偶，後三句單句，錯綜變化，構成文字結構之美感，又曰：

> 知進而不知退，知存而不知亡，知得而不知喪。

三句排比而成，〈坤卦·文言傳〉曰：

> 積善之家，必有餘慶，積不善之家，必有餘殃。
>
> 君子敬以道內，義以方外。

皆上下對偶，文言傳中多錯綜排偶之句，工整、自然，富變化而意遠。

（三）洗鍊多姿

《易傳》中詞彙豐富，語句簡短而洗鍊，描寫事物生動多姿，亦富詩歌色彩。如：〈坤卦·初六象傳〉曰：

> 履霜堅冰。
>
> 陰始凝也。
>
> 馴致其道。
>
> 至堅冰也。

水蒸爲雲，降而爲雨，爲霧、爲露，爲霜、爲雪、爲冰雹，乃自然現象，而《易傳》作者特將陰氣遇寒，始凝結爲霜，履霜堅厚，而堅冰至。蓋漸凝漸積，加深加厚，固習不察，以致成堅冰，此中寓有防微杜漸之意。區區十六字，將迂迴漸進之深省，含括寓於中，實爲精鍊之四言言理詩。又〈屯卦·六三象傳〉曰：

> 即鹿无虞，以從禽也。
>
> 君子舍之，往吝窮也。

用此之筆法，似狩獵之詩也。〈家人卦·九三象傳〉曰：

> 家人嗃嗃，未失也。
>
> 婦人嘻嘻，失家節也。

描述家人生活情態，「嗃嗃」、「嘻嘻」詞彙生動多姿。〈震卦·初九象傳〉曰：

> 震來虩虩，
>
> 恐致福也，
>
> 笑言啞啞，
>
> 後有則也。

此乃繪聲繪影之作。文中運用貼切之詞彙，鑄成簡鍊之語句，繪出生動具體之事象。

　　總之，《易傳》本爲散文作品，而其中有短歌之出現，蓋固卜筮之書，短歌易於誦記，其語言簡古清秀，音節爽朗而和諧，比興親切有味，於創作技巧上，有其藝術成就。

三、文學流別論

　　《易》之爲書，一言以蔽之，變易而已矣。「《易》窮則變，變則通，通則久。」「變而通之以盡利。」八卦之推盪，六十四卦之相生，無不於變易一語以盡之。蓋宇宙以變而久存，盛者必衰，盈者必虛，故以變而日新，消息盈虛不斷。人文現象之消長變易，亦如四時之變化，生生不已，吾國文體之流別亦如是焉。然其變易之因素有三：

（一）循環變易

　　否極泰來，升極必困，賁極招剝，進極致傷，遯極反壯，文藝之思潮亦因時間之推移而變遷，青木正兒曰：

> 綜觀中國歷代之文藝思漸，其發達過程，似經由如下三階段：
> 上古：實用娛樂時代。（上古至漢）
> 中古：文藝至上時代。（六朝至唐）
> 近古：仿古低徊時代。（宋至清）〔註57〕

　　蓋上古文藝之萌生，在於宣洩人性具有之美感。其目的在使人愉悅，故上古之文藝，實爲實用之娛樂。周初以樂輔禮治之不足，孔子以「溫柔敦厚」爲詩教也，亦不脫實用之範疇。降至漢，採詩夜誦，亦以文學爲明德之工具耳。

　　迄六朝儒學式微，文筆區分，文學疏離於禮教之羈絆，以淡泊寧靜，不受指束爲樂，曠然無憂患，寂然無思慮，進入唯美之境地，以成文藝至上之時代。

　　逮乎宋，迎華美而尚質實，古文運動賴以持續發展，其目的在棄雕琢而求樸素，寧以拙實勝巧緻。欲拙實，勢必恢復先秦兩漢之淳樸。元承宋之遺緒，降至明，以宋唐風爲主。及至有清，尚古之風更盛，其間或追漢魏，或奉唐風，或慕宋式，皆以仿古爲主。中國文藝思想在「无平不陂」「《易》窮則變，變則通」之下隨時空之流逝而因革變遷，各具時代特色。

（二）物極必反

　　宇宙自然法則，並非人類力量所能超越或變易者，故仍無法逃避物極必

〔註57〕參見青木正兒著《中國文學思想史》第一章，頁8。

反，盛極而衰之運命。然「日新之謂盛德」，「天地之大德曰生」，「生生之謂《易》」，文體之演化，亦如是相續不已。

李日剛先生於其《中國文學史》一書中，就各體之因緣盛衰做一流變之介紹，茲例舉於后：

（一）詩歌之流變：首先介紹詩歌文學遞嬗之原因：「大凡每種詩歌之起，初多盛行於民間，後始播之於音樂，而爲墨客騷人所仿效。浸假文字與音樂脫輻，舊詩歌漸趨衰落，而爲另一種民間滋長之新詩歌所代替，此爲我國詩歌演進之一大原則。」接著復述其文體之流變：「跡其過程，要以《詩經》爲先趨，漢魏之樂府，古詩爲中聖，自唐以迄於清之近體爲後勁，至晚近之新詩，則又別開生面矣。」

（二）散文之流變：導源於周秦，發達於兩漢，式微於魏晉，跛行於此朝，新生於李唐，風靡而兩宋，紛競於元明，昌盛於清代。

（三）駢文之流變：胚胎於秦漢，誕育於魏晉，獨霸於南朝，定型於唐宋，窒息於元明，復活於清代。

（四）辭賦之流變：戰國之騷賦與短賦，進而兩漢之古賦，進而六朝之俳賦，再進而唐之律賦，再進而宋之散賦，及明清之股賦。

（五）詞之流變：濫觴於齊梁，發始於隋唐，滋衍於五代，造極於兩宋，沉寂於金元明，復學於清季。

（六）曲之流變：孕育於宋代，全盛於元代，激揚於明代，衰疲於清代。

文學之演進，由於時代之變遷，時代爲文學之背景，文學由時代而生，其政治之變易，亦見其文學之嬗變，詠歎謳謠，因爲文學之起源；而楚騷、漢賦、樂府歌辭，六朝駢語、唐詩、宋詞、元曲及明清小說，皆爲一代之代表，各擅其勝，各放異彩，亦皆文學流變。物極必反，生生不已之佐證也。

（三）剛柔相推

文學之作品，有陰柔與陽剛之分。〈說卦傳〉曰：

> 分陰分陽，迭用柔剛，故《易》六位而成章。

宇宙萬物，莫不兩兩相對以成，所謂「一陰一陽之謂道」也。時代之文學作品，絕難以剛柔截然畫分，往往剛柔相濟，以成其文明。

近體詩極於盛唐，而盛唐中有以寫激昂慷慨之情思，一掃兒女溫柔之故態，發爲英雄灑落之壯歌之邊塞詩人，亦有具悲天憫人之襟懷，有感安史之

亂，民生塗炭，社會黑暗，自當為民眾痛苦呼喚之社會詩人。復有縱情山水田園，以隱逸放浪為尚，養成超塵之人生觀，詩筆清悠、意遠之自然派詩人。再有多情善感，或潦倒窮困者，所做寒澀奇詭之詩。情韵深濃，富有情趣之怪誕詩人。亦由於此剛柔相濟，以成盛唐詩歌之輝煌史頁。

　　詞之造極於兩宋。於慢詞時期，柳永之花前月下，淺斟低唱，與蘇東坡行雲流水、浩瀚無涯涘，蒼茫獨立之風度異調。世每以柳、蘇並提，柳詞哀婉悱惻，蘇詞豪放沉渾，二者各有千秋，影響宋詞甚巨，蔚為雙璧。

　　古文運動得韓、柳二氏之力，而臻於最高之發展，韓愈之文包育萬象，深厚宏博，雄奇驚駭，令人不可捉莫。柳宗元緻密華妙，獨步千古。自古才名相抗者，多互相非謗，獨韓柳不然，因之唐代文學革命之完成，不得不歸之於韓柳矣。然則韓愈於其〈進學解〉一文中，敍其文章淵源，曰：「《易》奇而法」。而柳宗元於〈答韋中立論師道書〉中，述其文「本之《易》，以求其動。」二者文章創作技巧均深受《周易》之影響，故劉勰於《文心雕龍‧宗經篇》贊之曰：

　　夫《易》惟談天，入神致用，故繫辭旨遠辭文，言中事隱；韋編三
　　絕，固哲人之驪淵也。

第七章　結　論

　　《易》與天地準，所包者至廣至大而又至深至微。歷經往聖先哲推衍，踵滙爲智慧之結晶，集成爲學術之根源，彰顯中華文化之典籍，隨時更新不朽之巨著。

　　《易》之爲學，即由象數以探求義理，由義理以解析象數，無所偏執。此之所以聖人以通天下之志，以定天下之業，以斷天下之疑者也。夫《易》所以開物成務，冒天下之道，在於順性命之理，是以立天之道曰陰陽，立地之道曰柔剛，立人之道曰仁義。然則三才之道，一言以蔽之，陰陽之道而已。是故《莊子》曰：

　　　　《易》以道陰陽。（〈天下篇〉）

　　陰陽者，天道也。窺天道以象人事，占得失以前民用，此《易》之所作也。然《易》由太極而兩儀，而四象、而八卦，而八八相重以成六十四卦，若不繫之以辭，蓋只符號而已，無以究宇宙人生之奧妙，明其變化之法則也。故十翼之贊《易》，蓋所以闡發《易》之原始意蘊，消息盈虛之理，並藉以建立形上義理之學，以爲學術之原。故〈繫辭上傳〉曰：

　　　　夫《易》聖人之所以極深而研幾也。唯深也，故能通天下之志；唯
　　　　幾也，故能成天下之務。

又曰：

　　　　通其變遂成天下之文，極其數遂定天下之象，非天下之至變，其孰
　　　　能與於此。

宇宙萬象人文之化成，在於探賾、索隱、極深、研幾、通志、成務。《易傳》形上之義理，乃人文化成指標，而人文化成在於極其數通其變，明天下之至

變，遂成天下之文，故知《周易》之旨趣，在乎寓理於象，然而垂象設教，雖可用於卜筮，亦只神道設教之一端。況乎《易》以義理之得失爲吉凶，得義之正者，則吉；反之，則凶。其教人趨避之道者，唯在崇正閑邪，導人於善，此豈筮術家所可同日而言。

　　夫《易》之爲書，廣大而悉備，兼三才之道，啓陰陽正反之理，扶動靜闔闢之象，以化成人文，知周萬物而道濟天下。故班固謂九家學術以儒家爲最高，而儒家六經以《易》爲之原。〔註1〕胡自逢先生曰：

　　　　《周易》是中國傳統文化的先導，一切學術思想的泉源，更是歷史

　　　　演變的律則，人文遞進的程序和指針。〔註2〕

蓋《易》之爲書，窮天下之際，究造化之原，以明吉凶消長之理，進退存亡之道，修齊治平之本，大而經綸國家，小而立身處世，體而用之，怡然理順。是故《易》所以言變易者，語其要歸，則在於明天人之道。

　　《易傳》以天地之大德曰生，聖人之大德曰仁，聖人因著仁，而與天地之德相合。〈繫辭上傳〉曰：

　　　　與天地相似，故不違。知周乎萬物，而道濟天下，故不過。旁行而

　　　　不流，樂天知命，安土敦乎仁，故能愛。

王船山《周易內傳》曰：

　　　　蓋在天者即爲理，在命者即爲正，天不與人同憂，而《易》肖之以

　　　　詔人不憂，此知者之學於《易》，而合天之道也。（卷五）

人心能合天心，人與天地相似，則不違於天地之道，於是萬物之理，能與仁心包涵萬物。故〈乾卦・文言傳〉曰：

　　　　夫大人者，與天地合其德，與日月合其明，與四時合其序，與鬼神

　　　　合其吉凶。先天而天不違，後天而奉天時。天且不違，而況於人乎？

　　　　而況於鬼神乎？

因人之仁德與天德相因，乃通天地之道，行乎宇宙之序，而爲人生行爲之啓導。故《易傳》之天人思想，在於法象，以知周萬物，而道濟天下。故〈繫辭上傳〉曰：

　　　　在天成象，在地成形，變化見矣。

法象即在法天地之變化，所謂「天地變化，聖人效之。」（〈繫辭上傳〉）象以

〔註1〕見《漢書・藝文志・六藝略》。

〔註2〕語見高明先生主編《群經述要》，胡自逢先生著〈周易述要〉，頁13。

示卦，天地之變化則因八卦演爲六十四卦、三百八十四爻所示顯，而卦象符號之衍變，在於反映宇宙人生之複雜變化，〈繫辭上傳〉曰：

> 聖人立象以盡其意，設卦以盡情僞，繫辭焉以盡其言，變而通之以盡利，鼓之舞之以盡神。

《易》彌綸天地之道，範圍天地之化，會通和議以成其變化，盡意盡情復變通鼓舞以盡神，此皆極深研幾之理，以化成人文。故徐復觀先生曰：

> 在這種變化中，找出一種規律，以成立吉凶悔吝的判斷，因此漸漸找出人生行爲的規律。〔註3〕

宇宙爲一生化不息之大流，而《易》之德慧，在因時以啓導而滋潤人類之心靈。故知宇宙變異之現象，乃新新不停生生相續之創化過程。宇宙萬化流轉，恆變不已。宇宙之變化，乃是陰陽之變化，由太極而有兩儀，由兩儀而有四象，由四象而有八卦，《周易》卦象之變化，全由陰陽之變化而成。故〈繫辭上傳〉曰：

> 一陰一陽之謂道。

萬物皆由陰陽變化而成，乾以資始，坤以資生，故宇宙之變化，乃陰陽之變化，循環不已，周流不息。〈復卦·象傳〉曰：

> 反復其道，七日來復，天行也。

〈恆卦·象傳〉曰：

> 天地之道，恆久而不已也。

程子《易傳》曰：

> 天下之理，終而復始，所以恆而不窮，恆非一定之謂也，一定則不能恆矣，唯隨時變易，乃常道也。

此皆在明宇宙萬事無非往來，屈伸而成圓道周流。故〈泰卦·象傳〉曰：

> 無復不復，天地際也。

〈蠱卦·象傳〉曰：

> 終則有始，天行也。

〈豐卦·象傳〉曰：

> 日中則昃，月盈則食，天地盈虛，與時消息。

天道如是，人生德業亦復如是循環不已。富貴貧賤，不能常久不變，朝代有盛衰，人事有更迭，文學有隆替，家道有興落，樂極生悲，悲而生樂，否極

〔註3〕語見徐復觀先生著《中國人性論史先秦篇》，頁202。

泰來，生生不息。故《易》之教在隨時變易，禍福無門，唯人自求，故人生常則，在知進退，知進退則知變化，知變化則知得失。變化不出剛柔，進退亦猶晝夜盈虛，或明或暗，或進或退，猶剛柔相易，如是知天道之變化，方無失道而常吉也。

　　宇宙變易之道，其目的在於化生，故〈繫辭上傳〉曰：

　　　　生生之謂《易》。

《易傳》論宇宙之變化，稱宇宙變化爲天地之德，爲天地之情，爲天地之心。〈繫辭下傳〉曰：

　　　　天地之大德曰生，聖人之大寶曰位，何以守位，曰仁。

〈復卦・象傳〉曰：

　　　　復其見天地之心。

朱子《周易本義》曰：

　　　　積陰之下，一陽復生。天地之物之心，幾於滅息，而至此乃復可見。

〈咸卦・象傳〉曰：

　　　　天地感而萬物化生，聖人感人心而天下和平，觀其所感，而天地之
　　　　情可見矣。

〈恆卦・象傳〉曰：

　　　　觀其所恆，而天地萬物之情可見矣。

宇宙變易而化生萬物，乃在於天地有生物之心，有心乃有情，有情乃有德。宇宙變易即爲有目的之變易，以生生爲目的。生生之目的爲仁，仁即生物之心，亦即好生之德。故〈繫辭上傳〉曰：

　　　　夫《易》者何也？夫《易》開物成務，冒天下之道，如斯而已者也。

朱子曰：

　　　　天地無勾當，只是以生物爲心，一元之氣，運轉流通，畧無停間，
　　　　只是生出許多萬物而已。〔註4〕

天地之所以爲天地，在於其生生之大德。《易》示以天地周愛萬物，因周愛愛物之仁德而使萬物化生，由天地好生之德，以統貫造化。人體乎《易》道以知天地生生之理，亦是人性道德實踐之形上根源。因此吾人可由盡心知性以知天，「窮理盡性，以致於命」（〈說卦傳〉），天人是一本，天道生化之理，亦爲人事倫常之法則。故〈乾卦・象傳〉曰：

〔註4〕語見《朱子語類》卷一，〈理氣上〉，〈太極天地上〉。

天行健，君子以自強不息。

〈坤卦·象傳〉曰：

地勢坤，君子以厚德載物。

《易傳》六十四卦之〈象傳〉，多由自然現象而歸之於人事，以示人循遵之倫理法則，故天道與人道實一以貫之。宇宙本根乃人倫道德之根源，人倫道德乃宇宙本根之流行發現，時行則行，時止則止，故〈繫辭上傳〉曰：

天地變化，聖人效之。

「天地變化，聖人效之」，言聖人順效法天地之變化，以知宇宙之形跡。就天地變化之常道，示人以知吉凶得失，使吾人能知趨吉避凶之道，吾人知趨避之道，便知進德脩業。故〈繫辭上傳〉曰：

是故君子所居而安者，《易》之序也。所樂而玩者，爻之辭也。是故居則觀其眾而玩其辭，動則觀其變而玩其占，是以自天祐之，吉无不利。

《易》之序首揭乾元，殿之以〈未濟〉，正示天道則有始，周流不息，行健不已，道勁充周，生機閃耀，縱橫馳逞於六虛無待無滯，廣大配天地，變通配四時，於品物流行開物成務之事功中，贊天地之化育；在「窮則變，變則通，通則久。」中建立起貞定之性命價值。

夫《易》，古來之聖哲，繼以投注心力，所祈望者在懷德蒼生，悲憫人間憂患。本此之情，於倫理實踐，政治教化，文學創作，社會遷流等，皆有其啓示與作用在，故明《易》之道，即能得天地之至理，以定吾人行事之準繩，知利害，辨是非，於常中求變，於變中求通，故變雖繁，然繁而不亂矣。故曰：「《易》道廣矣！大矣！」

重要參考書目

壹、易學類

一、專　著

1. 《周易》，魏，王弼著，晉・韓康伯注，新興書局（校相臺岳氏本）。
2. 《易緯乾鑿度》，鄭玄注，成文出版社（武英殿聚珍叢書本）。
3. 《周易畧例》，王弼著，邢璹註，成文出版社。
4. 《周易正義》，孔穎達等正義，藝文印書館（十三經注疏本）。
5. 《周易集解》，李鼎祚撰，成文出版社。
6. 《易童子問》，歐陽修著，成文出版社。
7. 《橫渠易談》，張載著，漢京文化事業公司（通志堂經解本）。
8. 《周易程氏傳》，程頤著，成文出版社（古逸叢書本）。
9. 《紫巖易傳》，張浚著，漢京文化事業公司（通志堂經解本）。
10. 《童溪易傳》，王宗傳著，漢京文化事業公司（通志堂經解本）。
11. 《易經奧論》，鄭樵著，成文出版社。
12. 《誠齋易傳》，楊萬里著，成文出版社（武英殿聚珍叢書本）。
13. 《周易本義》，朱熹著，成文出版社（宗咸淳刊本）。
14. 《周易玩辭》，項安世，成文出版社。
15. 《周易輯聞》，趙汝楳，漢京文化事業公司（通志堂經解本）。
16. 《大易集說》，俞琰著，漢京文化事業公司（通志堂經解本）。
17. 《周易本義通釋》，胡炳文著，成文出版社。
18. 《易經來註圖解》，來知德著，中國孔學會。
19. 《易經蒙引》，蔡清著，商務印書館（四庫全書本）。

20. 《古周易訂詁》，何楷著，成文出版社（文林堂刊本）。

21. 《周易時論合編》，方孔炤著，文鏡出版社。

22. 《周易象數論》，黃宗羲著，廣文書局。

23. 《船山易內傳》，王夫之著，廣文書局。

24. 《船山易外傳》，王夫之著，廣文書局。

25. 《仲氏易》，毛奇齡著，廣文書局。

26. 《周易折中》，李光地纂，真善美出版社。

27. 《周易通論》，李光地著，廣文書局。

28. 《周易述聞》，王引之著，漢京文化事業公司（皇清經解本）。

29. 《周易姚氏學》，姚配中著，漢京文化事業公司（續皇清經解本）。

30. 《周易集解纂疏》，李道平撰，文史哲出版社。

31. 《清儒易經彙解》，楊家駱主編，鼎文書局。

32. 《易學論叢》，章太炎等著，廣文書局。

33. 《學易筆談》，杭辛齋著，廣文書局。

34. 《乾坤衍》，熊十力著，學生書局。

35. 《周易古義》，楊樹達撰，力行書局。

36. 《周易論略》，陳柱著，商務印書館。

37. 《先秦漢魏易例述評》，屈萬里著，學生書局。

38. 《易學討論集》，李翊灼等著，成文出版社。

39. 《易學會通》，蘇淵雷著，成文出版社。

40. 《周易哲學》，朱謙之著，成文出版社。

41. 《周易探源》，李鏡池著。

42. 《周易辯論集》，李鏡池等著，成文出版社。

43. 《周易古經通說》，高亨著，洪氏出版社。

44. 《周易古經今注》，高亨著，里仁書局。

45. 《周易大傳今注》，高亨著。

46. 《易事理學序論》，劉百閔著，遠東圖書公司。

47. 《周易事理通義》，劉百閔著，遠東圖書公司。

48. 《談易》，戴君仁著，開明書局。

49. 《易學新論》，嚴靈峰著，正中書局。

50. 《易傳道》，趙金璧著，遠東圖書公司。

51. 《周易大綱》，吳康著，商務印書館。

52. 《易學通論》，王瓊珊著，廣文書局。

53. 《先秦諸子易說通考》，胡自逢著，文史哲出版社。

54. 《易辭衍義》，鍾應梅著，學生書局。

55. 《先秦易學史》，高懷民著，東吳大學。

56. 《周易思想新論》，宗承書著，三民書局。

57. 《易經的圖與卦》，問修篆著，五洲出版社。

58. 《易學蠡測》，徐師芹庭著，龍泉出版社。

59. 《周易讀本》，黃師慶萱著，三民書局。

60. 《周易經傳象義闡釋》，朱維煥著，學生書局。

61. 《易經研究論集》，林尹等著，黎明文化事業公司。

62. 《周易注釋》，尚秉和著，里仁書局。

63. 《周易理解》，傅隸樸著，商務印書館。

64. 《易經講話》，周鼎珩著，中華書局。

65. 《周易參同契新探》，周士一、潘啓明著，木鐸出版社。

66. 《漢易三種》，屈萬里著，聯經出版社。

二、單篇論文

1. 〈周易的法則〉，曹昇著，《中國文化》，一卷三期。

2. 〈祭祀在易辭〉，李漢三著，《大陸雜誌》，二十五卷一期。

3. 〈兵戎在易辭〉，李漢三著，《大陸雜誌》，二十五卷十期。

4. 〈刑獄在易辭〉，李漢三著，《大陸雜誌》，三十卷十二期。

5. 〈周易革卦的革命觀〉，李漢三著，《革命思想》，十九卷一期。

6. 〈封建在易辭〉，李漢三著，《大陸雜誌》，三十一卷十期。

7. 〈俗尚在易辭〉，李漢三著，《大陸雜誌》，三十三卷五期。

8. 〈周易繫辭中之象徵哲學〉，史作檉著，《孔孟月刊》，五卷三期。

9. 〈易經的文學價值〉，羅錦堂著，《大陸雜誌》，三十三卷十一期。

10. 〈行旅在易辭〉，李漢三著，《大陸雜誌》，三十四卷十二期。

11. 〈易經略說〉，林尹著，《學粹》，十二卷三期。

12. 〈周易政治哲學疏義〉，林夏著，《中華文化復興月刊》，三卷八期。

13. 〈時易序卦傳〉，湯如炎著，《民主憲政》，四十一卷四期。

14. 〈周易經傳著作問題初探〉，王開府著，《孔孟月刊》，十卷十期。

15. 〈周易童蒙問題的商榷〉，吳國文著，《自由青年》，四十八卷六期。

16. 〈易為君子謀分類舉例〉，朱學瓊著，《孔孟月刊》，十二卷五、六期。

17. 〈易經革卦的革命思想〉，王保德著，《革命思想》，三十六卷三期。

18. 〈易經道理不變性管窺〉，吳力行著，《孔孟月刊》，十四卷四期。

19. 〈太易哲學之圓道周流義〉，高懷民著，《哲學與文化》，三卷十期。

20. 〈易經的生生思想〉，羅光著，《哲學與文化》，三卷十期。

21. 〈研究易經的幾個先決問題〉，李霜青著，《哲學與文化》，三卷十期。

22. 〈周易象傳研究〉，胡自逢著，《孔孟月刊》，十五卷五期。

23. 〈易經──六藝之原〉，張肇祺著，《鵝湖》，二卷七期。

24. 〈周易中的宇宙論〉，李霜青著，《孔孟月刊》，十五卷七期。

25. 〈論周易十翼〉，簡宗梧著，《孔孟月刊》，十五卷七期。

26. 〈易經八卦的創作原理〉，曾滄江著，《哲學與文化》，四卷五期。

27. 〈論周易的核心思想〉，曾滄江著，《哲學與文化》，四卷六期。

28. 〈大易哲學之對立與統一義〉，高懷民著，《哲學與文化》，四卷六期。

29. 〈大易哲學中位與時〉，高懷民著，《文藝復興》，八十九～九十一期。

30. 〈周易縱橫談〉，黃師慶萱著，《幼獅月刊》，四十七卷二期。

31. 〈易經中的同人觀念〉，吳力行著，《孔孟月刊》，十六卷九期。

32. 〈論易經中時的意義〉，高凌霞著，《哲學與文化》，五卷八期。

33. 〈周易乾坤探微〉，王仁祿著，《孔孟月刊》，十七卷七期。

34. 〈易傳附經的起源問題〉，林麗貞著，《孔孟月刊》，十七卷七期。

35. 〈從易理窺見中國之道統〉，陳立夫著，《中華文化復興月刊》，十二卷七期。

36. 〈從蒙卦論當前教育〉，張渝役、陳昭綺著，《孔孟月刊》，十八卷三期。

37. 〈易經卦爻辭之形成與律則〉，徐師芹庭著，《孔孟月刊》，二十卷十期。

貳、經史類（小學類附）

1. 《尚書正義》，漢・孔安國注，唐・孔穎達等正義，藝文印書館。

2. 《毛詩正義》，漢・毛公傳，鄭玄箋，唐・孔穎達等正義，藝文印書館。

3. 《禮記正義》，漢・鄭玄注，唐・孔穎達等正義，藝文印書館。

4. 《春秋左傳正義》，魏・杜預注，唐・孔穎達等正義，藝文印書館。

5. 《春秋穀梁傳注疏》，晉・范寧注，唐・楊士勛疏，藝文印書館。

6. 《論語注疏》，魏・何晏等注，宋・邢昺疏，藝文印書館。

7. 《爾雅注疏》，晉・郭璞注，宋・邢昺疏，藝文印書館。

8. 《孟子注疏》，漢・趙岐注，宋・孫奭疏，藝文印書館。

9. 《四書集註》，朱熹集註，學海出版社。

10. 《學庸辨証》，胡志奎著，聯經出版事業公司。
11. 《經學歷史》，皮錫瑞著，河洛圖書出版社。
12. 《經學通論》，皮錫瑞著，河洛圖書出版社。
13. 《讀經示要》，熊十力著，洪氏出版社。
14. 《十三經概論》，蔣伯潛著，中新書局。
15. 《古籍導讀》，屈萬里著，開明書局。
16. 《六十年來之國學（二）》，程發軔主編，正中書局。
17. 《經學通論》，劉百閔著，國防研究院。
18. 《群經示要》，高明主編，黎明文化出版事業公司。
19. 《經學通論》，王靜芝著，環球書局。
20. 《高明經學論叢》，高明著，黎明文化出版事業公司。
21. 《說文解字注》，段玉裁注，學海書局。
22. 《說文解字詁林》，丁福保編，商務印書館。
23. 《說文約注》，張舜徽著，木鐸出版社。
24. 《史記》，司馬遷撰，鼎文書局（三家注本）。
25. 《漢書》，班固撰，顏師古注，中華書局（四部備要）。
26. 《宋論》，王夫之著，中華書局。
27. 《讀通鑑論》，王夫之著，里仁書局。
28. 《文史通義》，章學誠著，華世出版社。
29. 《中國古史研究（三）》，顧頡剛等著。
30. 《歷史之重演》，陳登原，商務印書館。
31. 《歷史的研究》，湯恩比著，林綠譯，源成文化圖書供應社。
32. 《偽書通考》，張心澂著，友聯出版社。
33. 《文史述林》，高亨著。

參、諸子類

1. 《荀子集解》，王先謙撰，世界書局。
2. 《老子》，王弼注，復文書局。
3. 《莊子集釋》，郭慶藩，世界書局。
4. 《列子注》，張湛撰，世界書局。
5. 《韓非子集釋》，陳奇猷校注，華正書局。
6. 《呂氏春秋集釋》，許維遹撰，鼎文書局。
7. 《淮南子》，高誘注，商務印書館。

8. 《論衡》，王充著，世界書局。

9. 《朱子語類》，朱熹著，漢京文化事業公司。

10. 《宋元學案》，黃宗羲撰，世界書局。

11. 《日知錄集釋》，黃汝成撰，中華書局。

12. 《戴震集》，戴震著，里仁書局。

13. 《考信錄》，崔述著，世界書局。

肆、通論類

1. 《古籍導讀》，屈萬里著，開明書局。

2. 《六十年來之國學（二）》，程發軔主編，正中書局。

3. 《中國古代哲學史》，胡適著，商務印書館。

4. 《中國哲學史》，馮友蘭著。

5. 《中國政治思想史》，楊幼炯著，商務印書館。

6. 《倫理學大綱》，謝幼偉著，正中書局。

7. 《新唯識論》，熊十力著，洪氏出版社。

8. 《貞元六書》，馮友蘭著。

9. 《中國教育史》，王鳳喈著，周立編譯館。

10. 《中國學術思想大綱》，林尹著，學生書局。

11. 《中國思想講話》，啓明書局。

12. 《體用論》，熊十力著，學生書局。

13. 《中國哲學的特質》，牟宗三著，學生書局。

14. 《中國哲學原論（導論篇）》，唐君毅著，學生書局。

15. 《中國哲學原論（原道篇）》，唐君毅著，學生書局。

16. 《中國哲學史》，勞思光著，友聯出版社。

17. 《中國人性論史（先秦篇）》，徐復觀著，商務印書館。

18. 《中西哲學論文集》，謝幼偉著，新亞研究所。

19. 《西洋哲學史》，梯利著，陳正謨譯，商務印書館。

20. 《中國思想史論集》，徐復觀著，學生書局。

21. 《政道與治道》，牟宗三著，學生書局。

22. 《中國之科學與文明（二）》，李約瑟著，商務印書館。

23. 《中國哲學論叢》，林師耀曾著，學海書局。

24. 《比較哲學與文化》，吳森著，東大圖書公司。

25. 《中國哲學概論》，余雄著，復文書局。

26. 《中國思想史》，韋政通著，大林出版社。

27. 《中國政治思想史》，蕭公權著，聯經出版事業公司。

28. 《中國人生哲學》，方東美著，黎明文化事業公司。

29. 《哲學淺說》，勞思光著，友聯出版社。

30. 《中國思想史論集續編》，徐復觀著，時報出版公司。

31. 《天道與人道》，黃俊傑等著，聯經出版事業公司。

32. 《現代中國學術論衡》，錢穆著，東大圖書公司。

33. 《中國文學概況》，青木正兒著，開明書局。

34. 《文學概論》，涂公遂著，五洲出版社。

35. 《文學概論》，洪炎秋著，華岡出版社。

36. 《中國文學思想史》，青木正兒著，開明書局。

37. 《中國文學史》，李曰剛著，白雲書局。

38. 《中國文學史》，劉大杰著，華正書局。

39. 《苦悶的象徵》，廚川白村著，志文出版社。

40. 《意象的流變》，蔡英俊等著，聯經出版社。

41. 《中國文學講話（概說之部）》，黃師慶萱等著，巨流圖書公司。

附錄：卦變圖

一、古卦變圖

一陰一陽之卦各六皆自復姤而變

	復		姤
	師初之二		同人初之二
	謙初之三		履初之三
	豫初之四		小畜初之四
	比初之五		大有初之五
	剝初之六		夬初之六

二陰二陽之卦各九皆自臨遯而變

	臨		遯
	升初之三		无妄初之三
	解初之四		家人初之四
	坎初之五		離初之五
	蒙初之上		革初之上
	明夷二之三		訟二之三
	震二之四		巽二之四
	屯二之五		鼎二之五
	頤二之上		大過二之上

三陰三陽之卦各十皆自泰否而變

	泰		否
	恒 初之四		益 初之四
	井 初之五		噬嗑 初之五
	蠱 初之上		隨 初之上
	豐 二之四		渙 二之四
	既濟 二之五		未濟 二之五
	賁 二之上		困 二之上
	歸妹 三之四		漸 三之四
	節 三之五		旅 三之五
	損 三之上		咸 三之上

四陰四陽之卦各九皆自大壯觀而變

	大壯		觀
	重大過 初之五		重頤 初之五
	重鼎 初之上		重屯 初之上
	重革 二之五		重蒙 二之五
	重離 二之上		重坎 二之上
	兌 三之五		艮 三之五
	睽 三之上		蹇 三之上
	需 四之五		晉 四之五
	大畜 四之上		萃 四之上

變例之卦二

	中孚		小過

凡變卦皆從乾坤來

乾

坤

二、李挺之變卦反對圖

乾坤二卦為易之門萬物之祖圖第一

乾老陽　　坤老陰

乾坤相索三變六卦不反對圖第二

坤體而乾來交

頤　　　　小過　　　　坎

乾體而坤來交

大過　　　中孚　　　　離

乾卦一陰下生反對變六卦圖第三

姤　　　　同人　　　　履

坤卦一陽下生反對變六卦圖第四

復　　　　師　　　　　謙

乾卦下生二陰各六變反對變十二卦圖第五

遯　　　訟　　　无妄　　　睽　　　兌　　　革

坤卦下生二陽各六變反對變十二卦圖第六

臨	明夷	升	蹇	艮	蒙

乾卦下生三陰各六變反對變十二卦圖第七

否	恒	豐	歸妹	節	既濟

坤卦下生三陽各六變反對變十二卦圖第八

泰	損	賁	蠱	井	未濟

三、李挺之六十四卦相生圖

姤　　乾一交而為姤

復　　坤一交而為復

凡卦五陰一陽者皆自復卦而來復一爻五變而成五卦

師	謙	豫	比	剝

凡卦五陽一陰者皆自姤卦而來姤一爻五變而成五卦

同人	履	小畜	大有	夬

遯　　乾再交而為遯

臨　　坤再交而為臨

凡卦四陰二陽者皆自臨卦而來臨五復五變而成十四卦

| 第一復四變 | 明夷 | 震 | 屯 | 頤 |

| 第二復四變 | 升 | 解 | 坎 | 蒙 |

| 第三復三變 | 小過 | 萃 | 觀 |

| 第四復二變 | 蹇 | 晉 |

| 第五復一變 | 艮 |

凡卦四陽二陰者皆自遯卦而來遯五復五變而成十四卦

| 第一復四變 | 訟 | 巽 | 鼎 | 大過 |

| 第二復四變 | 无妄 | 家人 | 離 | 革 |

| 第三復三變 | 中孚 | 大畜 | 大壯 |

| 第四復二變 | 睽 | 需 |

| 第五復一變 | 兌 |

否　　乾三交而爲否

泰　　坤三交而爲泰

－205－

凡卦三陰三陽者皆自泰卦而來泰三復三變而成九卦

第一復三變　　歸妹　　　節　　　損

第二復三變　　豐　　　既濟　　　賁

第三復三變　　恒　　　井　　　蠱

凡卦三陽三陰者皆自否卦而來否三復三變而成九卦

第一復三變　　漸　　　旅　　　咸

第二復三變　　渙　　　未濟　　　困

第三復三變　　益　　　噬嗑　　　隨

四、虞翻卦變圖

乾坤者諸卦之祖

　　姤　　　乾一交而爲姤　　　　　　復　　　坤一交而爲復

　　復　　　剛反動而以順行

凡卦五陰一陽者皆自復卦而來復一爻五變而成五卦

　　師　　　剛中而應　　　　　　謙　　　君子有終吉

　　豫　　　剛應而志行　　　　　比　　　以剛中也

　　剝　　　柔變剛也

　　姤　　　柔遇剛也

凡卦五陽一陰者皆自姤卦而來姤一爻五變而成五卦

☲ 同人　柔得位得中而應乎乾　　　　☱ 履　　柔履剛也

☴ 小畜　柔得位而上下應之　　　　　☲ 大有　柔得尊位而上下應之

☱ 夬　　柔乘五剛也

☶ 遯　　乾再交而爲遯　　　　　　　☳ 臨　　坤再交而爲臨

☳ 臨　　剛浸而長剛中而應

凡卦四陰二陽者皆自臨卦而來臨五復五變而成十四卦

第一復四變

☷ 明夷　　　　　　　　　　　　　　☳ 震

☵ 屯　　剛柔始交而難生　　　　　　☶ 頤

第二復四變

☷ 升　　　　　　　　　　　　　　　☴ 解

☵ 坎　　乃以剛中也　　　　　　　　☶ 蒙

第三復三變

☳ 小過　柔得中剛失位而不中　　　　☱ 萃　　剛中而應故衆也

☴ 觀　　大觀在上中正以觀天
　　　　下

第四復二變

☳ 蹇　　蹇利西南往得中也不
　　　　利東北其道窮也　　　　　　☲ 晉　　柔進而上行

第五復一發

☶ 艮　　上下敵應

☶ 遯　　小利貞浸而長也

凡卦四陽二陰者皆自遯卦而來遯五復五變而成十四卦

第一復四變

䷅	訟	剛來而得中也	䷸ 巽	剛巽本中正而志行柔皆順乎剛初在下二居四
䷱	鼎		䷛ 大過	

第二復四變

䷘	无妄	剛自外來而爲主於內	䷤ 家人	
䷝	離	柔麗乎中正	䷰ 革	水火相息

第三復三變

䷽	中孚	柔在內而剛得中	䷙ 大畜	
䷡	大壯			

第四復二變

䷥	睽	柔進而上行得中而應乎剛	䷄ 需

第五復一變

䷹	兌	剛中而柔外

䷋	否	乾三交而爲否	䷊ 泰	坤三交而爲泰

䷊	泰	小往大來

凡卦三陰三陽者皆自泰卦而來泰三復三變而成九卦

第一復三變

䷵	歸妹		䷻ 節	剛柔分而剛得中
䷨	損	損下益上其道上行		

第二復三變

䷶	豐		䷾ 既濟	剛柔正而位當也
䷕	賁	柔來而文剛分剛上而文柔		

第三復三變

恒　剛上而柔下　　　　　　井　巽乎水而上水井乃以剛中也

蠱　剛上而柔下

否

凡卦三陽三陰者皆自否卦而來否三復三變而成九卦

第一復三變

漸　進得位　　　　　　　　旅　柔得中乎外而順乎剛

咸　柔上而剛下

第二復三變

渙　剛來而不窮柔得位而上同　未濟

困　剛揜也以剛中也

第三復三變

益　損上益下　　　　　　　噬嗑　柔得中而上行

隨　剛來而柔下

五、朱子卦變圖

凡一陰一陽之卦各六皆自復姤而來 五陰五陽卦同圖異

剝　　比　　豫　　謙　　師　　復

夬　　大有　　小畜　　履　　同人　　姤

凡二陰二陽之卦各十有五皆自臨遯而來 四陰四陽卦同圖異

頤　　屯　　震　　明夷　　臨　　蒙

坎	解	升	艮	蹇	小過
晉	萃	觀			
大過	鼎	巽	訟	遯	革
離	家人	无妄	兌	睽	中孚
需	大畜	大壯			

凡三陰三陽之卦各二十皆自泰否而來

損	節	歸妹	泰	賁	既濟
豐	噬嗑	隨	益	蠱	井
恒	未濟	困	渙	旅	咸
漸	否				
咸	旅	漸	否	困	未濟
渙	井	蠱	恒	隨	噬嗑
益	既濟	賁	豐	節	損
歸妹	泰				

凡四陰四陽之卦各十有五皆自大壯觀而來

大畜	需	大壯	睽	兌	中孚
離	革	家人	无妄	鼎	大過
巽	訟	遯			
萃	晉	觀	蹇	艮	小過
坎	蒙	解	升	屯	頤
震	明夷	臨			

凡五陰五陽之卦各六皆自夬剝來

大有	夬	小畜	履	同人	姤
比	剝	豫	謙	師	復

附　圖

伏羲六十四卦方圓圖

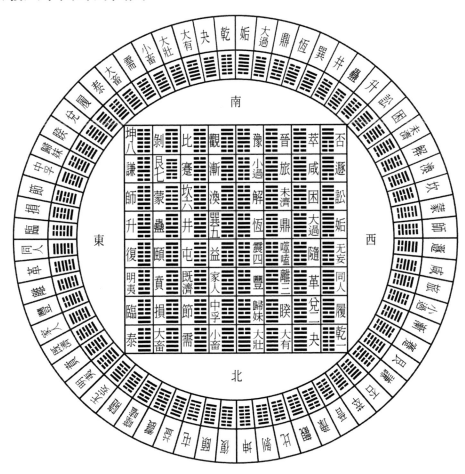

-213-

伏羲六十四卦次序圖

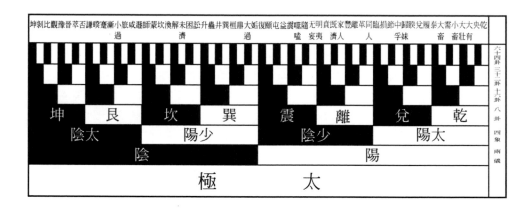